Laura M. Fabrycky

Schlüssel zu Bonhoeffers Haus

Wie ich Welt und Weg Dietrich Bonhoeffers entdeckte

Aus dem Amerikanischen übersetzt von Thomas Görden

Für alle freien Menschen,
wo immer sie leben:
Lasst sie nach Berlin kommen!

Inhalt

»Was ein Haus bedeuten kann, ist heute bei den meisten in Vergessenheit geraten, uns anderen aber ist es gerade in unserer Zeit besonders klar geworden. Es ist mitten in der Welt ein Reich für sich, eine Burg im Sturm der Zeit, eine Zuflucht, ja ein Heiligtum.«

Dietrich Bonhoeffer: Widerstand und Ergebung. Briefe und Aufzeichnungen aus der Haft.

Dietrich Bonhoeffers Leben: Eine kurze Chronologie

4. Februar 1906	Geboren in Breslau (heute Wrocław, Polen)
1912	Umzug der Familie nach Berlin
1914	Beginn des Ersten Weltkriegs
1918	Die Brüder Karl-Friedrich und Walter ziehen in den Krieg. Walter stirbt.
1923	Abitur; Beginn des Theologiestudiums an der Universität Tübingen
April–Juni 1924	Reise mit seinem Bruder Klaus, unter anderem nach Rom und Tripolis, Rückkehr nach Berlin, Beginn seines Studiums dort
1927	Dissertation: *Sanctorum Communio*
1928	Tätigkeit als Vikar in einer deutschen Auslandsgemeinde in Barcelona
1929–1930	Habilitation: *Akt und Sein*
1930–1931	Akademisches Jahr als Sloan Fellow am Union Theological Seminary, New York; mehrere Reisen
15. November 1931	Ordination an der St.-Matthäus-Kirche in Berlin-Mitte
1931	Beginn der Lehrtätigkeit an der Berliner Universität (heute Humboldt-Universität); Tätigkeit in Ökumene und Seelsorge; Konfirmandenunterricht an der Zionskirche Berlin (bis ins Jahr 1932)
1932	Kontakte zu Niemöller und anderen, die das Rückgrat der Bekennenden Kirche bildeten
30. Januar 1933	Hitlers Ernennung zum Reichskanzler
1. Februar 1933	Bonhoeffers Rundfunkvortrag »Wandlungen des Führerbegriffs«; die Übertragung wird abgebrochen
27. Februar 1933	Reichstagsbrand

23. März 1933	Verabschiedung des Ermächtigungsgesetzes mit diktatorischen Vollmachten für Hitler
April 1933	Boykottmaßnahmen gegen jüdische Geschäfte; Berufsverbote gegen Juden und andere als ›nicht-arisch‹ geltende Menschen
Oktober 1933	Bonhoeffer reist nach London und übernimmt dort eine Pfarrstelle
August 1934	Teilnahme an einer ökumenischen Konferenz in Fanö, Dänemark; nach dem Tod des Reichspräsidenten Hindenburg wird Hitler Führer und Reichskanzler
1935	Bonhoeffer kehrt nach Deutschland zurück und übernimmt in Pommern die Leitung eines Predigerseminars der Bekennenden Kirche; Begegnung mit Eberhard Bethge
1937	Verhaftung Niemöllers; Bonhoeffer veröffentlicht *Nachfolge*; das Seminar wird geschlossen; Beginn der Sammelvikariate
1938	Bonhoeffer veröffentlicht *Gemeinsames Leben*
2. Juni–7. Juli 1939	Zweite Reise in die USA
1940	Die Gestapo verbietet die Sammelvikariate; Bonhoeffer wird Mitarbeiter der Abwehr
1941	Unternehmen Sieben
1943	Verlobung mit Maria von Wedemeyer am 5. April; Verhaftung im Bonhoeffer-Haus; Gefangenschaft im Militärgefängnis Tegel
20. Juli 1944	Scheitern des Stauffenberg-Attentats; in einem Bunker der Abwehr in Zossen werden Akten gefunden, die Bonhoeffer belasten; Überführung in das Gestapo-Gefängnis in der Berliner Prinz-Albrecht-Straße
1945	Bonhoeffer wird in das Konzentrationslager Buchenwald verlegt; Transport nach Regensburg, Schönberg, schließlich in das Konzentrationslager Flossenbürg
9. April 1945	Hinrichtung in Flossenbürg
23. April 1945	Befreiung des Konzentrationslagers Flossenbürg durch die US-amerikanische Armee

27. Juli 1945	Bonhoeffers Eltern erfahren aus dem BBC-Radio von seinem Tod; sie hören eine Trauerfeier für ihn, die aus London übertragen wird

Die Tür des Bonhoeffer-Hauses, Marienburger Allee 43, Berlin
(Alle Fotos, soweit nicht anders vermerkt: David Fabrycky)

1. Kapitel

Ein Besuch im Haus mit dem Schlüssel in der Hand

Von meinem Haus zu Dietrichs Haus brauchte ich mit dem Fahrrad siebzehn Minuten – zehn Minuten plauderte ich mit Pfarrer Martin Dubberke, dem Geschäftsführer des Bonhoeffer-Hauses, dann leistete ich eine Unterschrift und bekam einen Hausschlüssel. Wir verabschiedeten uns, ich stieg wieder auf mein Fahrrad, das ich an der Straßenlaterne vor dem Haus angeschlossen hatte, und radelte zurück. Unterwegs auf der langen Straße, die parallel zur Autobahn A115 verläuft, staunte ich darüber, welche Bedeutung ein so kleiner Gegenstand haben kann. Dieser Schlüssel symbolisierte meine Sehnsucht, Dietrich Bonhoeffers Geschichte kennenzulernen und sein Leben zu meinem eigenen in Beziehung zu setzen. Außerdem stand er für das Vertrauen, das man mir entgegenbrachte, und für eine neue Aufgabe.

* * *

Als wir im Sommer 2016 nach Berlin zogen, weil mein Mann eine Stelle in der US-Botschaft antrat, hatte ich nicht den Plan, eines Tages Interessierte durch das Bonhoeffer-Haus zu führen. Wir waren nicht einmal besonders daran interessiert, uns mit Bonhoeffer zu beschäftigen. Doch in den ersten Wochen nach unserer Ankunft stießen wir immer wieder auf seine Spuren. Schließlich war das ja einmal *sein* Berlin gewesen, und für die nächsten drei Jahre würde es auch *unsere* Stadt sein.

Unsere erste Station war ein Apartment-Hotel in Mitte. Das Hotel lag etwa eineinhalb Kilometer nördlich des Brandenburger Tors, dem symbolischen Zentrum dieser kreativen, energiegeladenen, von den Narben ihrer Geschichte gezeichneten Stadt. Während des ersten Monats genossen die Kinder und ich es, morgens etwas länger zu schlafen. David, mein Mann, machte sich im klaren Licht der Sommermorgende schon früh auf den Weg zur Arbeit. Wir übrigen Familienmitglieder waren frei, die Stadt zu erkunden, Einkäufe zu erledigen und uns mit den Möglichkeiten des Berliner Nahverkehrs vertraut zu machen. Damals waren die Kinder zehn, acht und fast zwei Jahre alt. Die beiden älteren hatten auf dem Hintergrund diverser Umzüge und einiger Erfahrungen mit dem Leben in anderen Kulturen eine beeindruckende Fähigkeit entwickelt, die unvermeidlichen Veränderungen geduldig zu ertragen, während ich radebrechend mit den Leuten redete und herauszufinden versuchte, wie wir unseren Alltag bewältigen könnten. Wie alle Familien des *US Foreign Service* leben wir nach einem Motto des *Marine Corps: Semper Gumby* – Immer flexibel bleiben.

Nachdem mein Mann seinen neuen Posten angetreten hatte, waren wir in den ersten Tagen mit jenen elementaren Dingen beschäftigt, die in der nebligen Verwirrung, die sich einstellt, wenn man einen neuen Ort sein Zuhause nennt, Orientierung geben. Ich begann, regelmäßig E-Mail-Updates an Freunde und die Verwandten daheim zu schicken. Ich erzählte von unserem neuen Alltag und davon, was mich gerade beschäftigte. Die rasch wachsende Anzahl schriftlicher Zeugnisse verschaffte mir die Gewissheit, dass wir immer noch gesund und munter waren, selbst an Tagen, an denen ich mich überfordert fühlte und mit der neuen Umgebung fremdelte. Höchst alltägliche Orte können durch ihr Anderssein einschüchternd wirken, und manchmal ärgerte ich mich über mich selbst, wenn ich nicht wusste, wie »man dies oder jenes hier machte«, und mich so als Fremde zu erkennen geben musste.

Unser Apartment befand sich nahe der Humboldt-Universität, und der Lebensmitteldiscounter um die Ecke war meistens voll mit Studenten. Die kauften dort in der Regel nur kleine Mitnahmeartikel, zum Beispiel Tüten mit einer Nuss-Rosinen-Mischung, die, wie ich erstaunt feststellte, in Deutschland tatsächlich »Studentenfutter« genannt wird. Die Kids und ich sorgten im Laden als gewaltige, disruptive Abweichung von der üblichen Klientel regelmäßig für Aufsehen. Einmal, während ein Student gerade eine Flasche Bier, eine Schachtel Zigaretten und ein belegtes Sandwich bezahlte, häufte ich hinter ihm den Einkauf für eine fünfköpfige Familie aufs Band. Als ich an die Reihe kam, scannte der Kassierer die Waren schneller, als ich sie in Tüten packen konnte. Ich war überfordert, denn dass Kunden die gescannte Ware selbst einpacken müssen, kannte ich nicht. Einiges fiel von der kleinen Ablage auf den Boden. Himbeeren kullerten zwischen unseren Füßen herum. Der Kassierer fragte etwas – wahrscheinlich, ob ich den Kassenzettel wollte –, aber ich verstand kein Wort. Kein Ton, der aus seinem Mund kam, hörte sich an wie die einfachen, langsam geformten deutschen Sätze, die ich in meinen Sprachkursen eingeübt hatte. Mit einem müden Knirps im Tragegurt, zwei Töchtern im Grundschulalter, die sich bemühten, mir zu helfen, weil sie merkten, wie ich mich quälte, und einer langen Schlange von Kunden im Rücken, die uns missmutig beobachteten, konnte ich plötzlich keinen klaren Gedanken mehr fassen. Stockend und in schlechter Aussprache sagte ich: »Wie bitte? Tut mir leid, ich spreche nicht gut Deutsch.« Dann lächelte ich breit, in der Hoffnung, dadurch etwas Sympathie zu erregen, während ich spürte, wie ich unter meinem Schuh eine Himbeere zerquetschte. Aber das machte die Situation nur noch unangenehmer: In Amerika ist es üblich, Fremde einfach anzulächeln, in Deutschland allerdings gilt solches Verhalten als Zeichen von Beschränktheit. Und genauso fühlte ich mich ja auch.

An einem neuen Ort die üblichen sozialen und kulturellen Regeln und die Sprache nicht zu beherrschen ist eine Erfahrung, die die Demut fördert. An öffentlichen Orten wie Banken, Poststellen, Supermärkten und Ämtern gibt es tausend kleine Regeln, die man als Fremde nur erlernt, indem man gegen sie verstößt und dadurch zwischen den Einheimischen unangenehm auffällt. Schon der Kauf einer Banane in einer kulturell fremden Umgebung und anderen Sprache kann sich wie eine herkulische Anstrengung anfühlen. Und doch erwirbt man durch diesen Lernprozess, der über schwindelerregende Höhen und durch dunkelste Täler führt, schließlich Kompetenz und wachsendes Zutrauen.

Auch unsere Beinmuskeln wurden in diesen ersten, autolosen Monaten in Berlin gestärkt. Die Kinder und ich wanderten zu verschiedenen Orten in der Stadt. Dabei nahmen wir oft von der Invalidenstraße eine Straßenbahn zum Hauptbahnhof, diesem Palast aus Glas und Stahl. Auch waren wir zwischen unserem Apartment und der etwa zwei Kilometer entfernten amerikanischen Botschaft viel zu Fuß unterwegs. Dort mussten verschiedene Verwaltungsformalitäten erledigt werden, und wir aßen mit Daddy zu Mittag. Der Weg dorthin führt auf der Luisenstraße nach Süden und dann über die Spree. Dabei durchquert man das Gelände der Charité, der Berliner Universitätsklinik, deren großes weißes Gebäude hoch über der Umgebung aufragt. Wenn das Licht der sommerlichen Abendsonne auf die Stadt fiel, hatte man von unserem Apartment im sechsten Stock einen grandiosen Blick auf dieses rosafarben leuchtende Gebäude. Ich war dankbar für die Orientierungshilfe, die das hohe Gebäude bot.

An einem Wochenende unternahm ich nachmittags allein einen Spaziergang. Ich schlenderte durch eine Nebenstraße auf dem Charité-Campus. Verschiedene Schilder wiesen die niedrigen Backsteingebäude mit ihren steilen Satteldächern als akademische Institute aus. Das kleine Campus-Viertel lag zwischen unserem Apartment und einem Kanal, der zur Spree führte. Jenseits des Kanals lag der Hauptbahnhof. Zwischen diesen Backsteinhäusern bemerkte ich ein Straßenschild. Bonhoefferweg stand darauf. Da ich nur einen Bonhoeffer kannte, nahm ich an, dass der Weg nach Dietrich Bonhoeffer benannt war. Erst später erfuhr ich, dass mein Weg nahe am einstigen Büro von Dr. Karl Bonhoeffer vorbeigeführt hatte, Dietrichs Vater, der als Direktor der Psychiatrie und Neurologie der Charité seinerzeit prominent war und großes Ansehen genoss. Karl Bonhoeffers Karriere war es, die die Familie 1912 nach Berlin führte – aus Breslau kommend, Dietrichs Geburtsstadt, die heute Wrocław heißt und in Polen liegt.

Auch wenn der Ruf seines sechsten Kindes ihm, was weltweite Wahrnehmung angeht, den Rang abläuft, war Karl Bonhoeffer doch in Deutschland eine historisch bedeutende Persönlichkeit. Er hat sogar im Berliner Volksmund Spuren hinterlassen: Noch heute sagen Berliner, wenn jemand in der Psychiatrie gelandet ist, der Betreffende sei jetzt in »Bonnies Ranch«.

Als mein Mann während dieses ersten Monats einen seiner den Kopf klärenden Dauerläufe durch die Stadt unternahm, kam er an der Mauer-Gedächtnisstätte und dem Dokumentationszentrum in der Bernauer Straße vorbei, wo in der Ära des Kalten Krieges die Berliner Mauer die Stadt durchtrennt hatte wie ein Messer, dass durch lebendiges Fleisch schneidet. Von Weitem erblickte er die Spitze eines Kirchturms und beschloss, diesen zum Wendepunkt seiner Joggingstrecke zu machen. Die Tür der stattlichen, im Stil der Neoromanik erbauten Kirche war unverschlossen, also warf er einen Blick hinein.

David kam mit einer Broschüre der Kirche nach Hause, die er mir in die Hand drückte, bevor er seine Laufschuhe aufschnürte. »Ich habe eine Kirche gefunden, die etwas mit Dietrich Bonhoeffer zu tun hat«, sagte er, noch etwas außer Atem. »Davor steht eine Statue, und es ist eine Gedenktafel für ihn angebracht.« Ich schlug die Broschüre auf und sah ein Foto, das Dietrich umgeben von einer Gruppe halbwüchsiger Jungen am Ufer eines Sees zeigte. Ich erinnerte mich an etwas, das ich über ihn gelesen hatte. Oh ja, natürlich – die Zionskirche! In dieser Gemeinde hatte Bonhoeffer Konfirmandenunterricht erteilt und dabei die Herzen einer Gruppe ziemlich wilder Jungen gewonnen.

Endlich zogen wir in eine dauerhafte Bleibe um, in ein Haus am Rand des Grunewalds. Fünf Tage später gingen unsere Kinder in die Schule, und hier bot sich schnell die Möglichkeit, neue Freunde zu finden. Am ersten Tag kam ein deutsches Mädchen zu meiner Tochter, die in die dritte Klasse eingeschult worden war, und fragte auf Englisch, überraschenderweise allerdings mit einem schottischem Akzent: »Shall we be friends?«

Später in jenem Herbst luden wir dieses Mädchen zum Spielen zu uns nach Hause ein. Während die Kinder, vor Freude quietschend, die Treppe hinaufrannten, unterhielt ich mich mit Mareike, der Mutter. Ich kochte Kaffee und bot ihr von dem Bananenbrot an, das ich am Morgen gebacken hatte. Es schmeckte ihr sehr gut. »Very much an American thing, isn't it?«, sagte Mareike, ebenfalls mit dem unerwarteten schottischen Akzent.

Wir kamen uns näher, indem wir einander Fragen stellten und so unser Leben kartographierten. Ihre Kindheit war unendlich viel interessanter – und historisch bedeutsamer – als meine. Sie erzählte mir davon, wie es war, im kommunistischen Ostberlin aufzuwachsen, dass sie als Kinder fast nie Bananen zu essen bekamen, und wie ihre Eltern erfindungsreich ihren Kaffeenachschub sichergestellt hatten. Einmal sagte sie, leise – fast als müsse sie immer noch vorsichtig sein, oder einfach aus alter Gewohnheit: »Am schwersten war, dass man niemandem wirklich trauen konnte. Ich glaube, sich davon zu erholen, fällt niemandem leicht.« Sie und ihr Mann hatten viele Jahre in Schottland gelebt, was ihr deutlich schottisch eingefärbtes Englisch erklärte.

Ihr Nachname, Bethge, kam mir bekannt vor. Er erinnerte mich an eine amerikanische Politologin, mit der ich während meiner Collegezeit korrespondiert hatte. Später, als ich bei einem Think Tank in Washington, D.C., arbeitete, haben wir uns dann persönlich kennengelernt. Auch wenn diese aufregende Zeit lange zurückliegt, zähle ich die inzwischen verstorbene Dr. Jean Bethke Elshtain immer noch zu meinen persönlichen und intellektuellen Heldinnen. *Bethge, Bethke*. Ich fragte Mareike, ob sie den Namen kannte und ob die Silben *-ge* und *-ke* austauschbar wären. »Könnte sie eine entfernte Verwandte von dir sein?«, fragte ich.

»Nein, ich denke nicht. Diese Schreibweise des Namens ist in unserer Familie unbekannt«, antwortete sie. Doch dann zeigte sie auf ein dickes, blaues Paperback im Bücherregal hinter mir, von dessen Rücken Dietrich Bonhoeffer dem Betrachter entgegenblickte. »Ich sehe, dass du da ein Buch über Dietrich Bonhoeffer hast. Vielleicht denkst du ja an Eberhard Bethge? Er war ein guter Freund Dietrich Bonhoeffers.«

»Oh ja, natürlich! Ich hätte den Namen wiedererkennen sollen!«, rief ich aus.

Sie trank einen Schluck Kaffee und sagte mit vollendeter Bescheidenheit: »Eberhard war mein Großonkel.«

In vielen deutschen Reiseführern gibt es die Formulierung, dass man »auf den Spuren« einer Person oder einer historischen Begebenheit unterwegs ist. Was Dietrich anging, hatten wir nicht lange suchen müssen. Wir waren in seine Stadt gezogen und hatten schnell sehr präsente Spuren gefunden.

* * *

An einem Oktobertag im Jahr 2016 klappte ich meinen Laptop zu und seufzte. Die Nachrichten aus der Heimat wurden von Woche zu Woche schwerverdaulicher. Der Hass und die gegenseitige Verachtung, die den Präsidentschaftswahlkampf prägten, gruben sich auch tief in meine private Welt und persönliche Beziehungen ein. Das geschah vor allem über die sozialen Medien, die während unserer bisherigen Auslandsaufenthalte eine Lebensader der Verbundenheit gewesen waren. Doch jetzt brodelten in ihnen Bitterkeit und scharfe Auseinandersetzungen. Plötzlich benahmen sich »Freunde« und »Follower« wie diese Fernsehleute, die verächtliche Kommentare abgaben, statt einander Freunde und Nächste zu sein. Manche Menschen, die wir zu unseren Freunden gezählt hatten, wurden uns fremd. Jeden Tag wurde es schwerer, sich all das aus der Ferne anzuschauen.

Wir versuchten, in Deutschland heimisch zu werden, und währenddessen sah ich, wie das Amerika, das ich zu kennen geglaubt hatte, immer mehr aus den Fugen geriet. Wir hatten unsere vielen Kisten ausgepackt, Kaffeetassen und Brettspiele eingeräumt, entschieden, in welche Schublade die Socken kommen sollten, und die Bücher in die Regale einsortiert. Aber der Ort, den wir unser Zuhause genannt hatten – das Land, das wir hier jenseits des Meeres repräsentierten –, kam uns immer sonderbarer, ja, fremder vor. In unserem hyperpolarisierten und von Einzelinteressen bestimmten politischen System brach etwas auseinander, das nicht leicht zu reparieren sein würde; das spürten wir selbst aus dieser Distanz. Bänder mitbürgerlicher Verbundenheit zerfaserten. Auch in mir zerfiel etwas. Ein Gefühl der Heimatlosigkeit und Hilflosigkeit bedrückte mich immer stärker. Ich wollte gleichzeitig kämpfen und fliehen.

Ein scheinbar aus dem Nichts kommender Gedanke verschaffte mir eine Pause von meiner Angst, eine barmherzige Ablenkung: *Wo hat Bonhoeffer eigentlich gewohnt? Hier in Berlin, aber wo genau? Gibt es dort ein Museum? Wenn ja, könnte ein Besuch sich lohnen.* Vor unserem Umzug nach Berlin hatte ich in einer Biografie Bonhoeffers gelesen, dass er sich einem Zirkel von Verschwörern angeschlossen hatte, die einen Mordanschlag und Umsturzversuch gegen Hitler und die Naziregierung ausführten – und damit scheiterten. Der Gedanke, einen Ort zu besuchen, an dem ich mehr über Bonhoeffer erfahren konnte, bot eine interessante Atempause von den Auseinandersetzungen in meiner Heimat.

Ich klappte den Laptop wieder auf und suchte online nach mit Bonhoeffer in Zusammenhang stehenden Orten in der Stadt. Auf dem Stadtplan entdeckte ich einen kleinen Punkt mit der Kennzeichnung *Bonhoeffer-Haus*, gar nicht weit von unserer Wohnung entfernt. Ich schaute mir die Webseite an und las, dass man sich für Besichtigungen anmelden konnte. Na, das war ja wirklich einfach! Sofort erkundigte ich mich per E-Mail nach einer englischsprachigen Führung.

Nach ein paar Tagen erhielt ich eine Antwort vom Geschäftsführer des Bonhoeffer-Hauses. Er bot mir einen Termin an, der für mich jedoch zeitlich nicht passte. Ich bat um einen anderen und fragte, ob wir unsere Kinder mitbringen dürften. Er versicherte mir, dass »Kinder im Bonhoeffer-Haus immer willkommen« seien. Schließlich fanden wir einen für alle passenden Termin: eine Morgenführung am Samstag, den 12. November 2016. Es war der Samstag nach den US-Präsidentschaftswahlen. Es war ein angenehmes Gefühl, nun eine solche Exkursion im Terminkalender stehen zu haben. Wir wussten, dass es eine hektische Woche werden würde; ich musste unser Haus auf Besuch vorbereiten, und ein paar Tage später war bei uns eine große Feier geplant. Auch verfolgten wir aufmerksam die Wahlkampfberichterstattung aus den Staaten. Für meinen Mann brachte die Wahlnacht, wie bei den meisten Angehörigen des auswärtigen Dienstes, eine deutlich höhere Arbeitsbelastung mit sich. Aber ich hatte das Gefühl, dass eine kleine Auszeit, in der wir gezielt unser Wissen über die Stadt, die unser neues Zuhause war, erweiterten und uns mit dieser historisch bedeutsamen Persönlichkeit beschäftigten, uns allen gut tun würde. Und dass ich das so mühelos hatte arrangieren können, hob meine gedrückte Stimmung ein wenig.

An dem Dienstagmorgen, als in den Vereinigten Staaten die Wahl stattfand, brachte ich meinen Sohn in den Kindergarten und stieg auf dem Rückweg eine Station früher als an unserer sonst üblichen Umsteigehaltestelle aus dem Bus. Ich wollte die historische St.-Annen-Kirche in Dahlem besuchen. In der Nazizeit war Martin Niemöller dort Pfarrer gewesen. Er hatte als Reaktion auf die Einführung des Arierparagraphen in der Deutschen Evangelischen Kirche schon im Jahr 1933 den »Pfarrernotbund« gegründet und in der Bekennenden Kirche – der kirchlichen Gegenbewegung zu den mit den Nazis verbandelten Deutschen Christen – zu den Führungsfiguren gehört. Niemöller wurde 1937 verhaftet und war in verschiedenen Konzentrationslagern als sogenannter »persönlicher Gefangener« Hitlers interniert. Sein Schicksal wurde damals international bekannt, und 1940 war Niemöller auf der Titelseite des *Time*-Magazins abgebildet.

Niemöller, ein im Ersten Weltkrieg für seine Tapferkeit ausgezeichneter U-Boot-Kommandant, hatte Hitler anfangs unterstützt, weil er meinte, dass viele Ziele der Nationalsozialisten mit jenen des Christentums übereinstimmten – eine Auffassung, die Dietrich Bonhoeffer schon zu Beginn von Hitlers Herrschaft abgelehnt hatte.[1] Anders als Bonhoeffer fühlte sich Niemöller von der starken nationalen und konservativen Ausrichtung der Partei angezogen. Doch er änderte seine Meinung, bezog offen Stellung gegen die Gleichschaltung der Kirche und zog damit den Zorn des Führers auf sich. Kurz nach seiner Befreiung durch die Alliierten unternahm Niemöller eine Vortragsreise durch die USA, um über die Bekennende Kirche zu sprechen und amerikanische Christen zu Geldspenden für das vom Krieg verwüstete Deutschland zu bewegen.

Heute ist Niemöller in Amerika viel weniger bekannt als während des Zweiten Weltkriegs und unmittelbar danach, aber viele kennen immer noch ein ihm zugeschriebenes Gedicht:

Als die Nazis die Sozialisten holten,
habe ich geschwiegen,
ich war ja kein Sozialist.
Als sie die Gewerkschafter holten,
habe ich geschwiegen,
ich war ja kein Gewerkschafter.
Als sie die Juden holten,
habe ich geschwiegen,
ich war ja kein Jude.
Als sie mich holten,
gab es keinen mehr,
der protestieren konnte.[2]

Ich wollte in Niemöllers Kirche beten.

Also stieg ich aus dem Bus und ging durch die Königin-Luise-Straße zu dem Tor, das auf das Kirchengelände führt. Ich ging über den Friedhof und näherte mich dem Haupteingang dieser kleinen Kirche, ein schlichter rechteckiger Ziegelbau mit einfachem Holzturm. Schon im Mittelalter hatte hier ein Gotteshaus gestanden. Ich schritt über ein

Fußbodenmosaik an der Schwelle, das ein Kreuz zeigt, und stand vor verschlossener Tür. Also blieb ich auf dem Kreuz stehen, drehte mich um, so dass ich auf Friedhof und Kirchgarten schaute und bat Gott, meinem Land zu helfen, den richtigen Weg zu finden. Ich bat um Erbarmen angesichts all der sich in der Gesellschaft auftuenden Risse, die sich zu tiefen Brüchen zu entwickeln drohten. Ich betete, dass Gottes Wille geschehen möge. Mein Gebet schien mir passiv und hilflos, aber ich richtete meine Hände zum Himmel.

Als am Ende jener Woche der Samstagmorgen dämmerte, waren wir erschöpft, doch erfüllte unser bevorstehender Ausflug zum Bonhoeffer-Haus mich mit Energie. Also enterte die Familie zu fünft das neuerdings vorhandene Auto, und wir machten uns auf den Weg. Auf den schmalen kopfsteingepflasterten Straßen in der Nähe des Bonhoeffer-Hauses quälten wir unser nicht gerade kleines Gefährt teilweise über die Bordsteine. In der Marienburger Allee parkten auf beiden Seiten Autos, was die Straße praktisch einspurig machte. Um aneinander vorbeizukommen, müssen die Fahrer viel lenken und auf Bordsteine und Bürgersteige ausweichen. Hinter hüfthohen Mauern, Hecken und Lattenzäunen wohnen hier Berliner, die der gehobenen Mittelschicht angehören.

Das Bonhoeffer-Haus – Marienburger Allee 43 – steht an einem Seitenweg. An dieser kleinen Straße gibt es nur noch ein weiteres Haus, einen architektonischen Zwilling, beide Häuser wurden von der Bonhoeffer-Familie erbaut. Als wir auf Nr. 43 zugingen, bemerkten wir neben der Tür eine weiße Tafel, die auf den Denkmalcharakter des Hauses hinwies. Ein jovialer Mann mit Augen so groß und rund wie die Brillengläser, von denen sie umrahmt wurden, öffnete, winkte und begrüßte uns. Er hielt uns die Tür weit auf und führte uns in ein Besprechungszimmer zur Linken, wo bereits einige andere englischsprechende Besucher warteten.

Ich habe in meinen Erinnerungen an diesen ersten Besuch gekramt, aber was ich in dem Moment, als ich über die Schwelle des Hauses trat empfunden habe, ist mir nicht mehr präsent. Es ging in den alltäglichen mütterlichen Mühen unter: Ich gab auf unser Nesthäkchen acht, hoffte, dass wir alle den kulturellen Gepflogenheiten angemessen folgten, und verscheuchte meine plötzliche Sorge, es könnte möglicherweise doch keine ganz so kluge Idee gewesen sein, die Kinder mitzubringen. Woran ich mich aber erinnere: Ich spürte deutlich, ein Zuhause betreten zu haben – kein Museum, keinen historischen Freizeitpark oder gar das Mausoleum eines toten Helden. Das Haus strahlte etwas Heimeliges aus, mit seinen knarrenden Dielenbrettern, dem warmen, angenehmen Duft von Holzbalken und Büchern, und einem uns wohlig einhüllenden Gefühl der Ruhe und Ordnung. Das Bonhoeffer-Haus war ein Zuhause, das seine Tür für uns öffnete. Und drinnen verwandelten wir Touristen und zufällig versammelten Fremden uns in willkommene Gäste.

Ich ging durch eine kleine Diele und entdeckte ein großes, durch die Sonne leicht verblichenes Bild Dietrich Bonhoeffers zur Linken und eine Treppe aus Kiefernholz zur Rechten. Eine Schautafel in der Diele über einer kleinen weißen Garderobe informierte in deutscher Sprache über wichtige Daten und Ereignisse. Wir gingen nach links durch eine verglaste Flügeltür in einen Raum, in dem die anderen Gäste an einem großen Konferenztisch saßen.

An den weißen Wänden dieses Besprechungszimmers hingen neun Tafeln mit Collagen aus Schwarzweißfotos zwischen den hohen Fenstern. Die deckenhohen grauen Vorhänge waren geöffnet. Die Tafeln wirkten wie Seiten, die man einem alten Familienalbum entnommen hatte. Beim Betreten des Raums fällt der Blick zuerst auf das gespenstische Bild des verwüsteten Innenraums einer Synagoge. Die Synagoge wurde in der Nacht vom 9. auf den

10. November 1938 zerstört, der Nacht des brutalen Pogroms der Nazis gegen jüdische Bürger und der Zerstörung ihrer Gotteshäuser und Geschäfte in ganz Deutschland. Diese Schautafel zeigt auch das Foto eines traditionellen Wegkreuzes am Straßenrand, die Figur des gekreuzigten Jesus, geschützt durch ein kleines Holzdach und daneben einem Schild mit der Aufschrift *Juden sind hier nicht erwünscht.*[3]

Wir setzten uns zu den anderen an den Tisch und packten Papier und Malstifte für unseren kleinen Sohn aus. Unser Gastgeber, Martin, stellte sich als Geschäftsführer des Hauses vor und fragte, warum wir hergekommen seien. So gab er uns Gelegenheit, miteinander ins Gespräch zu kommen. Jeder Besucher antwortete und gab die Frage weiter wie den Sammelkorb im Gottesdienst. Als ich an die Reihe kam, sagte ich diplomatisch, als würde ich locker eine Münze in den Korb werfen: »Wir sind hier, um etwas über diesen bemerkenswerten Menschen zu erfahren, und« – ich zögerte, suchte nach den richtigen Worten, versuchte, weiter entspannt zu bleiben – »Inspiration dafür zu finden, wie man in turbulenter Zeit seinem Glauben treu bleibt.« Meine Antwort verdeckte den dumpfen Schmerz in mir, der nun wieder über mich hereinbrach, als ich an die hinter uns liegende Woche dachte.

Zermürbend und verwirrend war sie gewesen. Zum ersten Mal seit dem Auspacken unserer Umzugskartons und dem Aufhängen der Bilder hatten wir einen Gast bei uns willkommen geheißen, und dann hatten wir ein paar Tage später in unserem Haus eine große Feier veranstaltet. Wir waren bis in die frühen Morgenstunden aufgeblieben, um die Verkündung des Wahlergebnisses mitzuverfolgen, und die Müdigkeit nach dieser langen Nacht wirkte noch nach. Vor allem hatten wir aber das Gefühl, dass der Boden unter unseren Füßen trügerisch geworden war. Die politische Landkarte, die wir zu kennen glaubten, war ausradiert. Wie ich befürchtet hatte, erwies sich die Präsidentschaftswahl weder als Heilmittel für die Risse, die sich in der Gesellschaft aufgetan hatten, noch als Ventil für die politischen Kränkungen und die Wut. Seltsamerweise wirkten die Sieger defensiv und weinerlich, die Verlierer geschockt und unwirsch. Für diejenigen, die sich von den starken politischen Polarisierungen bedrängt fühlten, zeigte der Kompass in ihren Händen infolge all der magnetischen Störungen wild in alle möglichen Richtungen. Schlimmer noch: Der Stolz, den ich oft auf die amerikanische Form der Demokratie empfunden hatte, lag nun in Trümmern. Unsere demokratischen Gewohnheiten waren schwach geworden, und aus der Ferne schien es mir, dass die formellen Rituale unseres politischen Lebens nicht fähig waren, sie wiederzubeleben. Ich litt unter dem Heimweh nach einer Welt, die ich für selbstverständlich gehalten, die aber so, wie ich sie mir vorstellte, vielleicht nie wirklich existiert hatte. Mitarbeiter des Auswärtigen Dienstes und die mit ihnen in den Auslandsmissionen lebenden Familienmitglieder sind ja durchaus mit politischen Machtwechseln vertraut, und sie leben und arbeiten im Kontext der jeweils vom amerikanischen Volk ins Amt gewählten Administration. Amerika und unsere demokratischen Prozesse zu erklären gehört zum diplomatischen Alltagsgeschäft. Aber wie unser damaliger Botschafter vor und nach der Wahl gegenüber der deutschen Öffentlichkeit wiederholt anmerkte, wurde es immer schwieriger zu erklären, was zum Kuckuck daheim in der amerikanischen Politik eigentlich vor sich ging!

Als Martin uns alle also fragte, warum wir hergekommen waren, wusste ich, dass die Fragen, die ich ins Bonhoeffer-Haus mitgebracht hatte, größer und existenzieller waren, und mich nicht einfach nur die Neugierde auf einen inspirierenden Menschen antrieb. Ich suchte nach einer Karte, die uns helfen konnte, nach Hause zu navigieren, und ich wünschte mir Worte, die meine Zuversicht stärkten.

Martin begann dann, über Bonhoeffers Leben zu sprechen, und was er erzählte, lenkte meine Aufmerksamkeit weg von meinem inneren Schmerz hin zu dem Ort, an dem wir alle nun saßen. »Dietrich Bonhoeffer wuchs nicht in diesem Haus auf«, begann Martin. Es war 1935 für die Familie entworfen und gebaut worden, zusammen mit dem Nachbarhaus, damit Karl Bonhoeffer und seine Frau Paula, geb. von Hase, ihr Alter in Gesellschaft ihrer großen Familie verbringen konnten. Karl Bonhoeffers Mutter, Julie Bonhoeffer geb. Tafel, bezog ebenfalls Räume in dem Haus und starb dort im Jahr 1936. Im Obergeschoss richteten Karl und Paula ein Mansardenzimmer für ihren unverheirateten erwachsenen Sohn Dietrich ein. Von den Fenstern aus sieht man aufs Nachbarhaus, wo Ursula Schleicher, geb. Bonhoeffer, eine von Dietrichs älteren Schwestern, mit ihrem Mann Rüdiger und ihren Kindern wohnte, darunter auch die Tochter Renate, die später Eberhard Bethge heiratete, Dietrichs besten Freund.

Auch nach seiner Pensionierung hielt Dr. Karl Bonhoeffer noch gelegentlich Patientensprechstunden ab, und das große Besprechungszimmer im Erdgeschoss, in dem wir nun saßen, war ursprünglich zweigeteilt gewesen: ein Wartezimmer und ein Sprechzimmer. Hinter Martin führte eine verglaste Flügeltür zu einem kleinen Wintergarten, in dem die Familie in der kalten, dunklen Jahreszeit Sonnenlicht tanken konnte. Martin zeigte nach draußen und meinte, wir sollten uns dort dichten Wald vorstellen, denn das Bonhoeffer-Haus stand damals am Rand einer Neubausiedlung im Grunewald. Hier, am Ende einer Sackgasse, unmittelbar an den Wald grenzend, sei es zusammen mit seinem Nachbarhaus »ideal für Verschwörer-Treffen« gewesen – ein Hinweis darauf, wie wenig echte Pensionärsruhe die Bonhoeffers hier tatsächlich hatten genießen können.

Anhand der neun Tafeln mit Fotokollagen beschrieb unser Führer Schlüsselmomente im Leben der Bonhoeffers: Dietrichs glückliche Kindheit mit seinen Eltern und Geschwistern in Breslau, dann in Berlin, der Beginn des Ersten Weltkriegs, in dem sein Bruder Walter fiel, und wie sehr sein Tod Paula und die gesamte Familie erschütterte, die vielen Stationen von Dietrichs Ausbildung, und das Erstarken des Nationalsozialismus. Als Martin sich der zentralen Tafel mit der Synagoge, dem Kruzifix und dem Schild zuwandte, lenkte er unsere Aufmerksamkeit von der Bonhoeffer-Familie zu den umfassenderen Realitäten, Institutionen, Themen und Denkmustern im Deutschland jener Zeit. Die Familie erlebte mit, wie der Nationalsozialismus zunehmend fast alle Aspekte des Lebens der Deutschen durchdrang, und dass die Kirche in Deutschland nicht einfach nur passives Opfer dieser Durchdringung war. Martin machte unmissverständlich deutlich, dass die Kirche in der Nazizeit gegenüber ihren Nächsten und Mitbürgern versagt hatte und dass die beiden einander gegenübergestellten Fotografien dieses Versagen versinnbildlichten: »Man erzählt, dass damals, als die Kirche die Botschaft akzeptierte, Juden seien nicht willkommen – man den Juden also sagte, sie wären im Haus Gottes nicht willkommen –, Jesus selbst die Kirche verließ.« Er wollte uns klar machen, dass die Kirche zweifellos moralisch versagt hatte, dass damit aber untrennbar auch ein theologisches Versagen verbunden gewesen war. Denn letztlich hatte sich ein beträchtlicher Teil der Kirche die nationalsozialistische Ideologie zu eigen gemacht und zugelassen, dass ihre theologischen Schätze für politische Zwecke missbraucht wurden. Viele dachten damals, der Erfolg der nationalsozialistischen Bewegung sei der Beweis, dass sie Gottes Wille sei.

Martin schloss seinen Vortrag an der Tafel, die Dietrich im Militärgefängnis Tegel zeigte, und berichtete von den letzten Tagen, bevor er am 9. April 1945 im Konzentrationslager Flossenbürg hingerichtet wurde. Dann lud Martin uns ein, ihm nach oben in Dietrichs Zimmer zu folgen, wo die Gestapo ihn am 5. April 1943 verhaftet hatte. In feierlichem Ernst gingen wir zurück in die Diele und stiegen die hölzerne Treppe hinauf, deren Geländer sich glatt und massiv anfühlte.

Oben führte die Tür zur Rechten in Dietrichs Zimmer. Die Einrichtung ist schlicht. Ein dünner Teppich liegt vor einem Einzelbett. Bücherregale, die Dietrich mit seinem Freund Eberhard zusammen gebaut hat, stehen an den Wänden, darin Bücher aus Dietrichs Besitz sowie Fachzeitschriften, in denen seine Aufsätze veröffentlicht wurden. Zwar wurden die Originale vor langer Zeit einer Forschungsbibliothek übergeben, aber im Bonhoeffer-Haus stehen Exemplare der gleichen Werke.[4] Gegenüber der Tür befinden sich die Fenster. Der Blick geht auf das Nachbarhaus und dessen Garten. Dietrichs Originalschreibtisch mit einer Lampe von blaugrüner Farbe steht vor den Fenstern. »Wenn Bonhoeffer sich hier aufhielt«, erzählte Martin und durchbrach damit das andächtige Schweigen der Gruppe, »zogen oft Rauchschwaden durchs Zimmer.« Dietrich war starker Raucher. Martin zeigte uns einen kleines Brandloch auf der Schreibtischunterlage aus blaugrünem Samt.

Rechts neben der Tür steht Dietrichs Clavichord. Martin öffnete den Deckel und demonstrierte, wie leise das Instrument ist: »Dietrich konnte darauf spielen, ohne die anderen im Haus zu stören.« Der junge Dietrich zeigte schon früh musikalisches Talent, besonders auf dem Klavier. Seine Familie fragte sich, ob er Pianist werden wollte. Als er dann als Teenager verkündete, Theologie studieren zu wollen, erschien ihnen das sonderbar, sogar irregeleitet. Aber er gab das Musizieren nie auf, und sein musikalisches Wissen und Können waren eng mit seinen theologischen Einsichten und seiner christlichen Glaubenspraxis verbunden – das Clavichord erinnert daran. Gleich links neben dem Instrument befindet sich ein kleiner Nebenraum mit einem Kleiderschrank, sowie Waschbecken und Spiegel, verborgen hinter einem Vorhang.

Anders als das Betreten des Hauses fühlte sich das Betreten dieses Zimmers magisch an. Doch sehr schnell verflog der imaginative Zauber. Das Zimmer dieses Helden sah so normal aus. Hier schlief ein ganz Großer, doch das Zimmer ist so klein und karg, vollkommen normal. Auch der Schreibtisch hat ein absolut gewöhnliches Maß; der Brandfleck zeugt von einfachen menschlichen Gewohnheiten und sogar von einem Hauch Nachlässigkeit. Alles in diesem Zimmer weist auf Dietrich Bonhoeffers schlichte Menschlichkeit hin, was seine Einsichten, seinen Mut und seine aufopferungsvollen Entscheidungen nur noch schärfer hervortreten lässt.

Nachdem die Gruppe etwas Zeit in dem Zimmer verbracht hatte, stiegen wir die Treppe wieder hinunter und warfen eine Spende in den dafür vorgesehen Metallkasten in der Diele. Wir dankten Martin für seine Gastfreundschaft und gingen zu unserem Wagen zurück.

Während mein Mann und ich die Kinder für die kurze Heimfahrt anschnallten, bestürmten sie uns mit Fragen: »Wer wohnte nochmal in dem Haus? Warum sind wir da hingegangen? Gibt es etwas zu essen?« Ich versuchte, ihnen mit einfachen Worten zu erklären, wer Bonhoeffer war, wie er und seine Familie und viele seiner Freunde versucht hatten, »die bösen Leute« aufzuhalten, die Nazis, die in Deutschland an die Macht gekommen waren. Aber allein schon das Wort *Nazi* in ihr Leben einzuführen, war für eine junge Familie an einem Samstagmorgen ziemlich schwere Kost. Der Wagen rollte rumpelnd über das Kopfsteinpflaster heimwärts.

Die Straßen wurden breiter und waren nun geteert, und als das Rumpeln und Poltern aufhörte, wurden auch wir ruhiger. Ich sah die Bäume und Häuser vorbeihuschen und seufzte laut: »Das war erstaunlich.« Doch immer noch empfand ich die Erschöpfung, den seelischen Schmerz und die Fragen, die ich in das Bonhoeffer-Haus mitgebracht hatte. Auf dem Rückweg zu unserem Haus fuhren wir am S-Bahnhof Grunewald vorbei, dessen Pfefferkuchenhaus-Charakter durch das Mahnmal *Gleis 17* eine morbide Komponente bekommt.[5] Von diesem Bahnhof wurden Tausende jüdische Berliner Bürger in Konzentrationslager deportiert. So versuchten die Nazis, Berlin »judenfrei« zu machen. Schließlich sagte ich: »Meine Fragen wurden nicht so beantwortet, wie ich es mir gewünscht hatte.« Mein Mann nickte schweigend.

Erstaunlicherweise hatte ich zwar nicht bekommen, was ich mir erhoffte, spürte aber, dass sich, trotz meines Kummers über die politischen Entwicklungen in meiner Heimat, eine neue Hoffnung in mir regte. Zuzuhören, wie Martin in jenem Haus Dietrich Bonhoeffers Geschichte erzählte, befeuerte meine Phantasie, was unser eigenes Zuhause anging. Wenn auch kein einziger Aspekt meines Lebens dem Bonhoeffers glich, war das Bonhoeffer-Haus doch Zeugnis menschlicher Erfahrungen, die ich aus meinem eigenen Alltag kannte. Wortlos offenbarte das Haus Realitäten, belebte die Erinnerung an Dinge, deren Wichtigkeit mir dadurch wieder bewusst wurde. Das Haus besaß seine eigene stille Art der Kommunikation über die unausgesprochenen Wahrheiten des menschlichen Lebens. Ich spürte, dass der verwirrt wirbelnde Kompass in mir seine Orientierung wiedergewonnen hatte; meine Sehnsucht nach einer verlorenen Heimat, das Gefühl, sich im Exil zu befinden, war jetzt durch neue Hoffnung erhellt. Ich wollte mehr über die Geschichte herausfinden, deren stummer Zeuge dieses Haus ist. Ich wollte, dass auch andere Menschen diese Erfahrung machten.

Glücklicherweise erhielten wir in Berlin viel Besuch, was mir gute Gründe gab, ins Bonhoeffer-Haus zurückzukehren. Wenn wir mit unseren Besuchern über mögliche Ausflüge in der Stadt sprachen, schlug ich oft das Bonhoeffer-Haus vor: »Es ist nicht Teil der üblichen Sightseeing-Programme, sondern etwas ganz Besonderes.« Jedes Mal, wenn ich mit Gästen das Haus besuchte, erfuhr ich mehr über Dietrich Bonhoeffer und seine Lebensumstände, lernte neue Aspekte seiner Geschichte kennen. Ich erlebte, wie die verschiedenen Besuchergruppen, die sich jeweils im Haus versammelten, durch ihre Fragen die Art beeinflussten, wie die Geschichte erzählt und die Führung gestaltet wurde. Die verschiedenen Führer fragten uns Besucher in der Regel nach dem Grund, warum wir das Haus besichtigen wollten, und luden uns ein, Fragen zu stellen und ins Gespräch zu kommen. Meistens sprachen die Besucher über ihre tiefe Bewunderung für Bonhoeffer und darüber, welche Quelle der Inspiration er für sie war. Manche gaben zu, dass sie sich davon, mehr über Bonhoeffers Leben zu erfahren, Hilfe für eigene Lebensfragen erhofften. In dieser Hinsicht stellte ich also keineswegs einen Einzelfall dar.

Unsere Gäste beeinflussten, welche neuen Erfahrungen wir im Bonhoeffer-Haus machten. Gute Freunde von uns hatten vor ihrem Berlin-Besuch über die nach 1945 sogenannte *Aktion T4* recherchiert, den Plan der Nazis für die Euthanasie »unheilbar Kranker« – also Menschen mit psychischen Erkrankungen und geistigen Einschränkungen, die aus der sich immer weiter verengenden Definition der Nazis herausfielen, was als wertvolles menschliches Leben anzusehen sei. Unter tatkräftiger Mithilfe des medizinischen Establishments wurden vermutlich etwa 200.000 Menschen aus Pflegeheimen und medizinischen Einrichtungen aussortiert und systematisch ermordet. An ihnen erprobte man die Tötungsmethoden, besonders der Vergasung, die man später in noch viel größerem Maßstab bei Juden und anderen anwenden sollte. Unsere Freunde hatten einen persönlichen Bezug zu dieser Thematik: Bei ihren beiden Kindern war ein genetisches Syndrom diagnostiziert worden. Bei den Nazis wären sie deswegen unter die Kategorie »lebensunwertes Leben« gefallen und ermordet worden. Vor dem Hintergrund der sich daraus ergebenden quälenden Fragen sahen unsere Freunde die Nazizeit und versuchten, sich darüber klar zu werden, wie sie sich damals verhalten hätten. Zusätzlich zu dem von mir vorgeschlagenen Besuch des Bonhoeffer-Hauses suchten wir auch die T4-Gedenkstätte auf, eine noch relativ neue transparente Wand aus blauem Glas am Südrand des Tiergartens. Der Name »Aktion T4« bezieht sich auf das Gebäude in der Tiergartenstraße 4, in der sich damals die Zentraldienststelle befand, die die Aktion plante.[6]

Die ehrenamtlichen Führer im Bonhoeffer-Haus legten jeweils auf eigene Weise Zeugnis ab, indem sie von Bonhoeffers Leben aus der Perspektive ihrer persönlichen Fragen erzählten. Ein Führer – Pfarrer Gottfried Brezger – gestaltete seine Führung fast wie ein Theologieprofessor ein Seminar. Er ermunterte die Gäste zu Gesprächen, wie er sie vermutlich auch mit von ihm wertgeschätzten Studenten geführt hätte. Während er Tee einschenkte und Kekse anbot, erkundigte Gottfried sich nach ihrem eigenen Leben und den Fragen, die sie zum Thema Bonhoeffer hatten. Dann steuerte er das Gespräch sanft hin zu ziemlich hochfliegenden theologischen Konzepten, zum Beispiel der Christologie – der Lehre vom Wesen der Person und der Bedeutung des Werkes von Jesus Christus. Die jüdische Identität Jesu war in der Nazizeit ein zentrales Thema theologischer Debatten, mit dem auch Bonhoeffer sich intensiv auseinandersetzte. Die Deutschen Christen, die eine Angleichung der evangelischen Kirche Deutschlands an die Ideologie des Nationalsozialismus betrieben, machten aus dem »Juden aus Nazareth« die Inkarnation eines arischen Mythos, die physische Verkörperung von Nazi-Vorstellungen über Erfolg, Stärke und nationalen Sieg. Gottfried verdeutlichte uns, dass davon, was Christen über Jesus glaubten, abhing, wie sie andere Menschen, vor allem Juden, behandelten.

Gottfried machte uns außerdem darauf aufmerksam, wie schleppend die historische und moralische Aufarbeitung der zwölfjährigen Naziherrschaft in Deutschland in Gang gekommen war. Während einer morgendlichen Führung sagte er: »Es dauerte eine ganze Generation, ehe wir als Nation begannen, Fragen darüber zu stellen, was damals geschehen war.« Ihn »wir« sagen zu hören verblüffte mich; er identifizierte sich als Deutscher mit dieser sündigen, zutiefst kranken Nazi-Geschichte und der Scham und Verantwortung seines Volkes. Aber zu erfahren, wie lange es gedauert hatte, bis die moralische Aufarbeitung begann, war ein wirklicher Schock. Nach dem Zweiten Weltkrieg lag Berlin in Trümmern. Für die traumatisierten Menschen bedeutete der Wiederaufbau der Stadt eine erhebliche physische Kraftanstrengung. Die Wiederherstellung der verbrannten moralischen Landschaften und der Wiederaufbau der geistigen Ruinen, dieser weitverbreiteten Zerstörungen des Denkens, der Herzen und Seelen begann nicht sofort. Für lange Zeit scheuten die Deutschen diese Konfrontation; fast alle Überlebenden waren in diese Verwüstungen verstrickt gewesen. Als Amerikanerin hatte ich mir nie Gedanken darüber gemacht, was in Deutschland auf den Krieg folgte, wie Fakten gesammelt und ausgewertet werden mussten, wie das, was geschehen war, bewahrt werden musste, damit es nicht im großen Schweigen des Vergessens versank.

Bei einem anderen Besuch berichtete ein deutscher Teilnehmer der englischsprachigen Führung von eigenen Beobachtungen dieses Auswertungsprozesses nach dem Krieg, vor allem von der verführerischen Natur der Worte, mit denen über die Nazizeit und den Holocaust gesprochen wurde. Die gewaltige Kraftanstrengung, das zu verstehen, was geschehen war, spiegelt sich schon in den Worten selbst. Dieser Besucher zeigte auf das Foto der zerstörten Synagoge im Konferenzzimmer und sagte, dass sogar die Bezeichnung für das Pogrom im November 1938, nämlich »Kristallnacht«, politisch umstritten sei. Denn das Wort ist ein Euphemismus; es verschleiert den glühenden Hass und die brutale Gewalt jener Nacht, deren Taten schließlich im Holocaust endeten.[7]

Das, was ich während meiner ersten Besuche im Bonhoeffer-Haus von deutschen Besuchern und Führern hörte, half mir, meine amerikanische Perspektive bewusst wahrzunehmen, die – mit einer dramatischen Hollywood-Komponente – stark auf ganz bestimmte Elemente des Zweiten Weltkriegs verengt war. Amerikaner finden das Drama des Krieges faszinierend. Die Geschichte, wie ich sie in diesem Haus kennenlernte, machte mir dagegen unsere von uns selbst berauschte Naivität im Hinblick auf den Krieg und die moralischen Wunden, die er schlug, bewusst. »Wir« Amerikaner waren »die Guten« gewesen, und unser Sieg ein Zeichen für die Ehrenhaftigkeit unserer Sache. Für die Generation von Amerikanern, die in jener Ära große Opfer brachten, ist das ja auch ein durchaus zutreffendes Narrativ, und sie haben die Verehrung verdient, die wir ihnen entgegenbringen.

Doch die Zeugnisse von Deutschen zu hören und das stumme Zeugnis des Bonhoeffer-Hauses zu erleben, das hat mein vermeintlich wohlgeordnetes moralisches Bild über jenen Teil der deutschen Geschichte erheblich verkompliziert. Sicherlich hatte ich mir ein paar Gedanken über die moralischen Schwierigkeiten eines Lebens im Nationalsozialismus gemacht, aber eindeutig nicht genug über das Alltägliche nachgedacht, über die Millionen kleinen Entscheidungen, die alle Deutschen bewusst oder unbewusst treffen mussten, lange bevor die Streitkräfte der Alliierten in Europa gegen die Nazis vorrückten. Diese Entscheidungen ketteten sie tagtäglich an Hitlers wahnsinnige Vision und zerschnitten ebenso wirkungsvoll das verbindende Gewebe einen gemeinsamen gesellschaftlichen Lebens. Hitler hielt keines seiner vielen Versprechen. Er hinterließ nichts als ein riesiges Totenfeld in einer moralischen Trümmerlandschaft. Das Ende des Krieges war der Beginn einer langen moralischen Aufarbeitung, eines harten, verantwortungsvollen Einsatzes dafür, die Freiheit zu bewahren.

Doch wie leicht ziehen sich Sieger und Besiegte in den Schatten von Ignoranz und Schweigen zurück, diese verräterischen Merkmale bürgerlicher Verantwortungslosigkeit. Nach dem Krieg wurden in der deutschen Gesellschaft diejenigen, die zuvor überzeugte, bekennende Nazis gewesen waren, erstaunlich zahlreich wieder in ihren alten Positionen installiert. Laut einem im Oktober 2016 veröffentlichten Bericht einer Kommission deutscher Historiker und Juristen waren 77 Prozent der leitenden Beamten im westdeutschen Justizwesen in der Nachkriegszeit ehemalige Mitglieder der NSDAP – ein »Erfolg«, ermöglicht durch ein Netzwerk faschistischer »alter Freunde«, die sich gegenseitig vor Strafe schützten.[8]

Doch auch die weniger Mächtigen fanden Wege, ihrer Verantwortung auszuweichen. Jeder konnte behaupten, »inneren Widerstand« geleistet zu haben, selbst wenn er alle Nazibefehle buchstabengetreu befolgt hatte. Man hatte das schließlich nur gezwungenermaßen getan, um selbst zu überleben! Andere behaupteten, innerhalb des Systems gegen dieses gearbeitet zu haben, um die Auswirkungen des kollektiven Wahnsinns zu reduzieren. Es ließ sich leicht behaupten, der Stechschritt-Gehorsam sei nur aufgezwungen gewesen. So konnte man der weitverbreiteten Mittäterschaft erträglichere Grautöne verleihen: Niemand habe an den Nationalsozialismus geglaubt, *wirklich nicht*. Die einfachen Bürger dürften nicht für Gräueltaten zur Rechenschaft gezogen werden, von denen man gar nichts gewusst oder, wenn überhaupt, nur in Form dunkler Andeutungen erfahren habe. Persönlich sei man dafür jedenfalls nicht verantwortlich gewesen. Was hätte ein einzelner Mensch denn schon ausrichten können gegen die Welle des Nationalsozialismus, die über sie alle hereingebrochen war? In diesem ganzen moralischen Nebel waren vorgebliche Unwissenheit und Schweigen Schutzmechanismen, um sich der Verantwortung zu entziehen. Nach diesen furchtbaren Jahren war es leichter, so zu tun, als könne man einfach wieder zur Normalität zurückkehren.

Doch in den 1960er- und 1970er-Jahren begannen die Kinder der Kriegsgeneration, ihre Eltern und Großeltern danach zu fragen, was sie gewusst hatten, und wie sie mit diesem Wissen umgegangen waren. 1979 wurde die amerikanische Fernsehserie *Holocaust* in Westdeutschland ausgestrahlt. Monströse Berge verhungerter nackter Körper; Haufen gezogener Goldzähne, Brillen und Schuhe, die in allen Größen von menschlichen Füßen gerissen worden waren; die sorgfältige, wohlkalkulierte Organisation von Folter, Mord und Grausamkeit: Diese grauenvollen Bilder – die uns inzwischen seltsam vertraut sind – unterbrachen das gewohnte taktvolle Schweigen mit bohrenden Fragen. Die moralische Abrechnung – der Prozess der Aufarbeitung – begann und hält bis heute an. Ob wir es wahrhaben wollen oder nicht: Die Vergangenheit ist immer noch präsent.

* * *

Bei meinem vierten Besuch im Bonhoeffer-Haus, im Mai 2017, stellte ich mich der Führerin nach ihrem Vortrag vor, bevor sie die Gruppe nach oben in Dietrichs Zimmer führte. Die Freundin, die bei mir zu Besuch war – ich hatte uns erst sehr spät angemeldet – und ich bedankten uns, dass sie uns noch so kurzfristig ermöglicht hatte, teilzunehmen. Sie erzählte uns, dass sie als Lehrerin am Walter-Rathenau-Gymnasium arbeitete, Dietrich Bonhoeffers alter Schule, die damals, als er dort Schüler gewesen war, Grunewald-Gymnasium geheißen hatte. Eines Tages hatte sie eine Gedenktafel an der Wand bemerkt, mit den Namen Dietrich Bonhoeffers und anderer ehemaliger Schüler, die im Widerstand gegen den Nationalsozialismus ihr Leben gelassen hatten. Als Lehrerin sah sie, wie in der Schule Freundschaften entstanden, wie aus Nachbarn Klassenkameraden und aus Klassenkameraden Freunde wurden. Sie sah, wie Vertrauen entstand – etwas Kostbares, wenn Zeiten hereinbrechen, in denen man immer seltener auf Menschen trifft, denen man vertrauen kann. Diese Freundschaften seien wichtig für eine Nation. Dass sie sich ehrenamtlich im Bonhoeffer-Haus engagierte, habe damit zu tun, dass sie an diesem anderen für Bonhoeffers Leben bedeutsamen Ort arbeitete, wo ihr Lebensweg sich mit seinem kreuzte. Nachdem ich mich bei ihr bedankt hatte, sagte sie: »Ich habe von Martin gehört, dass Sie recht oft zu uns kommen. Da erfahren Sie sicher eine Menge!«

Ich erwiderte, halb scherzhaft, halb ernst gemeint: »Ja, ich komme so oft, dass ich eigentlich hier im Haus auch Führerin werden könnte!«

Zu meiner Verblüffung sagte sie: »Ja, dass sollten Sie wirklich tun!«

In diesem Moment hatte ich das Gefühl, eine geschlossene Tür, vor der ich scheu gestanden hatte, hätte sich einen Spalt geöffnet, so dass Licht meine Hoffnung erhellen konnte. Ich wollte sicher sein, dass sie sich nicht wieder schloss, bevor ich hindurchschlüpfen konnte. Ja, ich wollte hinein ins Haus und tiefer eindringen in Bonhoeffers Geschichte! Ich wollte, dass dieser Ort wichtig wurde als ein Ort meines Lebens, dass er Gutes bewirken konnte für unser persönliches Leben in Berlin und unsere Heimat Amerika, wo der gesellschaftliche Zusammenhalt zerfranste und das gegenseitige Vertrauen dahinschwand. Ich wollte, dass dieser Ort und seine Geschichte bedeutsam wurden für meine Nächsten nah und fern, und, vor allem, dass wir aus ihm Hoffnung schöpften.

Als ich nach diesem Besuch nach Hause kam, schickte ich Martin sofort eine E-Mail und fragte, ob es tatsächlich möglich wäre, dass ich ehrenamtliche Führerin bei ihnen werden könnte, etwas, das ich mir bei unserem ersten Besuch dort nie erträumt hätte. Jetzt, wo die Tür sich einen Spalt geöffnet hatte, wusste ich, dass ich hinein wollte.

»Hinein« mit all den Bedeutungen, die dieses Wort beinhaltet. Das Haus der Bonhoeffers war ein Ort, wo ich intensiver darüber nachdenken konnte, welche Aufgaben mit dem Menschsein verbunden sind, denn dort hatte ein sehr menschlicher Bonhoeffer gewohnt – nicht nur der Bonhoeffer der Theologen, der bisweilen zu Ideen abstrahiert wurde, und nicht nur der heroische Bonhoeffer, geisterhaft fern und romantisiert. Hier konnte ich mir den Mann vorstellen, der früh aufstand, um zu lesen und über die Bibel zu meditieren, der Austern aß und Klavier spielte, der sich durch Kunst fesseln, inspirieren und schulen ließ, der ausgelassen sang und ein brillanter Gesprächspartner war, der alle Arten von Sport liebte, innerlich mit sich selbst rang und an Freunde und Verwandte ungestüme, furchtsame und manchmal witzige Briefe schrieb, die mit ihrer Einsicht, Verletzlichkeit und Stärke noch immer die Herzen berühren.

So sehr ich es liebe, im abstrakten Sandkasten des Intellekts zu spielen, so sehr wollte ich die konkrete Sprache des Bonhoeffer-Hauses erlernen. Dieses Haus hatte ein Vokabular, eine Grammatik und Syntax, die in Resonanz zu meinem vom Hausfrauenalltag bestimmten Leben traten. Ja, ich konnte über Bonhoeffer Bücher lesen und Filme anschauen, aber wenn wir schon in Berlin wohnten und nur wenigen Minuten von diesem Haus entfernt, wollte ich meine Gedanken über Bonhoeffer von diesem Ort formen lassen. Ich wollte, dass er – angefüllt mit den alltäglichen Objekten aus Bonhoeffers Leben – meine moralische Vorstellungskraft befeuerte, den geheimen Bereich, wo Metaphern, Bilder und Ideen darüber offenbar werden, was gut, wahr und richtig ist. Das Haus ist Zeuge all dieser Dinge, Stätte für Metaphern, die Handlungsfähigkeit und Verantwortlichkeit stärken und neue Hoffnung entfachen können.

Zu meiner Überraschung antwortete Martin schnell: »Dass Sie sich unserem Team anschließen möchten, ist eine wunderbare Idee. Es ist kein Problem, dass Sie kein Deutsch sprechen, denn wir haben sehr viele englischsprachige Besucher. Ich lade Sie herzlich zu unserem nächsten Ehrenamtlichen-Treffen ein. Dort können wir einander kennenlernen und gemeinsam überlegen, was sich im Haus gemeinsam verwirklichen lässt.«

* * *

»Laura, ich habe, ehrlich gesagt, noch nie von Dietrich Bonhoeffer gehört, bis du deine ehrenamtliche Arbeit erwähntest. Seitdem entdecke ich seinen Namen und seine Zitate immer wieder in den sozialen Medien. Ich weiß also nichts über ihn, aber die Zitate, die von ihm in Umlauf sind, gefallen mir sehr. Und nach dem zu urteilen, was du von ihm erzählst, habe ich den Eindruck, dass er mit Problemen rang, mit denen ich auch ringe und die etwas damit zu tun haben, was zur Zeit in unserem Land passiert.« Die Stimme meiner Freundin drang über die Bluetooth-Verbindung in mein Auto. »Du schreibst also an einer Biografie über ihn?«

Ich erwiderte, das sei nicht meine Absicht. Es gibt viele ausgezeichnete Biografien über Dietrich Bonhoeffer, aber je bekannter sein Name und seine Geschichte werden, desto mehr werden sie missbraucht. Bonhoeffer ist inzwischen in starkem Maße zu einer historischen Figur geworden, die durch unsere Hände geformt werden kann. Wir geraten in Versuchung, ihn für unsere Zwecke zu verzerren, wenn wir nicht bewusst reflektieren, welche Fragen und Ansprüche ihm gegenüber uns antreiben.[9]

Dieses Buch ist ein Bericht über meine persönliche Begegnung mit Dietrich Bonhoeffers Lebensgeschichte während meiner zwei Jahre dauernden ehrenamtlichen Tätigkeit als Führerin im Bonhoeffer-Haus, die Teil unseres insgesamt dreijährigen Aufenthalts in Berlin war. Ich schrieb es, um aufzuzeichnen, was ich dort lernte, und so den Dialog zwischen seiner Biografie, wie ich sie kennenlernte und zusammen mit Besuchern des Hauses erforschte, und meinem eigenen Leben vor dem Vergessen zu schützen. Das Narrativ des Buches pendelt zwischen seinem und meinem Leben, denn durch die Beschäftigung mit seinem Leben wurde ich, wie sich zeigte, immer wieder mitten hinein in die Realitäten meines eigenen geführt. Die beiden sind unentwirrbar verknüpft.

Dieses Buch ist also mein Weg, Ihnen die Tür des Bonhoeffer-Hauses zu öffnen. Ich habe darin meine Notizen und persönlichen Beobachtungen aus dem Haus, aus Berlin und anderen für Bonhoeffers Lebensgeschichte wichtigen Orten in Deutschland zusammengestellt. Dabei stütze ich mich stark auf die Werke anderer, vor allem seiner Freunde – Historiker, Theologen, Ethiker und Geschichtenerzähler –, die mir eine wertvolle Hilfen waren, um mehr über ihn herauszufinden. Unabhängig davon, ob Sie selbst Gelegenheit haben, das Bonhoeffer-Haus in der Marienburger Allee in Berlin-Charlottenburg zu besuchen, hoffe ich, dass meine Aufzeichnungen Ihnen bei einer imaginativen Reise dorthin zur Seite stehen werden. Ich möchte Ihnen einen Rahmen anbieten, der Ihnen hilft, Ihre eigenen Fragen an Bonhoeffers Leben zu entdecken und so in einen persönlichen Dialog mit ihm zu treten. Bei mir selbst erwiesen sich diese Fragen, die ich tief in mir herumtrug und die nach Aufmerksamkeit verlangten, als diejenigen, die ich im Hinblick auf Bonhoeffer besser kennenlernen und verstehen wollte.

Paradoxerweise erkannte ich immer deutlicher, je mehr ich Bonhoeffers Leben studierte und lernte, den Besuchern des Bonhoeffer-Hauses seine Geschichte zu erzählen, dass seine Geschichte nicht *meine* Geschichte ist. Zwar wollte ich das Geheimnis seiner bemerkenswerten Tapferkeit und Zähigkeit herausfinden und war versucht, Analogien zwischen seiner Welt und meiner herzustellen, erkannte aber, dass seine Zeit nicht so war wie meine Zeit und dass die Welt, in der er lebte, nicht meine Welt ist. Was nicht heißen soll, dass es keinerlei Übereinstimmungen gäbe – ganz im Gegenteil. Vielmehr meine ich, dass wir uns, wie Bonhoeffer, entscheiden müssen, ob wir uns den Fragen unserer Zeit stellen, uns mutig und hoffnungsvoll mit ihnen auseinandersetzen wollen, oder ob wir sie ignorieren und versuchen, unserer Verantwortung auszuweichen, vor ihnen zurückweichen, aus Angst, Abgestumpftheit oder Verzweiflung. Vor allem schrieb ich dieses Buch als Zeichen, dass ich mich für die Hoffnung entschieden habe und Sie dazu einlade, sich genauso zu entscheiden.

* * *

Nachdem ich Martin den Empfang des Schlüssels quittiert hatte, befestigte ich ihn an meinem Schlüsselbund. Nun hing er zwischen all den anderen Schlüsseln, denen für unser Haus und Auto, für mein Fahrradschloss, unseren Briefkasten und noch weiteren, die verschiedene Aspekte meines Lebens repräsentierten: die Orte und Menschen, die mir am Herzen liegen, meine Beziehungen und Verantwortlichkeiten. Ganz ähnlich sind auch meine Erkenntnisse über Bonhoeffers Leben, die ich durch das Haus sammeln konnte, Schlüssel. Keiner von diesen Schlüsseln ist *meine* Entdeckung; keiner eröffnet irgendeinen geheimen biografischen Zugang zu den Mysterien seines Lebens. Aber viele von ihnen passen zu meinen Fragen, sind Elemente, die wir in unseren gesellschaftlichen Narrativen oftmals vergessen haben.

Also bewegt sich die Geschichte in diesem Buch von Ort zu Ort, von Frage zu Frage, von Leben zu Leben, von Schlüssel zu Schlüssel. Zusammengenommen stehen diese Schlüssel für die Lektionen, die das Bonhoeffer-Haus vermittelt, ein Ort der zivilgesellschaftlichen Fürsorge, wo Erinnerungen und Geschichten bewahrt und weitergegeben werden, und darum untersuche ich im letzten Kapitel, was notwendig ist, um auch unsere Zivilgesellschaft zu bewahren und in gutem Zustand zu halten.

Ich biete Ihnen diese Schlüssel an, so wie Martin mir einen Schüssel aushändigte, der das Bonhoeffer-Haus für mich öffnete. Erkunden Sie Bonhoeffers Leben und werfen Sie einen Blick in Zimmer, wo Sie Wahrheiten erwarten, die klein sein mögen, uns aber persönlich so fordern können, dass wir Ihnen mitunter lieber ausweichen. Wenn wir die großartigen, dramatischen und öffentlichen Teile der Lebensgeschichte Bonhoeffers betonen, ist es leicht, diese bescheideneren Aspekte zu übergehen, die ihn in die Lage versetzten, auf solche Weise ins Rampenlicht der Geschichte zu treten.

In Bonhoeffers Leben und seinem Haus Zeit zu verbringen veranlasste mich, vor allem meine eigenen Tätigkeiten zivilgesellschaftlicher Fürsorge zu überprüfen. In seinem Leben entdeckte ich Wege, Beziehungen zu pflegen, zu denken, zu imaginieren und aktiv am Leben teilzunehmen.

Das Bonhoeffer-Haus wurde für mich zur Versinnbildlichung von Identitäten, Einstellungen und Gewohnheiten, in denen ich mich wiederfand, die ich aber schärfen musste. Diese eingerosteten, vielleicht vergessenen Fähigkeiten können wir alle wiederentdecken und erlernen. Und jeder, der dies tut, kann den Unterschied ausmachen, wie sich die Geschichte unserer eigenen Häuser weiterentwickelt.

Denkmal für die ermordeten Juden Europas, auch bekannt als Holocaust-Mahnmal, Berlin.

2. Kapitel

In Erfahrung bringen, was geschehen ist

Es gibt eine größere Geschichte
als meine eigene.

In einer E-Mail wurde mir mitgeteilt, dass ich Gottfried bei einer Führung Ende Juli 2017 begleiten sollte, um mir seine Arbeitsweise anzuschauen. Meine Ausbildung als Führerin war in vollem Gang. Wenn ich Zeit dafür fand, zog ich mich mit einem Stapel Bücher zurück. Einzelheiten aus Bonhoeffers Leben prägte ich mir ein, indem ich sie laut vor mich hin sagte.

Im Mai 2017 besuchte ich mein erstes Treffen der Ehrenamtlichen im Wintergarten des Hauses. Martin stellte mich den anderen ehrenamtlichen Helfern kurz vor, die mit mir um den Tisch saßen, und ich schüttelte allen die Hand. Wir unterhielten uns mühelos auf Englisch. Sie fragten mich, in welche Länder uns die Tätigkeit meines Mannes im Auswärtigen Dienst schon geführt hatte, und erkundigten sich nach meinen Studien zum Thema Bonhoeffer. Einige von ihnen dürften überrascht gewesen sein, als ich zugab, dass ich gerade erst dabei war, mich in sein Leben einzuarbeiten.

Als dann aber das eigentliche Treffen begann, sank mir das Herz in die Hose, denn mir wurde klar, wie groß meine Sprachbarriere war. Ich beherrschte zwar ein paar Höflichkeitsfloskeln, war aber nicht in der Lage, mich auf Deutsch wirklich mit jemandem zu unterhalten. Ein Teilnehmer schaute mich an und fragte, ob ich dem Gespräch folgen könne. Immerhin reichte mein Vokabular einigermaßen, um seine Frage zu verstehen. Ich antwortete auf Englisch, dass ich nur hier und da einzelne Worte verstand. Freundlicherweise unterbrach Martin und schlug vor, dass sie auf Englisch fortfahren sollten, womit einige am Tisch zwar einverstanden waren, aber nicht alle. Denn einige andere meinten, ihr Englisch reiche dafür nicht aus.

Innerlich wand ich mich, denn es war mir sehr unangenehm, wie sehr meine Anwesenheit die normalen Abläufe der Runde durcheinanderbrachte. Ich entschuldigte mich, dankte ihnen und bat inständig, sie sollten auf Deutsch fortfahren, ganz so, wie sie es normalerweise tun würden. Ich versicherte ihnen, und mir, dass eine englische Zusammenfassung am Ende des Meetings völlig genügen würde. Und dann saß ich während der folgenden zwei Stunden schweigend dabei und bemühte mich, aus Wörtern, die ich hier und da verstand, Sinnfragmente zusammenzuschustern. Zu meiner Überraschung flüsterte ein Teilnehmer, der darum gebeten hatte, die Sitzung auf Deutsch fortzusetzen, mir englische Übersetzungen zu, eine rührend komische und sehr hilfsbereite Geste. Sein Englisch war viel besser, als er selbst glaubte, und seine liebenswürdige Gastfreundschaft berührte mich außerordentlich. Ich hatte schon begonnen, mich in ihrer Gruppe wie ein Eindringling zu fühlen, und seine Bereitschaft, für mich zu übersetzen, war der Olivenzweig der Hoffnung, den ich brauchte.

Der Abend schritt voran, und schließlich signalisierte die Körpersprache der Teilnehmenden – ein letztes Kritzeln im Terminkalender und das anschließende Wegpacken der Unterlagen –, dass das Treffen zu Ende ging. Mehrere Leute standen auf und verabschiedeten sich. Als sich alle zum Gehen anschickten, nahm ich Martin beiseite. Ich wollte ihn etwas fragen, von dem ich eigentlich erwartet hatte, dass es während des Meetings zur Sprache kommen würde.

»Gibt es denn eine Art Training? Was muss ich bei den Führungen beachten? Gibt es ein Script, dem ich folgen soll?«

Energisch, mit dieser einzigartigen deutschen Direktheit, sagte Martin: »Nein! Es gibt kein Skript! Obwohl ...« Er überlegte einen Moment. »Ich habe da etwas, das Ihnen helfen könnte. Ich glaube, es gibt noch ein letztes englisches Exemplar.«

Er verschwand in ein anderes Zimmer und kehrte mit einem leuchtend orangenen Paperback zurück: einem Ausstellungskatalog in englischer Sprache zu den neun Tafeln im Konferenzraum, auf dessen Cover in Schreibschrift aufgedruckt war: *Dietrich Bonhoeffer, Pfarrer, Berlin-Charlottenburg 9, Marienburger Allee 43*. Ich bedankte mich, steckte das Buch in meine Handtasche und ging hinaus in die Abendluft.

Auf der Rückfahrt meldeten sich bei mir starke Zweifel, ob es richtig war, in diese kleine Welt einzudringen. *Das ist nicht meine Welt. Ich spreche kein Deutsch! Worauf habe ich mich da nur eingelassen? Ich gehöre da nicht hin. Wie soll ich jemals lernen, seine Geschichte zu erzählen?*

Als ich nach Hause kam, saß mein Mann auf dem Sofa und las. Er blickte lächelnd auf und fragte: »Und, wie war es?«

»Na ja«, sagte ich, nahm meine Handtasche von der Schulter und ließ mich auf die Couch fallen. »Ich bin keine Deutsche. Ich spreche die Sprache nicht. Und ich weiß nicht, ob das Ganze eine gute Idee ist. Ich glaube, ich habe mir da etwas zu viel vorgenommen.«

Er schaute mich wissend an. »Du hast die Gabe, auf ungewöhnliche Art in Verbindung zu ungewöhnlichen Orten zu treten, Laura. Ich bin sicher, dass du deine Sache dort gut machen wirst.«

Ich nahm den Ausstellungskatalog und blätterte darin. Unten auf der Titelseite entdeckte ich eine Erläuterung zu dem Abdruck der handschriftlichen Notiz vorn auf dem Cover:

> Auf dem Umschlag sieht man eine von drei Notizen, die Dietrich Bonhoeffer am 8. April 1945 mit einem stumpfen Bleistift hastig in sein Plutarch-Exemplar schrieb, unmittelbar vor seiner Verlegung aus Schönberg ins Konzentrationslager Flossenbürg, wo er am nächsten Morgen ermordet wurde. Er ließ das Buch auf dem Tisch zurück – die Adresse Marienburger Allee sollte im späteren Chaos eine Spur zeigen. Einer seiner Mitgefangenen, ein Sohn Friedrich Goerdelers, nahm das Buch an sich und übergab es später der Familie – das letzte Lebenszeichen Dietrich Bonhoeffers.

Es handelte sich also um Bonhoeffers Handschrift, und er hatte diese Notiz unter großem Stress hinterlassen. Ich nahm einen Stift und schrieb meinen Namen und das Datum auf die Titelseite, fügte mein eigenes handschriftliches Lebenszeichen der Lebensgeschichte auf diesen Seiten hinzu, eine kleine Geste zur Bekräftigung meiner Absicht, mich trotz meiner kulturellen Verunsicherung auf diese Lernerfahrung einzulassen.

Während der folgenden Wochen dachte ich intensiv über alles nach, was ich aus diesem Katalog erfuhr, um so in enge Beziehung zu dem zu treten, was damals geschehen war. Ich wusste, dass mir eine Menge Arbeit bevorstand, ehe ich in der Lage sein würde, Besucher durch das Haus zu führen. Doch kam es mir jedes Mal, wenn ich den Katalog aufschlug, so vor, als würde ich im Haus anderer Leute eine Schublade öffnen und darin herumwühlen. Jeder von uns hat ja diese Kramschubladen voller alter Zuckertütchen und Zahnstocher, Flaschenöffner und merkwürdigem Krempel. Für uns selbst ergibt der Inhalt vielleicht noch Sinn, aber für alle anderen ist es nur zusammengeworfenes Zeug. Der Katalog enthielt Erläuterungen zu jeder Ausstellungstafel. Sämtliche Fotos waren abgedruckt, und es gab kurze Informationen zum Hintergrund mancher dieser Elemente. Ergänzt wurde das durch Auszüge aus Primärquellen, die zu den Themen der Tafeln in Bezug standen: Ausschnitte aus Texten, Briefen und anderweitig zu Papier gebrachten Gedanken von Mitgliedern der Bonhoeffer-Familie, einschließlich Eberhard und Renate Bethge, und anderen nahestehenden Personen. Jedes Kapitel enthielt außerdem Auszüge aus den von Dietrich veröffentlichten Werken.

Trotz der klaren Struktur des Katalogs gewann ich keinen wirklichen Überblick über die größeren Zusammenhänge. Es fiel mir schwer, aus den hier angebotenen Informationen ein für mich verständliches Gesamtbild zu formen. Ich fing an, in dem Katalog herumzublättern wie ein Kind, das sich in einem Museum langweilt und schnell und gedankenlos von Gemälde zu Gemälde läuft, ohne die größere Geschichte zu verstehen, wie diese Bilder zusammenhängen und was die Kuratoren mit dieser Auswahl und Hängung beabsichtigten. Das Problem war nicht der Katalog; er ist sehr gut durchdacht gestaltet, auf das Wesentliche konzentriert und klar. Er sagt, was wirklich gesagt werden kann, und nicht mehr. Das Problem war ich. Meine anfängliche Unfähigkeit, einen Zusammenhang in ihm zu erkennen, hatte mehr damit zu tun, dass ich meinte, etwas zu wissen, es offensichtlich aber nicht wusste: über Bonhoeffer ebenso wie über die deutsche Geschichte und Kultur während der Nazizeit, aber auch weit darüber hinaus. Die Geschichte, die ich zu kennen glaubte, traf auf eine weit komplexere gelebte Wirklichkeit.

* * *

Schon lange vor unserem Umzug nach Berlin hatte ich von Bonhoeffer gehört. Ich glaube, sein Name wurde in

Christianity Today erwähnt, einer Zeitschrift, die meine Eltern seit meiner Kindheit abonniert hatten und die ich während meiner High-School-Zeit aufmerksamer zu lesen begann. Ich bezweifle, dass er jemals von der Kanzel in unserer Kirche oder in der Jugendgruppe zitiert wurde. Aber ich wusste von einigen seiner populäreren Schriften über christliches Leben, zum Beispiel *Nachfolge* (1937), das Bonhoeffer veröffentlichte, nachdem die Gestapo ein von ihm geleitetes illegales Predigerseminar geschlossen hatte, oder *Gemeinsames Leben* (1938), seine Meditation über christliche Gemeinschaft. Weil ich das, was ich über den Menschen Bonhoeffer wusste, von anderen erfahren hatte, formten deren Wahrnehmungen und Meinungen mein Wissen. Manchmal nahm ich wahr, dass sein Name, obwohl er im Widerstand gegen Hitler und die Nazis aktiv gewesen war, mit gewissem Misstrauen geäußert wurde, mit Skepsis gegenüber manche seiner theologischen Überzeugungen. Manches, was er schrieb, bereitete bestimmten Leuten starkes Unbehagen – Formulierungen wie »religionsloses Christentum«, die sich *europäisch* anhörten und ihn zu einer undurchschaubaren Person machten, die sich nicht so leicht einordnen ließ. Mein tatsächliches Wissen über sein Leben und Denken war bruchstückhaft, auf Hörensagen beruhend.

Während meines Studiums am Wheaton College in Illinois begegnete mir Bonhoeffers Name dann öfter. Die Professoren dort sprachen mit Respekt und intellektueller Anerkennung von ihm. In meinem Fach, politische Wissenschaften mit dem Schwerpunkt politische Theorie und Theologie, wurden mir Ideen nahegebracht, die in Übereinstimmung zu Bonhoeffers Leben und Denken standen. Ich erfuhr mehr darüber, wie seine christlichen Überzeugungen seinen politischen Widerstand in Nazideutschland formten, ein Zusammenhang, den ich bei der Lektüre dieser religiösen Texte nicht erkannt hatte.

Doch was Bonhoeffers Denken anging, war in erster Linie ein Freund mein frühester Lehrer. Das erscheint mir heute bemerkenswert, wenn man bedenkt, wie tief auch Bonhoeffer durch Freunde beeinflusst wurde. Mein Kommilitone Jonathan interessierte sich aus eigenem Antrieb für Bonhoeffer. Die zunehmende Vertrautheit mit dem Leben dieses Mannes, seinem Denken und den historischen Umständen, unter denen er lebte, brachte Jonathan in persönliche Schwierigkeiten. Als Studierende der politischen Theorie hatten wir beide eine Neigung zu besonders verstiegenem Denken. Wir hielten uns gern im Reich der Ideen auf und wagten uns in unseren Gesprächen auf ausgedehnte Wanderungen in das Hochgebirge großer Wahrheiten. Wir genossen die berauschende Klarheit von für unsere Verhältnisse sehr hochfliegenden Gedanken. Jonathan versenkte sich in Bonhoeffer, während ich in Thomas Hobbes' *Leviathan* abtauchte, ein frühmodernes politisches Traktat über den sogenannten »Gesellschaftsvertrag«. Darin behauptet der englische Philosoph, das Leben sei so »scheußlich, brutal und kurz«, dass die Menschen, wenn sie nicht untergehen wollten, sich einer starken politischen Führung unterwerfen müssten. Ich versuchte herauszufinden, warum Hobbes so viel aus der Bibel zitierte, um etwas herzuleiten, das ich bereits als das säkulare Fundament des Gesellschaftsvertrages meinte verstanden zu haben.

Als Jonathan tiefer in Bonhoeffers Denken eindrang, begann er, seine eigene Welt intensiv zu hinterfragen. Er war in den 1980er- und 1990er-Jahren in einem frommen und politisch aktiven Elternhaus aufgewachsen und hatte sich lange sehr stark mit der konservativen »moralischen Mehrheit«, mit den Republikanern und bestimmten Schlüsselorganisationen der sogenannten religiösen Rechten identifiziert, zum Beispiel mit der *Christian Coalition of America*. Doch als sich ihm jetzt Bonhoeffers Welt auftat, hatte er plötzlich das Gefühl, dass seine eigene Welt auf den Kopf gestellt wurde. Wenn wir uns über die neuen Inhalte in unseren Lehrveranstaltung austauschten, redete Jonathan manchmal, als stünde neuerdings seine Welt in Flammen und als sei er unsicher, wie er dieses Feuer löschen sollte, ja, ob er es überhaupt löschen wollte. Er entdeckte verstörende Parallelen zwischen der Kirche in Bonhoeffers Zeit, die zur Komplizin des Regimes geworden war, und der Kirche seiner Kindheit, die sich vor den Karren von Politikern und Parteien spannen ließ und ihnen ein religiöses Feigenblatt für pure Machtgier lieferte. Jonathan empfand Bonhoeffers Schriften als eine Anklage, die das Fundament seiner eigenen Erziehung ins Wanken brachte. Sie stellten auf den Kopf, woran Jonathan bislang geglaubt hatte.

* * *

Meine Erinnerungen an Jonathans intensives Ringen mit sich selbst kam mir oft in den Sinn, während ich den Ausstellungskatalog studierte. Zusätzlich las ich eine Bonhoeffer-Biografie und fing an, aus Bestandteilen der Informationstafeln im Bonhoeffer-Haus meine eigene innere Tafel seines Lebens zusammenzustellen. Jedes Mal, wenn ich mich zur Recherche hinsetzte, versenkte ich mich in die mit den Fotos auf den Tafeln verknüpften Dokumente, blickte in die Vergangenheit, um zu sehen, wie die geschichtlichen Ereignisse sich mit Bonhoeffers Leben überschnitten. Doch mit Tafel 5 – der Tafel in der Mitte, auf der das Foto der entweihten, verwüsteten Synagoge gezeigt wurde – war ein Dokument verknüpft, das ich nicht verstand. Die Ausstellungsmacher hatten diese Primärquelle für wichtig genug befunden, um es im Katalog abzudrucken, aber ich begriff nicht, in welchem Bezug es zu dem Thema von Tafel 5 stand, die mit »Die Kirche vor der Judenfrage« überschrieben war.

So lautete auch die Überschrift eines kritischen Essays, den Bonhoeffer im April 1933 schrieb, wenige Wochen nach Hitlers Machtergreifung und nicht lange, nachdem die Regierung zum Boykott jüdischer Geschäfte aufgerufen hatte. In dem Essay beschrieb Bonhoeffer detailliert drei Wege, wie die Kirche mit dem Staat interagieren könne. Er erkannte schon früh, wie die mit den bisher geltenden Normen brechenden Nazis die traditionelle Beziehung zwischen Kirche und Staat für ihre Zwecke ausschlachten könnten, und argumentierte, die Kirche hätte eine Verantwortung gegenüber dem säkularen Staat, aber ebenso auch gegenüber seinen Opfern. Das war eine deutliche Abkehr von der traditionellen Lehre. Erstens, argumentierte er, solle die Kirche »den Staat immer wieder danach fragen«, ob er wirklich seine von Gott gegebene Verantwortung, gerecht zu regieren, erfülle. Zweitens solle die Kirche den Opfern des Staates beistehen und ihre Wunden verbinden. Und drittens, so seine Argumentation, müsse die Kirche sich nicht nur um die Menschen kümmern, die unter das »Rad« des Staates geraten, sondern darüber hinaus bereit sein, »dem Rad selbst in die Speichen zu fallen«. Die Kirche sei möglicherweise aufgerufen, zu einem Akteur zu werden, der verhindert, dass die Machtmaschine des Staates, das »Rad« des Staates die Menschen zermalmt, die sich in seinem Einflussbereich befinden.[1]

Mit den Argumenten aus diesem Essay war ich bereits etwas vertraut, aber diese andere Quelle war mir völlig fremd. Es handelte sich um einen amtlichen Vermerk mit dem Titel: »II D 3 a (9) Nr. 214/42 g.Ra.« vom 5. Juni 1942, Ort: Berlin, klassifiziert als »Geheime Reichssache«. Ich überflog das Dokument und versuchte, es zu verstehen, aber die Sprache, in der es abgefasst war, machte es mir schwer, den Inhalt zu begreifen. Der Text begann so: »I. Vermerk: Betrifft: Technische Abänderungen an den im Betrieb eingesetzten und an den sich in Herstellung befindlichen Spezialwagen.« Das, worum es hier ging, schien nichts mit Dietrich Bonhoeffer, den Nazis oder der Kirche zu tun zu haben. Diese wurde nirgends erwähnt, stattdessen wimmelte es im Text von technischen Fachbegriffen. Die Sätze, die oft in der Passivform formuliert waren, kamen mir verschlüsselt vor.

Ich las sie immer wieder, anfangs ganz ohne zu begreifen, worum es ging, weil ich nur die Oberfläche der Worte wahrnahm. Doch dann erging es mir wie jemandem, der plötzlich, nachdem er lange genug auf ein Blatt mit einem Vexierbild gestarrt hat, das Bild im Bild sieht. Mit Übelkeit erregender Klarheit offenbarte sich mir, was der Vermerk bedeutete. Es ging um Fahrzeuge, um LKW mit geschlossenen Kastenaufbauten, die von den Nazis zu dem Zweck entwickelt worden waren, darin Menschen – zumeist Juden – zu ermorden. In diesen Einsatzfahrzeugen wurde mittels Erstickung getötet. Die Nazis zwangen die Menschen in den Laderaum der LKW und leiteten das Kohlenmonoxid der Motorabgase hinein.

Der Verfasser des Vermerks schlich mit den von ihm gewählten Worten vorsichtig, fast wie auf Zehenspitzen, um das Thema herum und verschleierte so den mörderischen Stechschritt ihrer Bedeutung. Wortwahl und Syntax verdeckten die Fakten und machten es dem Leser dadurch möglich, seiner moralischer Verantwortung auszuweichen. Im besten Fall fördern Worte und Sprache die Kommunikation und überwinden Gräben; im Dienst der Wahrheit spiegeln Worte die Realität wider und helfen uns, Dinge zu verstehen. Doch in diesem Vermerk spielten die Worte und Sätze uns Streiche. Diese Sätze verbargen mehr, als dass sie etwas sagten; wie Ohrstöpsel dämpften sie die Deutlichkeit, mit der ein offenes und direktes Ansprechen der Dinge das menschliche Bewusstsein erreicht hätte. Der Verfasser des Vermerks benutzte keine Begriffe, die klar beschrieben, wofür diese Fahrzeuge vorgesehen waren oder was in ihnen geschah. Er spricht nicht von »töten« und »vergasen«. Stattdessen heißt es dort, dass in einem Zeitraum von sechs Monaten »mit 3 eingesetzten Wagen 97.000 verarbeitet wurden«. *Verarbeitet*. Die Worte bewirkten, dass das Morden sauber klang, industriell, mechanisch.

Aber natürlich ist die massenhafte Ermordung von Menschen kein industrieller Verarbeitungsprozess und sie ist niemals sauber. In dem Vermerk ist von »Problemen« die Rede – von technischen Problemen –, die bei der »Verarbeitung« auftraten. Wenn Kohlenmonoxid in einen verschlossenen, mit Menschen vollgepackten Laderaum geleitet wird, versuchen die Menschen, in Panik zu fliehen. Ihre verzweifelten Versuche, aus dem Lastwagen zu entkommen, bewirkten, wie der Vermerk festhält, dass »ein starkes Drängen der Ladung nach der Tür erfolgte«. Weiter wird in dem Vermerk die Wichtigkeit einer funktionierenden Beleuchtung im Inneren der Lastwagen betont, weil »die Ladung« sich sonst bei eintretender Dunkelheit nach dem Licht hinter der zugesperrten Tür drängen würde. Die Beleuchtung sollte also beruhigend wirken und die Panik verringern. Zudem blieben im Inneren dieser Lastwagen, weil Menschen Körper sind – Fleisch und Knochen, Blut und Wasser –, die grausigen Spuren der Verbrechen zurück, die dort drinnen begangen wurden. Es musste also jemand die Fahrzeuge reinigen, und der Verfasser schlägt technische Lösungen vor, die diese notwendige Arbeit erleichterten. Dabei betont er noch einmal die Vorteile einer Beleuchtung und empfiehlt einige Modifikationen an den Abflussöffnungen.

Als ich endliche begriff, worum es ging, erkannte ich, dass dieser Vermerk Stoff für die fürchterlichsten Albträume bot, die ein Mensch sich nur vorstellen kann – aber hier war eine nicht zu leugnende historische Realität angesprochen. Der Vermerk zeigte mir, dass sogar die Sprache selbst moralisch oder unmoralisch sein kann, indem sie entweder Fakten ausspricht und so verantwortungsbewusstes Denken ermöglicht oder indem sie beides eben nicht tut, indem sie entweder der Wahrheit dient oder lügt. Die verschleiernden Formulierungen – der häufige Gebrauch des Passivs und die Verwendung des entmenschlichenden Wortes »Ladung« für die in den Lastwagen Ermordeten – gaben dem Gestalt, was die deutsch-jüdische Philosophin Hannah Arendt sehr treffend »die Banalität des Bösen« genannt hat. Die verschleiernde, täuschende Sprache lässt das Grausame und Barbarische banal, alltäglich, routinemäßig und neutral erscheinen.

Indem Arendt der Welt die Banalität des Bösen vor Augen führte, stellte sie die vorherrschende Vorstellung infrage, derzufolge die Nazis blutrünstige, von Hass getriebene Monster gewesen seien. Sie berichtete als Reporterin vom Prozess gegen Adolf Eichmann[2] – dem Organisator der sogenannten »Endlösung«, dem Plan der Nationalsozialisten zur Ermordung aller Juden in Europa. Arendt sah in Eichmann die Verkörperung des Vorschriften ausführenden armseligen Bürokraten, unfähig zu eigenständigem Denken, verzweifelt auf Anweisungen jener angewiesen, die stärker waren als er. Eichmann war für sie ein Mensch, der seine Handlungsmacht völlig an andere abgegeben hatte, so dass er in seinem Denken, Reden und Tun vollkommen mit der Ideologie und Propaganda der Nazis übereinstimmte, dabei aber meinte, nur seine Pflicht zu erfüllen und für sein Handeln moralisch nicht verantwortlich zu sein.

Ich versuchte, mir den Menschen vorzustellen, der diesen Vermerk geschrieben hatte: Wie er ihn, an einem Schreibtisch sitzend, auf einer Schreibmaschine tippte, nachdem er einen Entwurf erstellt und bearbeitet hatte; wie er die Aufgabe nach Erledigung von der Liste seiner Aufgaben für diesen Arbeitstag strich und sich auf den

Nachhauseweg machte und vielleicht unterwegs noch ein paar Zutaten für das Abendessen einkaufte. Ich stellte mir den Empfänger des Vermerks vor, von dem erwartet wurde, dass er die vorgeschlagenen Umbauten an den Fahrzeugen durchführen ließ; vielleicht las er das Schreiben, während er Kaffee trank, sich den Mund abwischte, mit einem Kollegen lachte, später mit der Familie zu Abend aß. Und dann stellte ich mir die Ingenieure vor, die angewiesen wurden, »technische Lösungen« für diese »Probleme« zu finden, und diese mit dem Verfasser des Vermerks abstimmten. Je mehr ich darüber nachdachte, desto mehr schauderte ich über den kollektiven Kleinmut dieser Leute, über ihre jämmerliche Unterwerfung unter das System, ihre Weigerung, das Rad anzuhalten, ihre banale Kooperation, die es allein möglich machte, dass das Rad weiterrollte und Menschen zermalmte.

Von diesen Leuten benahmen sich nur wenige wie Teufel – wenige haben vermutlich dem populären Nazi-Klischee eines Hollywood-Filmes entsprochen. Und dennoch war ihr Handeln böse. Ihre dumpfen Hirne und leeren Herzen waren kalt, gleichgültig, moralisch reglos. Böses von dieser Art flüstert uns ins Ohr, dass wir uns vor der Verantwortung drücken können. Der Verfasser des Vermerks tötete die Menschen nicht. Er verfasste nur das Schreiben! Die Ingenieure töteten diese Menschen nicht. Sie lösten lediglich technische Probleme als Teil ihrer normalen Arbeit! Diejenigen, die diese todgeweihten, verängstigten Menschen in die Lastwagen hineinpferchten, führten einfach nur Befehle aus. Es war nicht ihr persönlicher *Wille*, diese Morde zu begehen. Diese elenden Kreaturen waren ganz normale Leute, die ihren Job machten, ohne jedes persönliches Verantwortungsgefühl, gefüttert mit einer Diät aus Worten, die ihnen half, die Wirklichkeit nicht zu sehen. Sie waren Spediteure und verstauten Ladungen. Die Sprache in Vermerken wie diesem ermöglichte es ihnen, dem Wissen auszuweichen – und der Verantwortung, die mit dem Wissen einhergeht. Es wurde ihnen leichtgemacht, über das, was sie taten, nicht nachzudenken.

Als bemerkenswertes Objekt aus jener Zeit formuliert dieser sonderbare Vermerk eine klare Warnung im Hinblick auf die Macht von Worten und auf das, was diese uns weismachen wollen. Wenn ich lernen wollte, den Besuchern Dietrich Bonhoeffers Geschichte zu erzählen, musste ich über die Sprache selbst nachdenken – nicht nur über seine Lebensgeschichte, sondern auch darüber, wie ich sie erzählen wollte. Wie ich die Worte verwendete, Sätze bildete, sogar darüber, wie ich dachte – all das war wichtig für die Arbeit im Bonhoeffer-Haus. Die Sprache, die ich verwendete, wenn ich über ihn sprach, musste moralisch verantwortungsbewusst sein. Ich musste sicherstellen, dass ich die Wahrheit sagte. Es gab eine Geschichte, die größer war als meine persönlichen Eindrücke, und sogar größer als Bonhoeffer. Ich musste die Lebensumstände jener Zeit verstehen, das damals vorherrschende Denken und so meiner Verantwortung gerecht werden.

* * *

»Du solltest dieses Buch lesen. Es ist wirklich gruselig«, sagte mein Mann eines Abends im Herbst 2015 zu mir. Wir lagen zu Hause in Virginia im Bett und lasen. Ein Jahr zuvor hatte er die Zusage für einen Posten an der US-Botschaft in Berlin erhalten. Er beschäftigte sich daher schon seit einiger Zeit mit der deutschen Sprache und Kultur. Seine Gedanken waren schon auf der Reise, während meine noch nicht einmal an den Aufbruch dachten. Ich quälte mich durch einen Online-Sprachkurs, den das State Department für die Lebenspartner seiner Mitarbeiter anbietet. Mein erklärtes und recht bescheidenes Ziel war es, die sprachlichen Umgangsformen so zu lernen, dass ich andere nicht vor den Kopf stieß, so als sei ich ein Kind, das lernt, nicht um sich zu schlagen, wenn es wütend wird. Und in der Tat war das gar nicht weit von meinem Alltag entfernt, der darin bestand, meine beiden älteren Kinder zu ihren jeweiligen Grundschulen zu fahren und sicherzustellen, dass unser Kleiner aß, schlief, dass ihm vorgelesen und mit ihm gespielt wurde. Dazu kamen all die anderen ganz normalen Aufgaben in Haushalt und Familie. Ich versuchte, die Online-Termine mit meinem Sprachlehrer auf die Zeiten zu legen, in denen unser Sohn seine Schläfchen machte. Zwar hatte ich inzwischen gelernt, alle siebenundzwanzig Buchstaben des deutschen Alphabets auszusprechen – einschließlich des »scharfen S«, das für Englischsprachige wie ein komisches großes B aussieht – doch fühlte sich Berlin für mich sehr weit weg an von meinem amerikanischen Alltag.

Aber ich wusste, dass das Lesen mir Deutschland näherbringen konnte. Also nahm ich mir, als mein Mann es weggelegt hatte, das unheilschwangere Buch Erik Larsons von seinem Nachttisch, *Tiergarten – In the Garden of Beasts* stand auf dem Umschlag, und fing an zu lesen. Ich hatte mit spannender Lektüre gerechnet, jedoch nicht erwartet, darin Einiges zu finden, das mir vertraut vorkam, insbesondere was die Aspekte eines Diplomatenlebens angeht. Larson erzählt in diesem Buch die Geschichte William E. Dodds und seiner Familie. Dodd war während der ersten Jahre nach Hitlers Machtergreifung US-Botschafter in Deutschland. Das Leben aus der Perspektive einer Familie spielt im Buch eine wichtige Rolle: der Umzug an einen anderen Ort, Dodds Träume und Karriereziele, die Einrichtung eines Zuhauses und das Bemühen der Familie, ihre neue Umgebung zu verstehen. Diese Erfahrungen kannte ich gut, aber hier spielten sie sich in der sonderbar fremdartigen Atmosphäre der Anfangsjahre der Nazi-Diktatur ab. Natürlich unterschieden sich die Erfahrungen der

Dodds im alten US Foreign Service stark von unseren heutigen. Aber ich konnte die Aufregungen, die sie bei ihrem internationalen Umzug erlebten, gut nachempfinden und ebenso das Gefühl, die Nase gegen das Fenster zu drücken, hinter dem sich eine fremde Kultur entfaltete, in dem Versuch, den Weg hineinzufinden und sie zu verstehen. Diese Erfahrungen kannten wir gut.

Dass Larson diese Geschichte so gut erzählt, hat auch damit zu tun, dass er der Sprache ebenso viel Aufmerksamkeit widmet wie den Fakten, besonders im Hinblick auf die Gewalt, welche die Nazis an und mit der Sprache verübten. Er erzählt uns von dem Dresdner Philologen Victor Klemperer, der als Universitätsprofessor in sorgfältigen Tagebuchaufzeichnungen dokumentierte, was während der Naziherrschaft mit der Alltagssprache geschah, wie neue Begriffe geprägt wurden, während andere korrodierten, und Wörter eine neue, nahezu gegenteilige Bedeutung erlangten, so dass zuvor negativ besetzte Wörter nun positive Assoziationen auslösten. Das Wort fanatisch, das gewöhnlich einen gedankenlosen Enthusiasmus bezeichnet, war in der Nazizeit positiv besetzt und kennzeichnete große persönliche Loyalität gegenüber Hitler und dem Regime.

Klemperer war Jude und seine Situation als Verfolgter verlieh seinen scharfsinnigen Beobachtungen als philologischer Experte eine schmerzliche Klarheit. In seinem Tagebuch hielt er die schnellen gesellschaftlichen Veränderungen fest, etwa die immer stärker werdenden Einschränkungen der persönlichen Freiheit, denen er, seine jüdischen Kollegen und andere Menschen jüdischen Glaubens in öffentlichem Dienst und Privatwirtschaft ausgesetzt waren. Obwohl er Universitätsprofessor war, durfte er keine Bibliothek mehr betreten, verlor seine Anstellung an der Technischen Universität in Dresden und wurde zur Arbeit in einer Munitionsfabrik gezwungen. Er vermutete, dass ihn in jenen Jahren seine »Mischehe« mit einer »arischen« Frau schützte. Klemperer überlebte die Nazizeit und anhand der Aufzeichnungen in seinen Tagebüchern konnte er zeigen, wie stark das ganze Leben von der Sprache geformt wird und wie die Alltagskommunikation unter der Nazi-Tyrannei litt. Klemperer erkannte, wie Worte in den Köpfen der Menschen als Schutzschild gegen die Realität funktionierten, auch wenn sie paradoxerweise dann immer noch Körnchen der Wahrheit offenbarten.

Aus den Tagebuchaufzeichnungen Kemperers entstand das Buch *LTI – Notizbuch eines Philologen.* »LTI« steht als Abkürzung für »Lingua Tertii Imperii«, »Die Sprache des Dritten Reiches«. Klemperer erklärt darin, dass er sich in der Anfangszeit der Diktatur bemüht habe, der Sprache des Dritten Reiches möglichst keine Aufmerksamkeit zu schenken. Er unterdrückte seinen Beobachtungsinstinkt und konzentrierte sich auf seine akademische Arbeit, die er zu jener Zeit der französischen Literatur des 18. Jahrhunderts widmete. Doch die stetig zunehmenden Verbote und Bedrängungen durch die Nazis bewirkten schließlich einen Wandel. Er begann, sich verpflichtet zu fühlen, den Vorgängen seine Aufmerksamkeit zu widmen. Das Tagebuchschreiben wurde nun wichtig für ihn. Später wird er die Funktion, die es für ihn bekam, anhand einer Szene aus einem Kinderbuch beschreiben: Ein Vater und sein Sohn schauen zu, wie ein Zirkusartist auf dem Hochseil balanciert. Der Junge fragt den Vater, wozu die Stange in den Händen des Artisten dient. Der Vater antwortet: »Das ist eine Balancierstange, an der hält er sich fest«, und der Junge ruft aus: »Au, Vater, wenn er sie aber fallen lässt?« Der Vater erklärt ihm, dass der Mann seinerseits die Stange in Balance hält, also Mensch und Stange zusammenarbeiten. Für Klemperer war das Tagebuchschreiben die Balancierstange auf dem dünnen Seil seines Lebens.[3]

Für die historische Rückschau auf die Nazizeit ist Klemperers Werk von großer Bedeutung. Er zeigt uns eine Welt, die immer weniger Sinn ergab, eine Welt, in der die Menschen überall ihre Balancierstangen fallen ließen und sogar die Worte gequält wurden, indem man sie ihrer Bedeutung entkleidete und sie in trügerische Sätze zwang, die dramatische moralische Konsequenzen hatten. Zu Klemperers besonders schmerzhaften Beobachtungen zählt, dass oft *die Sprache für uns denkt*. Wir atmen Worte und Sätze ein wie Luft, ohne über sie nachzudenken. Diese uns umgebende Sprachatmosphäre prägt unser Denken, und höchst selten halten wir inne, um sie zu hinterfragen.

Klemperer war der Ansicht, dass die machtvolle Wirkung des Nationalsozialismus auf das Leben in Deutschland weder auf die bombastischen Reden und Fackelzüge, noch auf Plakate, Flugblätter oder andere offensichtliche Formen der Propaganda zurückzuführen war. Vielmehr verbreitete die Partei ihre Ideen, indem Nazisprache in verführerischer Selbstverständlichkeit zur Alltagssprache wurde. »Der Nazismus glitt in Fleisch und Blut der Menge über durch die Einzelworte, die Redewendungen, die Satzformen, die er ihr in millionenfachen Wiederholungen aufzwang und die mechanisch und unbewusst übernommen wurden«, schreibt Klemperer.[4] Diese Sprache grub sich tief in die Gesellschaft ein, formte Emotionen und Gedanken. Klemperer verglich diese winzigen Anpassungen der Sprache mit der kumulierenden Wirkung von Arsen im Körper. Wird einem Menschen das Arsen in kleinen Mengen verabreicht, spürte er die todbringende Wirkung erst, wenn es zu spät ist.

Neben diesem ständigen Strom korrumpierter Sprache wandten die Nazis auch bestimmte Techniken des Geschichtenerzählens an, die sie »aus amerikanischen Kinofilmen und Thrillern kopierten«.[5] Die Nazis imitierten diese Techniken des Kinos, um so »gezielt eine Art von täglicher Spannung zu erzeugen«, um immer wieder die Aufmerksamkeit der Menschen zu erregen und ihnen zu suggerieren, ihre Welt sei aus dem Lot geraten und sie seien auf die zentrale Gestalt des Führers angewiesen; nur er könne für sie die Realität gestalten. Adolf Hitler konnte ziemlich charismatisch sein, mit seiner ganz eigenen Art von Raserei. Er wusste, wie man eine Menge aufpeitscht und das Feuer der Furcht anfacht, das für seine Herrschaft entscheidend war. Klemperer empfand Hitlers überreizte Raserei bei seinen Redeauftritten als merkwürdig, denn sie untergrub Hitlers Absicht, beim Publikum den Eindruck zu erwecken, er sei allmächtig. Bei diesen Auftritten schimmerte die Wahrheit durch. Redet man, fragte sich Klemperer, mit so blinder Tobsucht, wenn man den Anspruch erhebt, ein unbesiegbares tausendjähriges Reich errichten zu können, das garantiert alle seine Feinde für immer vernichten wird?[6] Natürlich nicht. Deshalb, so argumentierte Klemperer, offenbarten Hitlers Reden trotz ihres rhetorischen Pathos doch eines: Er war bei Weitem nicht der starke Führer, der zu sein er behauptete, sondern ein pathologischer Narzisst, im Wesenskern unsicher und fragil.[7]

* * *

Ich hatte mir vorgenommen, mich auf einen Stuhl in die Ecke zu setzen und Gottfried zu beobachten, als ich zum ersten Mal als ehrenamtliche Helferin ins Bonhoeffer-Haus kam. Es war Juli 2017 und eine große Reisegruppe war eingetroffen. Wir beide begrüßten die Gäste an der Tür, doch, statt sie hereinzubitten, ging Gottfried zu ihnen nach draußen und zeigte ihnen zunächst einige äußere Merkmale des Hauses. Ich begleitete ihn. Von der Straße aus deutete Gottfried auf die Fenster von Bonhoeffers Zimmer im Dachgeschoss – nach amerikanischer Zählung die dritte Etage, nach europäischer die zweite. Dann zeigte er auf das Nachbarhaus, Nummer 42, und erklärte, dass dieses ebenfalls von den Bonhoeffers erbaut worden war und dass Dietrichs ältere Schwester mit ihrem Mann Rüdiger Schleicher und ihren Kindern dort gewohnt hätten.

Als wir dann nach drinnen gegangen waren, ging Gottfried die Schautafeln durch. Er zeigte auf bestimmte Bilder, andere ließ er aus. Ich hatte als Besucherin schon mehrere seiner Führungen mitgemacht und wusste, dass er keinem festen Schema folgte. Es ging ihm darum, mit den Besuchern ins Gespräch zu kommen. Als Anfängerin, die ich nun mal war, bemerkte ich, wie unterschiedlich er Bonhoeffers Geschichte vermittelte. Immer ging er auf die jeweilige Besuchergruppe ein und immer erzählte er sie etwas anders. Je nachdem, welche Gruppe er vor sich hatte, setzte er die Akzente etwas anders, um eine gute Verbindung zu den Besuchern herzustellen.

Auf einmal klingelte es an der Tür. Gottfried hielt kurz inne und signalisierte mir mit einem Wink, dass ich nachsehen sollte. Ich eilte zur Vordertür. Es geschah nicht selten, dass Menschen unangekündigt vorbeikamen, in der Hoffnung, auch ohne Anmeldung eingelassen zu werden. An diesem Tag stand eine ganze Gruppe vor der Tür.

»Bitte«, sagte einer von ihnen, »wir kommen aus Korea. Dürfen wir das Haus besichtigen?« Es handelte sich um eine Gruppe von Studenten und Professoren, die, wie viele Menschen im Jahr 2017, anlässlich des 500. Jahrestages der Reformation auf den Spuren Martin Luthers und der Reformatoren Deutschland besuchten. Ich antwortete, ich müsse nachfragen, was zu tun sei. »Drinnen ist noch eine große Gruppe, und ich bin neu hier. Ich kenne die Regeln noch nicht genau.« (Und wenn man in Deutschland etwas kennen muss, dann sind es die Regeln!) Dann entschuldigte ich mich wie eine Kassiererin, die nach dem Vorgesetzten klingelt. Ich versicherte, gleich wieder zurück zu sein und ließ sie, unbeholfen wie ich war, draußen stehen.

Im Konferenzraum hatte Gottfried gerade seinen Vortrag beendet, und die Gruppe teilte sich in zwei kleinere auf, die nacheinander Bonhoeffers Zimmer besichtigen sollten. Ich nahm Gottfried beiseite und fragte, was ich tun sollte.

»Ich gehe mit den Leuten hier nach oben, und Sie zeigen denen das Haus«, antwortete er ruhig und zeigte auf die draußen verloren herumstehende Gruppe aus Korea. Dann ging er nach oben.

Ich schluckte. War ich wirklich schon in der Lage, Bonhoeffers Geschichte zu erzählen, zumal einer Reisegruppe, die möglicherweise bereits eine Menge über ihn wusste? Während der vergangenen zwei Monate hatte ich den Katalog studiert und mehrere Biografien gelesen, aber in diesem Moment begannen die Fakten in meinem Kopf inkohärent herumzuwirbeln. Ich hatte nicht damit gerechnet, an diesem Tag irgendetwas sagen zu müssen; meine Aufgabe hatte eigentlich darin bestehen sollen, Gottfried bei der Arbeit zuzuschauen, mehr nicht. Ich war unsicher: Würde ich die einfachen Fakten zusammenbekommen – Namen, Daten, Schlüsselsätze? Und mehr noch: Würde ich die Geschichte erzählen können, das Wortgewebe bilden können, das die Fakten zusammenhielt wie ein Körper das Skelett? Aber da waren die draußen wartende Gruppe und Gottfrieds Anweisung. Mir blieb nur, mich auf diesen unerwarteten Start einzulassen und mein Bestes zu geben. Ich fühlte mich noch nicht bereit, war aber entschlossen, Verantwortung zu übernehmen und zu erzählen, was ich erzählen konnte. Also ging ich wieder vor die Tür und stellte mich vor, wie es sich gehört.

Wir sprachen Englisch, und der Leiter der Gruppe war erstaunt darüber, dass eine Amerikanerin sie durch das Haus führen würde.

Ich lächelte so zuversichtlich, wie ich konnte, und antwortete: »Wie ich schon sagte, bin ich neu hier. *Ziemlich* neu. Um ehrlich zu sein, das ist meine erste Führung. Ich möchte Sie nun noch einmal herzlich im Bonhoeffer-Haus begrüßen.«

Der Reiseleiter bat mich, kurz innezuhalten. »Wir müssen übersetzen.« Dann drehte er sich zu den anderen um und wiederholte meine Worte auf Koreanisch. Ich war erleichtert. Die Übersetzungspausen würden mir Gelegenheit geben, meine Gedanken zu ordnen und zu überlegen, was ich als Nächstes sagen wollte. Die Flexibilität, mit der Gottfried seine Führungen durchführte, beruhte auf jahrelanger Erfahrung mit Besuchergruppen. Meine eigenen Recherchen fühlten sich dem gegenüber dünn und unsolide an. Wie sollte ich auf unerwartete Fragen reagieren? Ich hatte das Gefühl, eine Geschichte erzählen zu müssen, die weit größer war als das, was ich bisher über sie wusste.

Also griff ich zu einem Trick, den auch die schlechtesten Schüler beherrschen: unbeholfene Nachahmung. Ich imitierte Gottfried, fast Wort für Wort und sogar seine Handbewegungen. Ich zeigte auf Bonhoeffers Fenster im Dachgeschoss, dann auf das Haus Nummer 42. Und nach jedem Satz wurde ins Koreanische übersetzt. Als mir nichts mehr einfiel, was Gottfried draußen vor dem Haus gesagt hatte, bat ich die Gruppe hinein, und wir gingen ins Konferenzzimmer, um uns die Tafeln anzuschauen.

Als wir die Hälfte durchgearbeitet hatten, kam Gottfried herein und setzte sich dazu. Unsere Rollen waren vertauscht: Jetzt beobachtete er mich. So war das alles nicht geplant, stöhnte ich innerlich. Mein Mut sank. Ich fing an, mich selbst zu beobachten. *Gebe ich die Fakten richtig wieder? Habe ich diesem Gesicht auf dem Foto den richtigen Namen zugeordnet? Oh je, wer war der da noch gleich?* Einige Namen wollten mir einfach nicht einfallen. Ich vergaß Dinge und versuchte, meine Wissenslücken durch Eifer zu kompensieren. Gottfried hörte zu, beobachtete. Nachdem ich anhand der letzten Schautafel unbeholfen versucht hatte, das Ende von Bonhoeffers Lebensgeschichte zu erzählen, bot Gottfried an, die Gruppe nach oben ins Zimmer zu begleiten. Als das Konferenzzimmer sich geleert hatte, stand ich da und atmete erleichtert aus. Endlich verließ die Gruppe das Haus wieder, und Gottfried kam zu mir.

»Ihr Vortrag ist engagiert und lebhaft«, sagte er freundlich.

»Na ja, ich bin Amerikanerin«, erwiderte ich, breit grinsend und vermutlich ein bisschen zu forsch.

Gottfried lachte nicht. »Sie haben Ihre Sache gut gemacht«, sagte er ernsthaft. Ich bedankte mich, diesmal ohne alle Forschheit.

Seine Worte bedeuteten mir viel, aber ich hatte nicht das Gefühl, dieses Lob wirklich zu verdienen. Ich spürte, wie wenig ich immer noch wusste. Und ich war entschlossen, erst wieder eine Führung zu machen, wenn ich mich kompetenter fühlte. Alles in allem, war es gut gelaufen. Es war eine verständnisvolle Gruppe gewesen, und die wechselseitige Sprachbarriere hatte mir alle paar Sätze den Luxus verschafft, überlegen zu können, was ich als Nächstes sagen könnte.

Als ich nach Hause kam, nahm ich mir einen grünen Stift und setzte mich wieder mit dem Katalog hin, wie eine Studentin, die nach einer wichtigen Prüfung noch einmal das Arbeitsbuch durchgeht. Meine erste, unerwartete Führung im Bonhoeffer-Haus ließ mich den Katalog mit anderen Augen sehen; sorgfältig betrachtete ich die Fotos, bei denen ich während der Führung einen Blackout gehabt hatte. Zu jedem von ihnen notierte ich mir Orte, Namen und wichtige Daten, alles, bei dem mein Gedächtnis mich im Stich gelassen hatte. Die Geschichte war sehr groß und komplex, und sie war eng mit bedeutenden historischen Themen und Ereignissen verwoben, über die ich noch viel zu wenig wusste.

Der einzige Weg, die Details von Bonhoeffers Leben in den Griff zu bekommen, würde sein, sie zu erlernen. Ich musste mich so ernsthaft wie möglich dieser Geschichte aussetzen. Ich wusste, dass ich dennoch Fehler machen würde, wie Lernende es immer tun, und ich würde den Besuchern offen sagen müssen, wenn ich etwas nicht wusste. Für die, die in das Haus kamen, war es wichtig, dass ich mein Wissen sorgfältig erweiterte und wahrheitsgetreu wiedergab. Sie sollten sich auf mich verlassen können. Was ich dort sagte, wie ich es sagte und wie gut ich vorbereitet war – das alles war wichtig für die, die draußen vor der Tür warteten.

* * *

Was ich über Bonhoeffer in Erfahrung brachte, war nicht nur wichtig für meine Rolle als Museumsführerin, sondern auch für mein eigenes Leben. Ich fühlte mich persönlich von seiner Geschichte angezogen und wollte, dass er für mich bedeutsam wurde. Doch während ich mich mit seiner Lebensgeschichte vertraut machte und immer mehr Ehrfurcht vor dem Menschen Bonhoeffer empfand, erkannte ich hin und wieder, dass ich mir von ihm etwas erhoffte, dass er für mich nicht leisten konnte. In meiner Vorstellung kam ich ihm nahe, vielleicht so, wie ein kleines Kind einem imaginären Freund nahekommt. Solche der eigenen Phantasie entsprungenen Freunde sind wunderbar! Sie sind nie stur und widerspenstig wie die wirklichen Menschen. Sie können absolut loyal gegenüber denen sein, von denen sie heraufbeschworen wurden. Sie wirken niemals fremd oder sonderbar, und man versteht immer, was sie sagen und tun. Weder verärgern sie uns, noch verschließen sie sich. Ein imaginärer Freund ist absolut hilfreich – und vollkommen unrealistisch.

In einer echten Freundschaft zwischen wirklichen Menschen gibt es Geben und Nehmen, Gegenseitigkeit und Entwicklung, immer verbunden mit dem Risiko von Enttäuschungen und Brüchen, die es dann zu heilen gilt. Wenn ich mich wirklich mit Dietrich Bonhoeffer und seiner

Geschichte vertraut machen wollte, musste ich mich meinen Wissenslücken stellen. Ich musste subjektive Eindrücke durch Fakten ersetzen. Mehr noch: Ich musste ernst nehmen, dass ich mit meinem amerikanischen Denken möglicherweise nicht in der Lage sein würde, sein deutsches Denken – oder die deutsche Geschichte und Kultur, in der er lebte überhaupt – zu verstehen. Vor allem musste ich der Versuchung widerstehen, ihn mir anzueignen, sein Leben als bloße Spiegelung meiner eigenen Ansichten und Wertsetzungen zu begreifen.

Eberhard Bethge warnte vor dieser Versuchung, nicht nur im Hinblick auf Bonhoeffer, sondern überhaupt im Hinblick auf alle Persönlichkeiten, die als Glaubenshelden betrachtet werden. Bethge betonte, dass es »großen Schaden anrichtet, wenn Christen damit beschäftigt sind, Leistungen zu bewerten und sich wegen der wahren christlichen Identität zu sorgen. Letzteres könnte uns sogar in Versuchung führen, unsere Märtyrer umzuinterpretieren.«[8] Bonhoeffer musste in meiner Vorstellung zunächst zu einem wirklichen menschlichen Wesen werden, zu einem Fremden aus Fleisch und Blut, den ich mit der Distanz, die harte, nüchterne Fakten schaffen, kennenlernte: eingebettet in eine liebevolle Familie, einen lebendigen Glauben und eine Kultur, die starke Unterschiede zu meiner eigenen aufwies. Erst dann würde ich möglicherweise in der Lage sein, sein Leben im Licht meines eigenen zu verstehen.

Mein instinktiver Wunsch, Bonhoeffer möge eine Bedeutung für mein eigenes Leben haben, war alles in allem nicht verkehrt, aber ich musste mir Klarheit darüber verschaffen, was ihn für mich so interessant machte. Und die Erwartungen, die ich an ihn hatte, musste ich genau überprüfen. Seine Geschichte kennenzulernen hieß auch, mir klarzumachen, in welcher Hinsicht sie nichts mit meiner eigenen zu tun hatte und er dementsprechend meine

Fragen nicht beantworten konnte. Die Frage »Was würde Bonhoeffer an meiner Stelle tun?« ist ihm gegenüber unfair. Nicht nur, weil er sie nicht beantworten kann – er lebt nicht mehr –, sondern auch – und das kann ich gar nicht oft genug betonen – weil es nicht *seine* Verantwortung ist, eine Antwort zu geben. Wir können uns durch sein Leben inspirieren lassen, aber für unser Handeln in unserem eigenen Leben sind wir selbst verantwortlich.

Gewiss ist Dietrich Bonhoeffer ein Held des Glaubens, doch erinnert uns das Bonhoeffer-Haus auf eine stille Weise daran, dass er den gleichen menschlichen Zwängen und Grenzen unterlag wie wir alle. Wir erweisen seinem Erbe einen schlechten Dienst, wenn wir in Bonhoeffer nur »den edlen Menschen« sehen wollen; damit nehmen wir das, wofür er einstand, nicht ernst genug und verbannen es in einen Raum, den niemand von uns wirklich bewohnt. Die Ausstellungsmacher und Gestalter des Kataloges des Bonhoeffer-Hauses sahen die verlockenden Versuchungen voraus, die mit der Deutung seines Lebens verbunden sind. In der Einführung des Kataloges heißt es:

> Wir hoffen, dass Besucher Dietrich Bonhoeffer nicht auf einen Sockel der Heiligkeit stellen werden. Ehren Sie sein Andenken, wenn Sie dieses Haus besuchen, aber fragen Sie sich auch, welche Herausforderung seine Person und Theologie für uns heute darstellen. Die Ausstellung möchte uns den Blick zurück auf einen Weg des Glaubens ermöglichen, der uns mit einer drängenden, gegenwärtigen Frage konfrontiert: Was heißt es in der heutigen Zeit, dem christlichen Glauben treu zu bleiben?

* * *

Monate nach meinem ersten Einsatz als Führerin nahm ich erneut an einem Treffen der ehrenamtlichen Helfer teil. Am Tisch saß ein Neuer, Phil. Er hatte sich in seinem Studium intensiv mit Bonhoeffer beschäftigt, vorwiegend mit Bonhoeffers theologischer Haltung zum Umgang mit behinderten Menschen. Zunächst sprach er Englisch mit einem deutlich britischen Akzent, wechselte dann aber mühelos ins Deutsche, das er ausgezeichnet beherrschte. Dadurch war er sofort viel stärker in das Gespräch der anderen Ehrenamtlichen einbezogen, als ich es bei meinem ersten Besuch gewesen war, eine Dynamik, die ich sehr gut verstand. Die Gruppe beratschlagte erneut, ob das Treffen mit Rücksicht auf mich in englischer Sprache abgehalten werden sollte, entschied sich aber wiederum für Deutsch. Mit dem freundlichen Lächeln, das für ihn charakteristisch war, wandte sich Phil mir zu und meinte, er sei gerne bereit, für mich zu übersetzen, was die anderen sagten. Ich war darauf tatsächlich immer noch angewiesen, und freute mich, dass es ihm dank seiner Deutschkenntnisse keinerlei Probleme bereitete.

Als Phil mich ein paar Wochen später fragte, ob er sich eine meiner Führungen anschauen dürfe, willigte ich gerne ein. Ich informierte ihn, dass ich eine kleine Gruppe erwartete, die sehr gut mit Dietrichs Leben vertraut war. Deswegen wollte ich die Führung anders gestalten als sonst. Dass nun auch Phil dabei sein würde, ermutigte mich umso mehr, einige Neuerungen zu wagen, weil sich durch seine Anwesenheit die Expertise, mit der wir unseren Gästen begegnen konnten, erhöhte.

Normalerweise ging ich bei den Führungen im Raum umher und erläuterte die Fotos auf den Tafeln. An diesem Morgen setzet ich mich zu den Besuchern an den Tisch.

»Ich möchte heute ein wenig von meiner üblichen Routine abweichen. Oft bitte ich, Wissenschaftler oder Studenten, die sich akademisch mit Bonhoeffer beschäftigen, mir das vorher zu sagen«, begann ich und fürchtete, ein wenig geschwätzig zu wirken. »Dann weiß ich, wo sie sitzen, und kann an ihren Gesichtern sehen, ob mir bei Details Fehler unterlaufen. Da ich aber weiß, dass hier heute ziemlich viel wissenschaftliche Expertise zu Bonhoeffer versammelt ist, schlage ich vor, dass wir uns einfach miteinander unterhalten und so voneinander lernen. Ich möchte gerne einige eigene Gedanken zur Diskussion stellen und lade Sie ein, das Gleiche zu tun.« Mit diesem Plan waren sie einverstanden.

Ich brachte drei Aspekte zur Sprache, die ich bei meiner sich stetig erweiternden Kenntnis über Bonhoeffers Leben herausgebildet hatten und an denen sichtbar wurde, dass sich für mich die bloßen Fakten und Daten zu einer Geschichte zu formen begannen. Jeder dieser Punkte erweiterte den Blickwinkel: weg von den unmittelbaren Tatsachen hin zur Wahrnehmung von Mustern, Linien und Strukturen. (Wie sich später zeigte, handelte es sich um frühe Prototypen der späteren Schlüssel in diesem Buch.)

Als Erstes sprach ich darüber, wie wichtig die Familie für Bonhoeffer war, und wie seine Familie einige seiner lebenslangen Gewohnheiten geprägt hatte. Seine Eltern brachten ihm bei, präzise, klar und mutig zu sprechen, und sie waren ihm auch dann noch eine wichtige Stütze, als er schon erwachsen war. Von Zeit zu Zeit kehrte er immer wieder in das Elternhaus zurück. Dann gab ich zu bedenken: »Wenn wir über bedeutende Persönlichkeiten der Geschichte sprechen, vergessen wir dabei oft die ihnen nahestehenden Menschen, die ihnen halfen, zu dieser historischen Größe zu gelangen. Wie wir vom Leben dieser berühmten Menschen erzählen, verrät darum oft mehr über uns selbst als über sie. Denn möglicherweise sehen wir uns selbst lieber als einzigartige und unabhängige Heldinnen oder Helden, statt als abhängige Menschen, die Beziehungen und Familien brauchen, um sein zu können, wer sie sind.«

Als Nächstes stellte ich die Möglichkeit in den Raum, dass Bonhoeffer von sehr alten kulturellen Normen und Ideen geprägt gewesen sein könnte, die ihm eine verlässliche Quelle waren, aus der er schöpfen konnte, wenn er den lauten und falschen Behauptungen der Nazis entgegentrat. Eine Textpassage in einer frühen Biografie über sein Leben hatte mich dazu angeregt, mir über die Frage Gedanken zu machen, was es bedeutete, ein »Bürger« zu sein. Ich trug der Gruppe meine Überlegungen vor: »In den freien Reichsstädten des Heiligen Römischen Reiches – von denen viele auch später in anderen staatlichen Strukturen ihre Unabhängigkeit behielten – entstand die Idee des Bürgers, der ausschließlich dem Kaiser untertan und ansonsten frei war. Ist es denkbar, dass Dietrich sich von dieser Idee bürgerlicher Freiheit leiten ließ, dass sie sein Verantwortungsgefühl prägte? Mich regt diese Überlegung dazu an, über unsere Vorstellung darüber, was ein Bürger ist, nachzudenken, und darüber, welche Wirkungsmöglichkeiten und Verantwortung dieser Begriff mit sich bringt.«

Dann sprachen wir darüber, dass es für Bonhoeffer charakteristisch war, andere Kulturräume kennenzulernen, und wie dies ihm ermöglichte, seine eigene Welt in einem klareren Licht zu sehen. Von seiner ersten Auslandsreise nach Rom mit seinem Bruder Klaus zu seinen Jahren in Barcelona, New York und London wuchs Bonhoeffer an Begegnungen mit Menschen und Orten. Doch gleichzeitig wurde dadurch auch die Liebe zu seiner deutschen Heimat und den ihm dort vertrauten Menschen deutlicher und klarer.

Im Konferenzzimmer des Bonhoeffer-Hauses diskutierten wir diese Ideen. In einer wunderbaren Umkehrung der Rollen stellte ich die Fragen und notierte mir interessante Gedanken und Lektüreempfehlungen der Gäste. Phil saß die ganze Zeit still dabei, hörte aufmerksam zu und lächelte. Ich konnte dieses Mal auf meine Kenntnisse zur politischer Theorie zurückgreifen und fühlte mich als Übersetzerin. Oder anders gesagt: Ich hatte das Gefühl, die Menschen, die im Raum saßen, wirklich zu begleiten.

Ich lud die Gruppe ein, mit mir nach oben zu gehen. Wir standen in Bonhoeffers Zimmer und schauten aus seinem Fenster. Als ich dort stand, fühlte ich mich mehr als je zuvor zu Hause im Bonhoeffer-Haus und in Bonhoeffers Lebensgeschichte. Ich hatte gelernt, diese Geschichte zu erzählen, anfangs indem ich die Erzählweise anderer imitierte und monatelang mein Wissen erweiterte, übte und Fehler machte. Bis ich schließlich das Gefühl hatte, Bonhoeffers Geschichte wahrheitsgetreu wiedergeben zu können – eine Erzählung, in der sich unvermeidlich meine eigene Suche nach Sinn und Bestimmung widerspiegelte, die mich aber auch zwang, mir die größere Perspektive bewusst zu machen, und nicht nur meiner persönlichen Interpretation der Fakten, die ich mir angeeignet hatte, Aufmerksamkeit zu schenken. Das war mein erster Schlüssel zum Bonhoeffer-Haus.

* * *

Die Geschichten wurden eine andere, als die Nazis besiegt waren und der Krieg endete. Jene, die Hitler zugejubelt hatten, berichteten nun anders über das, was sie während dieser zwölf Jahre der Angst und des Mordens gedacht, gesagt und getan hatten. Nur sehr wenige waren überhaupt bereit, darüber zu sprechen; man fand keine Worte, und viele zogen es vor, so zu tun, als gäbe es gar nichts zu erzählen. Die aber, die erzählten, taten, als hätten sie in der Geschichte keine Rolle gespielt. Man verbarg sich vor der moralischen Verantwortung und benutzte die alten und abgenutzten Wege, die das Gewissen immer dann betritt, wenn es darum geht, die Wirklichkeit, die Wahrheit daran zu hindern, das Irreale des sorgfältig gepflegten Selbstbildes zu entlarven. Plötzlich veränderten sich all ihre Geschichten – doch, das ist gewiss, die Wahrheit blieb die gleiche. Es gibt eine größere Geschichte als die, die wir uns selbst erzählen.

Auf den Stufen der Kirche St. Michael in Schwäbisch Hall;
im Hintergrund das Rathaus.

3. Kapitel

Wurzeln der Identität

Wir sind, wer wir sind, weil wir zu
Menschen und Orten gehören.

»Könnten Sie mir«, bat mich die Frau mit flüsternder Stimme, »etwas über seine Gewohnheiten erzählen, darüber, wie er lebte?« Diese Amerikanerin besuchte mit einer größeren Reisegruppe das Haus. Sie nahm mich an der Schwelle zu Bonhoeffers Zimmer beiseite, während die anderen drinnen herumgingen und fotografierten. Sie sprach leise und eindringlich, wollte, dass ich ihr persönlich einen Einblick in *seinen* privaten Alltag gab, in das, was ihn als Person ausmachte, sein inneres Selbst. Bonhoeffers Zimmer mit seinen Büchern, seinem Clavichord und dem Brandloch auf der Schreibtischunterlage ist der natürliche Ort für eine so intime Frage.

Ich konnte ihr an diesem Tag keine sehr befriedigende Antwort geben, selbst dort nicht, unmittelbar an der Tür zu einem Zimmer, in dem Bonhoeffer wohnte und das noch immer mit Dingen ausgestattet ist, die ihm sehr wichtig waren. Hier, wo er schlief, las, schrieb, rauchte, musizierte und mit seinen Gedanken rang, wird uns Gästen ein Gefühl der Intimität vermittelt, das dazu verlockt, mehr über ihn herauszufinden. Wir wollen tiefere Einblicke, um besser verstehen zu können, woher Bonhoeffer seine Entschlossenheit, Klarheit und Tapferkeit nahm – Charaktereigenschaften, mit denen wir selbst uns oft schwertun. Doch wir können nur über die Türschwelle in sein Leben schauen und hoffen, dass das, was wir dabei an Inspiration verspüren, uns erhalten bleibt, wenn wir diesen Ort wieder verlassen.

Während meiner Zeit im Bonhoeffer-Haus habe ich dennoch gelernt, meinen Blick zu weiten, der zunächst ganz auf Bonhoeffers Leben fokussiert war. Ich lernte, auch die größere Bühne zu sehen, auf der sich seine Geschichte abspielte, und ihn als Menschen wahrzunehmen, der in enger Beziehung zu zahlreichen Menschen und Orten stand. Diese Verbundenheit Bonhoeffers war bedeutsam für seine Identität.

Ihn auf diese Weise zu betrachten, hilft uns, sein Erbe zu sehen – nicht im Sinne von Geld oder Immobilienbesitz, sondern die alten Geschichten, Gewohnheiten und Traditionen, die ihn prägten und seinem Leben einen Rahmen gaben. Wie Bonhoeffer sind auch wir geprägt durch unsere Zugehörigkeit zu anderen Menschen oder durch die schmerzhafte Erfahrung, nicht dazuzugehören. Zu wem und wohin wir gehören, ist eine der zentralen Lebensfragen.

* * *

Die Räume im Haus Marienburger Allee 43 sind der ideale Ort, um drei für Dietrich Bonhoeffer sehr wichtigen Menschen zu begegnen, die ebenfalls dort wohnten. Es sind seine Eltern, Karl und Paula Bonhoeffer, und seine Großmutter, Julie Bonhoeffer geb. Tafel, die seit ihrem Umzug nach Berlin im Jahr 1925 bei der Familie lebte und 1936 im Bonhoeffer-Haus verstarb.

Dietrich verbrachte eine im Großen und Ganzen glückliche, privilegierte, geborgene und kulturell reiche Kindheit. Als sechstes von acht Kindern wurde er am 4. Februar 1906 in ein kleines Universum voller Menschen und Aktivität hineingeboren, zehn Minuten vor seiner Zwillingsschwester Sabine. Dietrich kam also in Gesellschaft auf die Welt, nicht allein.

Seine Geburtsstadt war Breslau, wo der Vater als Professor für Psychiatrie wirkte.[1] 1912 siedelte die Familie nach Berlin um und bezog in einer gediegenen Wohngegend im Grunewald das Haus Nr. 14 in der Wangenheimstraße. Es bot genug Platz für die Familie und deren Hausangestellte, die für einen reibungslosen Ablauf des Alltags sorgten. Dazu gehörten eine Erzieherin, ein Kindermädchen für die Kleinen, zwei Hausmädchen, eine Köchin und später auch ein Chauffeur.[2] Bis heute ist der Grunewald ein wohlhabendes Wohnviertel. Villen stehen an schmalen, kopfsteingepflasterten Straßen, und riesige Platanen säumen die sorgfältig gestalteten Boulevards, von denen das Viertel eingerahmt ist.

In Dietrichs Kindheit wohnten im Grunewald viele prominente Intellektuelle und Politiker, und die Kinder aus diesen Familien wurden Spielgefährten, Klassenkameraden und Freunde der Bonhoeffer-Kinder. Später heirateten einige davon in die Familie ein. Der Historiker Hans Delbrück, der auch ein Nachbar war, veranstaltete in seinem Haus regelmäßig Diskussionsabende mit anderen bekannten Berliner Persönlichkeiten.[3] Es war eine anregende und angenehme Umgebung mit viel intellektuellem, kulturellem und politischem Engagement.

Karl und Paula passten dort bestens hinein. Als Leiter der Psychiatrie an der Charité reichte Professor Bonhoeffers öffentlicher Einfluss weit über Berlin hinaus. Er stand im Ruf, ein umsichtiger, bescheidener und vernünftiger Mann zu sein, wissenschaftlich und beruflich integer. Er vertrat eine strikt empirische Wissenschaft; vom Feld der Psychoanalyse hielt er sich fern. Sein Fachgebiet in der Psychiatrie war die Psychose. Als leitender Psychiater einer Station für »geisteskranke Gefangene« hatte er über »Degenerationspsychosen« geforscht.[4] Als er gebeten wurde, ein Gutachten über den Geisteszustand des jungen niederländischen Kommunisten Marinus van der Lubbe zu erstellen, den die Nazis beschuldigten, im Februar 1933 den Brandanschlag auf den Reichstag verübt zu haben, geriet er mit seiner beruflichen Reputation ins Licht öffentlicher Aufmerksamkeit. Hitler schlachtete dieses Ereignis aus, um seine Macht zu festigen und im Zuge des ausgerufenen nationalen Notstandes die Bürgerrechte einzuschränken. Auf der Grundlage des Gutachten Bonhoeffers, das dem Beschuldigten geistige Zurechnungsfähigkeit bescheinigte, wurde der Prozess fortgesetzt und van der Lubbe hingerichtet.

Gemessen an den Normen seiner Zeit, war Karl ein relativ engagierter Vater. Er nahm täglich an den Mahlzeiten der Familie teil, las regelmäßig seinen Kindern vor und spielte mit ihnen. Als warmherzig im modernen Verständnis kann man ihn wohl nicht beschreiben, aber er war durchaus einfühlsam und brachte seinen Kindern bei, andere Menschen zu respektieren. Jedoch behielt er seine eigenen Gefühle strikt unter Kontrolle, was ihn mitunter unnahbar oder spröde erscheinen ließ. Er sprach meistens leise. Er war ein autoritärer, aber nicht dominanter Vater, der an die Disziplin und Erziehung seiner Kinder hohe Anforderungen stellte.[5]

Als Erwachsene erinnerten sich seine Kinder, wie viel Wert der Vater auf den sorgsamen Umgang mit Worten und auf ein verantwortungsbewusstes Sprechen gelegt hatte. Er erwartete von ihnen eine einfache und klare Ausdrucksweise und dass sie sich kurz fassten. Dass er bei seinen Kindern so sehr auf diszipliniertes Sprechen achtete, schüchterte sie wohl oft ein, erwies sich aber später vermutlich als Schutz. Sabine erinnerte sich:

> Seine Ablehnung der Phrase hat manchen von uns zu Zeiten einsilbig und unsicher gemacht, aber erreicht, dass

wir als Heranwachsende an Schlagwörtern, Geschwätz, Gemeinplätzen und Wortschwall keinen Geschmack mehr fanden. ... Manchmal machte es ihm Spaß, uns Begriffe und Dinge definieren zu lassen. Wenn wir es klar und ohne Verschwommenheit fertig brachten, freute ihn das.[6]

Auch das disziplinierte Denken und die beherrschte Art des Vaters prägten Dietrich. Als Winfried Maechler, einer seiner Schüler, ihn fragte, wer ihn besonders beeinflusst habe, antwortete er: »Vor allem mein Vater.« Dietrich schätzte seine »wissenschaftliche Leistungen, [sein] Denken frei von Vorurteilen und [seine] persönliche Bescheidenheit, die leeren Phrasen und Superlativen nichts abgewinnen konnte«[7].

Den Glauben seiner Frau an Gott teilte Karl Bonhoeffer nicht. Er war ein Mann der Wissenschaft, ein Agnostiker. Doch obgleich er selbst nicht religiös war, respektierte er die Religiosität anderer, einschließlich die seiner Frau. Als Dietrich ziemlich früh, im Alter von dreizehn Jahren, verkündete, an der Universität Theologie studieren zu wollen – anders als seine älteren Brüder, die sich den weltlicheren Natur- und Rechtswissenschaften zuwandten –, markierte das eine Abkehr von der Welt des Vaters und eine Hinwendung zur Welt der Mutter.

Für Paula Bonhoeffer spielte Religion eine wichtige Rolle. Schon bevor sie die Frau eines prominenten Psychiaters und Mutter von acht Kindern wurde, führte sie ein spannendes Leben. Ihr Großvater Karl August von Hase war Theologieprofessor an der Universität Jena; ihr Vater Karl Alfred von Hase war Pastor mit Erfahrungen auf dem dornigen Feld der Politik. Er war Hofprediger von Kaiser Wilhelm II. in Potsdam, wurde aber nach nur zwei Jahren entlassen, vermutlich weil er den Kaiser kritisiert hatte.[8] Schließlich wurde er Professor an der Universität in Breslau. Paulas Mutter Clara war eine geborene Gräfin

Kalckreuth. Das Haus der Familie in Breslau wurde zum Treffpunkt örtlicher Intellektueller und Künstler. Hier begegnete Paula dem jungen Arzt Karl Bonhoeffer, der sich sofort in sie verliebte. Trotz aller Unterschiede in Temperament und Weltsicht liebten sie einander hingebungsvoll, und während ihrer fünfzig Ehejahre gab es kaum Tage, die sie nicht gemeinsam verbrachten.[9]

Die Unterschiede zwischen ihnen waren zwar beträchtlich, ergänzten sich aber auf bemerkenswerte Weise. Im Gegensatz zu Karl, der stillen und bedächtigen Autoritätsfigur, sprühte Paula Bonhoeffer vor Lebensfreude und war der energische Motor der Familie – womit sie eine eigene Form der Autorität ausübte. Vor ihrer Ehe hatte sie das Lehrerinnenexamen abgelegt, was damals sehr selten war. Paula hatte klare Vorstellungen, wie Kinder aufwachsen sollten, und sah die Kindererziehung im damaligen Deutschland sehr kritisch. Sie war der Ansicht, dass den Bürgern zweimal das Rückgrat gebrochen wurde: erst in der Schule und dann beim Militär. Um sicherzustellen, dass sich das Rückgrat ihres Nachwuchses gut entwickelte und sie künftigem Druck gut widerstehen konnten, unterrichtete sie ihre acht Kinder in den ersten Jahren selbst. Die Eltern erwarteten Disziplin und gutes Benehmen, gaben ihnen aber auch viel Freiraum. Sie durften umherstreifen, entdecken und experimentieren. Die Kinder brachten von ihren Streifzügen allerlei Tiere mit, so dass es im Haus der Familie in Breslau eine richtige Menagerie gab, zu der »Schlangen, Eidechsen, Eichhörnchen und Tauben« gehörten.[10] Paula Bonhoeffer erteilte den Kindern auch Religionsunterricht und las ihnen aus einer illustrierten Bibel vor.

Der Haushalt der Bonhoeffers war gut organisiert und diszipliniert, aber es ging auch lebhaft und abwechslungsreich zu. Darin spiegelte sich Paulas engagiertes, extrovertiertes und einfallsreiches Wesen wider. Sie veranstaltete kunstvolle Partys mit Spielen, ausgelassenem Gesang,

Puppentheater und Gedichtrezitationen. Hans Delbrücks Tochter Emmi, die später Dietrichs älteren Bruder Klaus heiratete, erinnerte sich, dass »Mutter Bonhoeffer« Beethoven sang und dass es im Bonhoeffer-Haus in der Wangenheimstraße »zahllose Partys« gab. »Niemand hat sich in diesem Haus je gelangweilt. Dafür hätte man schon ein Snob sein müssen, und das war genau die Sorte Mensch, die man dort nie antraf.«[11] Im Bonhoeffer-Haus wurden starke Rücken und starke Stimmen kultiviert, und zwar ganz wörtlich, durch das häufige gefühlvolle Singen und die Hausmusik. Besuche dort boten Emmi Delbrück »eine Gelegenheit, in einem großen Chor Gefühle auszudrücken, ohne dabei aufzufallen«[12]. Paula brachte »mit entwaffnendem Schwung Zaghafte und Ängstliche – wie sie sagte – ›auf den Trab‹«. Sie war in der Lage, Menschen zu inspirieren, und hielt Fehler für verzeihlicher als Langweiligkeit.[13] Dietrich ähnelte körperlich mehr ihr als dem Vater, und auch von seinen Wesenszügen her kam er stärker nach der Mutter: seine zugewandte Art, die Fähigkeit, Gemeinschaft und Zusammengehörigkeitsgefühl herzustellen, musikalisches und stimmliches Talent und seine schier unermüdliche Energie.

Doch dann kam der Tag, an dem Paula vor Kummer zusammenbrach. 1918 wurde der Familie die Nachricht überbracht, dass Walter, der zweitgeborene Sohn, wenige Wochen nach Beginn seines Fronteinsatzes im Ersten Weltkrieg tödlich verwundet worden war. Die Bonhoeffer-Brüder empfanden zunächst jugendliche – und naive – Begeisterung für den Krieg. Nun erlebte Dietrich, was der Krieg in einer Familie anrichtet, wenn zwei Brüder eingezogen werden und der jüngere der beiden nicht zurückkehrt. Walter schaffte es noch, zwischen seiner Verwundung auf dem Schlachtfeld und seinem Tod einen letzten Brief an die Familie zu schreiben, der diese auch erreichte. Paula zog sich völlig zurück und verbrachte mehrere Wochen bettlägerig im Haus einer Nachbarin. Durch ihren tiefen Schmerz schien das warme Feuer im Haus der Familie erloschen. Es dauerte Jahre, bis die anderen Familienmitglieder das Gefühl hatten, Paula sei wieder sie selbst. Der Militärdienst hatte ihr mehr als nur ein Rückgrat gebrochen. Und am Ende ihres Lebens, im nächsten weltverschlingenden Krieg, würde Paula noch vier weitere Mitglieder ihrer Familie verlieren – zwei Söhne (Dietrich und seinen älteren Bruder Klaus, Emmis Ehemann) und zwei Schwiegersöhne (Ursulas Mann Rüdiger Schleicher und Hans von Dohnanyi, der Dietrichs ältere Schwester Christine, genannt Christel, heiratete). Sie alle engagierten sich im deutschen Widerstand gegen die Nazi-Diktatur.

In Temperament und Ansichten repräsentierten Dietrich Bonhoeffers Eltern die Vielfalt des Lebens, und gemeinsam zogen sie eine kleine Gemeinschaft starker Kinder groß, die wie ihre Eltern ihren eigenen Kopf hatten und sich durch Disziplin und Tüchtigkeit auszeichneten. Der Vater mit seiner abwägenden Sorgfalt im Denken, Reden und Handeln, der Wert legte auf Präzision und Konzentration, und die mutige und gesellige Mutter, die einen musischen, gastfreundlichen Haushalt prägte, bereiteten Dietrich ein familiäres Umfeld, in dem er lernte, sich zu einer Gemeinschaft zugehörig zu fühlen, in der Unterschiede geachtet und gefördert wurden. An der Ehe seiner Eltern erlebte er, dass Menschen mit deutlich verschiedenen Auffassungen zum Thema Religion und differierenden Weltanschauungen sich lieben und achten und ein Leben lang aneinander erfreuen können. Von ihnen lernte er, dass sein privilegiertes Dasein nicht allein seinem privaten Wohlergehen diente, sondern es seine Aufgabe war, sein Leben anderen Menschen und der Welt zu widmen.

* * *

Ich wollte neben dem Bonhoeffer-Haus gerne weitere Orte kennenlernen, die für Bonhoeffer bedeutsam waren. Deshalb planten wir 2018 in den Herbstferien unserer Töchter eine Fahrt in den Schwarzwald, der in vielerlei Hinsicht sehr weit von Berlin entfernt ist. Als Familie erkunden wir jedes Land, in dem mein Mann sich beruflich aufhält, so intensiv wie möglich. Deutschland bildete da keine Ausnahme, nur, dass ich gerne die Gelegenheit nutzte, Ausflugsziele vorzuschlagen, die etwas mit Bonhoeffer zu tun hatten.

Nach einem schönen Aufenthalt im Schwarzwald lag eine lange Autofahrt zurück nach Berlin vor uns. Wir beschlossen, zwei Zwischenstopps einzulegen. Erst machten wir in Tübingen Station, wo Bonhoeffer seine ersten Universitätsjahre verbrachte (1923–1924) und wo auch sein Vater und sein Bruder Karl-Friedrich studiert hatten. Zweiter Halt war Schwäbisch Hall, wo die Familie des Vaters verwurzelt gewesen war. Ich wollte, wenn auch nur für kurze Zeit, einen Fuß in diese beiden Städte setzen, um mir ein besseres Bild von Bonhoeffer machen und ihn mir an für ihn bedeutsamen Orten vorstellen zu können.

Nachdem wir in Tübingen einen Parkplatz gefunden hatten – was in historischen Stadtvierteln nicht immer leicht ist –, bummelten wir durch die Altstadt. Blumenkästen mit üppig blühenden Hängegeranien schmückten die Fenster. In einer kopfsteingepflasterten Gasse konnte man nur über kleine Stege zu den Hauseingängen gelangen, da entlang der Häuser ein kleiner Fluss plätscherte. Manche Fachwerkhäuser hatten sehr niedrige Türen – »Perfekt für Hobbits, oder?«, flüsterte ich meinen Kindern zu. Als wir eins dieser Häuser betraten, musste mein Mann sich auf halbe Länge zusammenfalten, um hineinzugelangen.

Wir bekamen Hunger und entdeckten im Reiseführer das »X«, einen beliebten kleinen Imbiss an der Kornhausstraße. Es war Mittagszeit und die wenigen Tische waren alle besetzt. Während mein Mann unser Essen holte, wartete ich darauf, dass einer davon frei wurde. Als das geschah, kletterten die Kinder auf die Bank an der Wand, während ich einen der beiden Stehplätze einnahm. Ein paar Minuten später kam David mit Pommes und Hamburgern. Bevor unsere jüngere Tochter in ihren Cheeseburger biss, fragte sie mich vergnügt: »Dann hat Dietrich Bonhoeffer also hier Burger gegessen?«

Die Frage war berechtigt. So beliebt dieses Burger-Restaurant heute bei Studenten und Touristen ist, als Bonhoeffer das erste Jahr seines Theologiestudiums hier verbrachte, existierte es noch nicht. In seinen Briefen, die er 1923 an die Eltern schrieb, erwähnte er zwar das Essen, seine Hauptsorge galt aber der Frage, was die Dinge, die er benötigte, kosteten. Aufgrund der herrschenden Hyperinflation nach dem Ersten Weltkrieg musste er für jede Mahlzeit eine Milliarde Mark bezahlen. Auch seine Eltern in Berlin litten unter den wirtschaftlichen Zuständen: Professor Bonhoeffer hatte sich eine Lebensversicherung in Höhe von hunderttausend Mark auszahlen lassen müssen, und hoffte, davon etwas Wein und Erdbeeren kaufen zu können. Als er an dem Lebensmittelgeschäft eintraf, hatte das Geld schon wieder so an Wert verloren, dass es nur noch für die Erdbeeren reichte.[14]

Dennoch lag meine Tochter mit ihrer liebenswerten Neugierde gar nicht so falsch, denn neben meinem touristischen Eindruck von Tübingen stellte auch ich mir vor, wie es Bonhoeffer hier wohl ergangen war.

Gestärkt räumten wir unseren Tisch ab und machten uns auf den Weg zum Marktplatz, wo unser Sohn vor dem Rathaus touristenmüde Tauben verjagte, die sich oben auf einer Brunnenfigur in Sicherheit brachten.

Direkt am Marktplatz fanden wir einen Wegweiser zu einem Rundgang, der über den Nationalsozialismus in Tübingen informiert. Er erinnert eindrucksvoll daran, dass viele dieser märchenhaft ausschauenden Häuser und Gassen einmal alptraumhaft finster waren. An diesen Orten, wo bürgerliches Leben gepflegt wird, gab es Kompromisse und Komplizenschaft mit der Nazi-Diktatur. Nach einem Spaziergang vom Rathaus durch die Altstadt in den botanischen Garten stießen wir auf eine weitere Gedenkstelle des Erinnerungsweges durch die Tübinger Nazizeit, dieses Mal vor der Neuen Aula der Universität. Dort lasen wir Berichte über die Beteiligung führender Tübinger Wissenschaftler an entsetzlichen Verbrechen. In diesem Gebäude führten Nazi-Akademiker Experimente an Lebenden und Toten durch. Von Letzteren wurden viele in einem medizinischen Hörsaal der Universität seziert.

Als wir das prächtige Gebäude betraten, entdeckten wir zwei große Marmortafeln. Die eine trug eine Inschrift mit den Namen prominenter Tübinger Studenten, die im Widerstand gegen den Nationalsozialismus umgekommen waren, darunter auch Dietrich Bonhoeffer, sein Bruder Klaus Bonhoeffer und ihr Schwager Rüdiger Schleicher. Eine andere zeigte zwei Zeilen aus Bonhoeffers berühmten Gedicht »Stationen auf dem Wege zur Freiheit«:

> Freiheit, dich suchten wir lange in Zucht und in Tat und in Leiden. Sterbend erkennen wir nun im Angesicht Gottes dich selbst.[15]

Tübingen beanspruchte ihn also ebenfalls für sich; eine Zeitlang hatte Bonhoeffer auch hier zum Leben dazugehört.

Draußen rannte unser vierjähriger Sohn lachend um die Einfassungen der beiden großen Springbrunnen herum, während unsere zwölfjährige Tochter auf ihn aufpasste. Er bettelte, dass wir wieder herauskommen und ihm dabei zusehen sollten. Die beiden veranstalteten eine kleine Show für uns, bei der er um den einen Brunnen rannte und sie um den anderen; zwei Kreise aus fröhlichem Lachen. Zum Abschluss verbeugte er sich schwungvoll und mit strahlendem Lächeln. Ich klatschte Beifall, konnte dabei aber meine Irritation nicht abschütteln – meine Kinder lachten und spielten an diesem heute angesehenen Ort der Forschung und Lehre. Da waren hübsche Gassen und Blumenkästen an den Häusern, während kleine Schilder uns daran erinnerten, dass nicht weit entfernt von diesem Idyll medizinische Menschenversuche stattgefunden hatten, hier in diesem Gebäude, durchgeführt von namhaften Wissenschaftlern. Diese bezaubernde Stadt hatte einst durch und durch Hass, unmenschlichen Terror und Gewalt akzeptiert.

Als Dietrich Bonhoeffer in Tübingen studierte, wohnte dort auch seine Großmutter Julie Bonhoeffer, geb. Tafel. 1925 zog sie nach Berlin, um näher bei ihrem Sohn und seiner Familie zu sein. Sie war, wie gesagt, eine weitere wichtige Persönlichkeit in Dietrichs Leben und dem Bonhoeffer-Haus. Auch an sie dachte ich, als wir in Tübingen unseren Kindern applaudierten. Während der zwei Semester, die Dietrich hier studierte, kristallisierten sich bereits die Bedingungen heraus, unter denen der Nationalsozialismus aufblühen konnte. In der Zeit nach dem ersten Weltkrieg mit der Hyperinflation, als die Mark so wenig wert war, fühlten sich die Deutschen demoralisiert. Sie mussten Demütigungen über sich ergehen lassen, die Unmut erzeugten. Dieser Unmut schlug Wurzeln, metastasierte und schrie nach einem Sündenbock, nach jemandem, dem man die Schuld geben, den man verantwortlich machen konnte für das harte Los, das diese schwierigen Zeiten für viele Menschen bedeuteten. Dieses Muster tritt in der Geschichte immer wieder auf und ist ebenso vorhersehbar wie schrecklich: Die Verbitterten und Enttäuschten lecken ihre Wunden und identifizieren einen Feind, dem sie die Verantwortung für diese Wunden anlasten und der dann zur Schlachtbank geführt wird. Es war widerlich – aber nicht schwierig –, sich vorzustellen, wie die Räume der Tübinger medizinischen Fakultät als eine Art heidnischer Tempel für die falschen, trügerischen Götter des Nationalstolzes gedient hatten.

Während der zweistündigen Fahrt von Tübingen nach Schwäbisch Hall versicherten wir den Kindern, wir würden zwischendurch eine Pause einlegen, um uns Kaffee und Kuchen zu gönnen. Ich wusste, wie wichtig der Name Bonhoeffer für Schwäbisch Hall war, und als dann die Stadt in Sicht kam, konnte ich es kaum erwarten, Hinweise darauf zu finden. Wir parkten direkt vor der alten Stadtmauer und gingen an ihr entlang bis zur zentralen Kirche St. Michael, deren opulente Freitreppe sich wie eine Brautschleppe vor ihr ausbreitet. Auf der gegenüberliegenden Seite des Marktplatzes steht das Rathaus. Die Kinder begannen, die Stufen auf und ab zu rennen, und machten sich so den Ort durch ihr Spiel zu eigen. Wir ließen die majestätische Kirche und die Aussicht, die wir von der Freitreppe auf den Marktplatz und die pfannengedeckten Dächer der Stadt hatten, auf uns wirken. Dann gingen wir hinein.

In der Kirche umfing uns warmer mehrstimmiger Gesang, der gerade anschwoll, um gleich wieder in sich zusammenzufallen, während der Dirigent des Chores kopfschüttelnd mit dem Taktstock auf das Pult klopfte. Eine Aufsicht flüsterte uns zu, dass wir im hinteren Bereich der Kirche bleiben müssten, weil der Chor für ein Konzert am Abend probte. Das Kirchenschiff war von warmem Licht erfüllt und reich mit Kunstwerken ausgestattet. Der Chor stand vorne am Ende des Mittelgangs und hörte den Instruktionen des Chorleiters zu. Dann hob er die Arme und die Musik erwachte wieder zum Leben. Harmonien hallten vom Steinboden und den Pfeilern wider.

Als ich mich herunterbeugte, um unseren Jüngsten zu ermahnen, leise zu sein, sah ich aus dem Augenwinkel Bonhoeffers vertrautes Gesicht. Es befand sich auf einem Faltblatt, das zusammen mit anderen Informationen hinter der letzten Kirchenbank auslag. Ich nahm mir die englische Version und las: »In unserer Kirche St. Michael gibt es einige Statuen von Mitgliedern der Familie Dietrich Bonhoeffers. Sein erster urkundlich erwähnter Vorfahre hier war Caspar van den Boenhoff. Der arme Assistent eines Goldschmieds stammte aus Nimwegen und wurde später Bürger Schwäbisch Halls.« Wenn das hier Caspar van den Boenhoffs Stadt war, dann war das auch seine Kirche, und es berührte mich sehr, das Wort »Bürger« auf diesem Faltblatt zu lesen.

Monate zuvor weckte ein kurzer Abschnitt in einer der ersten Bonhoeffer-Biografien meine Aufmerksamkeit. Mary Bosanquet beschrieb bemerkenswert ausführlich die freien Reichsstädte Deutschlands, zu denen Schwäbisch Hall zählte. Damit versuchte sie, Bonhoeffer in einem historischen Rahmen zu verorten. Sie hatte erkannt, dass diese Städte wichtig waren, um ihn zu verstehen. Als jemand, der politische Theorie studiert hatte, faszinierte mich die Bedeutung, die Bosanquet diesen freien Städten zumaß. Das weckte meinen Jagdtrieb. Unser Kaffee-und-Kuchen-Zwischenstopp in Schwäbisch Hall bildete einen Teil des Puzzles jener Orte, die für Bonhoeffers Leben wichtig waren.

Die Verbindung der Bonhoeffers zu Schwäbisch Hall reicht zurück bis ins Jahr 1513, als Caspar van den Boenhoff aus den Niederlanden dorthin zog. Fast drei Jahrhunderte lang dienten Mitglieder der Familie in der Verwaltung dieser Stadt. Die freien Städte des Heiligen Römischen Reiches (800–1806) bildeten die »Wiege« des späteren Deutschen Reiches (1871–1918). Es handelte sich bei ihnen um eine »bemerkenswert stabile Institution« mit einer reichen Geschichte, die parallel zu der des deutschen Kaiserreiches verlief. Diese Städte interessierten sich hauptsächlich für ihre eigenen Belange, entwickelten intensive Handelsbeziehungen und »kümmerten sich nicht um das politische

Leben in Europa«.[16] Demnach vermieden sie die teuren Flächenbrände, die der Adel verursachte. Diese brutalen politischen Machtkämpfe, die für den größten Teil der europäischen Geschichte kennzeichnend waren, verschwendeten Menschenleben und Geld, oft allein deshalb, um das Ego eines Landesherren zu befriedigen und sein Territorium zu vergrößern. Die Untertanen der Landesherren waren den Launen ihres Herrschers unterworfen und hatten wenig Möglichkeiten, sich dagegen zu wehren.

* * *

Vor unserem Umzug nach Berlin lasen wir so viel wie möglich über Deutschland, vor allem das, was in unserer örtlichen Bibliothek verfügbar war. Eins dieser Bücher war *Eine feste Burg – Die Geschichte der Deutschen* von Steven Ozment. Da die Nazizeit und der Zweite Weltkrieg so sehr unser Bild von der deutschen Geschichte verdüstern, versucht Ozment, die historischen Erfahrungen der Deutschen vor diesen katastrophalen Jahren darzustellen. Das war nach dem Holocaust eine befremdliche Lesereise durch die Ereignisse und wiederkehrenden Motive, die zur deutschen Identität und Kultur beitrugen – eine ganz und gar moderne Idee. Volksstämme, Herrschaftsgebiete und Krieg bilden die Geschichte des Volkes der Germanen, und kriegerische Auseinandersetzungen mit den sogenannten zivilisierten Völkern des Römischen Reiches.

Eine Stelle in Ozments Buch ragte für mich heraus: »Historische Erfahrung hat die Deutschen ... mehr Angst vor Anarchie als vor Tyrannei entwickeln lassen und sie veranlasst, sich, wenn sie sich schon absichern müssen, auf die Seite der Ordnung zu stellen. Dies haben sie einer zwingenden Überzeugung zufolge getan, dass die Freiheit eines Volkes nicht in einer einzigen Anstrengung erreicht werden kann, sondern durch eine sorgfältig gepflegte

Disziplin bewahrt werden muss.«[17] Es ist offensichtlich, wie dieses alte kollektive Muster während und unmittelbar nach dem Ersten Weltkrieg zum Vorschein kam, als das Chaos der Hyperinflation und der Straßenschlachten zwischen Nationalisten und Kommunisten die Sehnsucht der Bevölkerung nach einer starken politischen Autorität weiter wachsen ließ – nach einem kühnen Anführer, der versprach, Gesetz und Ordnung wiederherzustellen. Dieser kulturelle Instinkt erwies sich als ein weiteres Hilfsmittel für Hitler, seine chaotische Tyrannei als Ordnung hinzustellen. Doch die Wette auf die Versprechungen der Nationalsozialisten, für Ordnung zu sorgen, ging verloren, weil sie keine echte Freiheit brachte.

Neben dem Modell einer starken zentralen Autorität entwickelte sich in der deutschen Geschichte eine weitere politische Tradition. Im Mittelalter gab es problematische Fürstenherrschaften, bei denen die Landesherren mit ihrer Gier nach Macht und Reichtum das Überleben ihrer Untertanen gefährdeten. Doch dann entwickelten sich im Spätmittelalter, als die deutschen Gebiete zum Heiligen Römischen Reich gehörten, die freien Reichsstädte. Die Menschen in diesen Städten waren Bürger, keine Untertanen. Bosanquet schreibt:

> Während die Geschicke der Fürsten und ihrer Untertanen einem ständigen Auf und Ab unterlagen, verlief das Leben in den freien Städten stabiler und gleichmäßiger, was es ihren Bürgern erlaubte, jene Traditionen der Kultiviertheit und bürgerlichen Verantwortung zu entwickeln, die eine tiefgreifende Wirkung auf den Charakter nachfolgender Generationen haben würde. Auf dem reichen Boden dieser schon lange etablierten Städte reiften jene soliden Bürgerfamilien heran, die einen so großen Beitrag zu den wertvollsten und beständigsten Elementen der deutschen Kultur geleistet haben.[18]

Diese Städte waren nur dem Kaiser untertan. Im Feudalismus des Mittelalters, als Adel und Klerus das Leben der Menschen so sehr bestimmten, entstand in den freien Städten ein politischer Gegenentwurf. Ich musste mir klarmachen, was diese Städte für mich bedeuteten, um erkennen zu können, in welchem Bezug sie zu Bonhoeffers bürgerlichem Erbe standen und ob die Verbindung zu Schwäbisch Hall für ihn so wichtig gewesen war, wie ich es mir vorstellte. Ich benötigte einen Schlüssel zu den freien Reichsstädten. Ideal wäre eine Zeitreise gewesen, aber da eine solche unmöglich war, griff ich zu Büchern.

Ich stattete Fritz Rörigs *Die europäische Stadt im Mittelalter* einen Besuch ab, ein altes, klassisches (und nicht gerade einfach zu lesendes!) Werk über ein neues Machtgebilde, das sich im mittleren bis späten Mittelalter entwickelte – die Stadt. Von den italienischen Stadtstaaten, die zu Ausrüstern und Profiteuren der Kreuzzüge wurden, zu den Städten Nordeuropas, die im Ostseeraum mächtige Handelsvereinigungen aufbauten, bildete der Handel die Grundlage dieser »neuen Macht«. Die Organisation der Städte unterschied sich von den bisherigen feudalen Vorstellungen und Strukturen Europas, und, vor allem, wurde für diese zur Bedrohung: »Der Begriff der persönlichen Unfreiheit verschwand in den Mauern der Städte; die ungezählten Abhängigkeitsverhältnisse des platten Landes, kurz, die Gesellschaftsordnung der Feudalität war durchbrochen und überwunden.«[19] Es entwickelte sich die Identität des Bürgers, d.h. eines Menschen, der sich zu einem Ort zugehörig fühlte, wo ihm eine aktive Rolle und Teilhabe zuerkannt wurde. Die durch den Handel entstehende wirtschaftliche Macht sicherte und beschützte diese Identität. Nicht alle mittelalterlichen Städte wurden zu freien Reichsstädten; nur etwa dreihundert konnten diesen offiziellen Titel für sich beanspruchen, und, wie bereits erwähnt, unterstanden sie allein dem Kaiser, keinen Fürsten oder sonstigen Landesherren. Schwäbisch Hall gehörte zu diesen Städten, die durch Handel reich geworden und mit der daraus resultierenden, realen politischen Macht ausgestattet waren. Sein Wachstum verdankte es der Handelsware, die es anzubieten hatte, dem »weißen Gold«: Salz.

Menschen, die außerhalb der Stadtmauern lebten – heute nennen wir es: in den Vororten –, konnten städtisches Bürgerrecht erhalten, wenn sie über Besitz in der Stadt verfügten. Diese sogenannten »Pfahlbürger« waren am Leben in der Stadt beteiligt, obwohl sie der Gerichtsbarkeit eines adeligen Herren unterstanden, weil sie nicht innerhalb der Stadt wohnten. (Im Englischen gibt es interessanterweise die Redewendung »beyond the pale«, »außerhalb des Pfahls«, was bedeutet, dass etwas »die Grenze des Erlaubten« überschreitet. Gemeint sind hier die Gerichtspfähle, mit denen im Mittelalter die Grenze der städtischen Gerichtsbarkeit markiert wurde.[20]) Wenn der Untertan eines Fürsten in der Stadt Besitz kaufte, konnte er das Bürgerrecht erwerben und sich so in gewissem Maße vor der Ausbeutung durch den Fürsten schützen. Ein im Mittelalter gebräuchlicher Rechtssatz lautete: »Stadtluft macht frei«, weil eine freie Stadt ein Ort war, wo frühere Untertanen zu Bürgern werden konnten.[21]

In der Ahnenreihe der Bonhoeffers gab es viele Männer (und auch ein paar angesehene Frauen), die im Dienst der Verwaltung der freien Reichsstadt Schwäbisch Hall standen und von der dortigen Kultur geprägt waren; dazu gehörte es, Wert auf eine gute Bildung zu legen, welche neben dem Handel typisch für das städtische Bürgertum wurde. Kaufmannsfamilien priesen das sogenannte »säkulare Lernen«, weil weltliches Wissen und diplomatisches Können notwendig waren, um Handel treiben zu können; reisende Kaufleute mussten Fremdsprachen beherrschen, mit den Gebräuchen und der Geografie anderer Länder vertraut und zudem in der Lage sein, ihre Geschäfte zu führen. Sie mussten umfangreiche schriftliche Aufzeichnungen anfertigen und über die Fähigkeit verfügen, dauerhafte Beziehungen zu Menschen zu knüpfen, deren Kultur sich stark von der eigenen unterschied. Zusätzlich zum Austausch von harter Währung und Handelsgütern war für sie eine weitere Währung wichtig: der Aufbau von Vertrauen.

Es war für die Handelshäuser nützlich, wenn der Kaufmanns-Nachwuchs gut ausgebildet war – und auch für die Städte, für die es sich nun lohnte, Universitäten zu gründen.[22] Die Universitäten kultivierten nicht nur eine generelle Liebe zu Wissen und Erkenntnis, sondern brachten auch einen stetigen Strom an Juristen hervor.[23] Bildung erhielt in diesen Städten also einen hohen Stellenwert; sie wurden zu Saatbeeten »großer neuer geistiger Bewegungen: Humanismus, Renaissance und Reformation«, deren Werte und Ideen auch in der Bonhoeffer-Familie kultiviert und geschätzt wurden.[24] Als ich in St. Michael auf dem Faltblatt das Wort *Bürger* las, machte mein Herz einen Sprung, denn dieses Wort bedeutet so viel. Und da war die Geschichte von dem armen Goldschmied-Gehilfen, der zum Bürger einer freien Reichsstadt wird: In Schwäbisch Hall wurde ein Bonhoeffer vom Untertan zum Bürger; die Stadtluft ermöglichte ihm und seinen Nachfahren eine Form von Freiheit. Viele dieser Bonhoeffers standen im Dienst der Stadt, und Dietrich wurde als Kind beigebracht, dieses Erbe des Dienstes für die Öffentlichkeit in Ehren zu halten.

Die freien Städte boten in der Familientradition der Bonhoeffers allerdings auch Konfliktstoff, vor allem wegen der Klassenzugehörigkeit seiner Eltern und den unterschiedlichen Vorstellungen der Deutschen, wie das öffentliche Leben gestaltet werden sollte. Neben Karls und Paulas unterschiedlichen Auffassungen zum Thema Religion traten in ihrer Ehe auch die politischen Unterschiede ihrer beiden Familien zutage. Paula stammte aus dem Adel; ihre Mutter war Gräfin. Karl entstammte der bürgerlichen, nicht-adeligen »Mittelschicht«. So spiegelten sich in der Familie im Kleinen die politischen und sozialen Spannungen zwischen zwei miteinander konkurrierenden Machtzentren der deutschen Geschichte.

Diese Spannungen gab es auch innerhalb des deutschen Widerstandes gegen die Nazis – und bisweilen entwickelten sich daraus offene Konflikte. Von den vielen Attentaten auf Hitler war jenes am 20. Juli 1944 der letzte ernsthafte Versuch, der Welt zu zeigen, dass nicht alle Deutschen Nazis waren. (Dietrich Bonhoeffer spielte bei der Durchführung keine zentrale Rolle, war aber in den Plan eingeweiht und unterstützte ihn.) Viele Verschwörer des 20. Juli stammten aus dem Adel und verfolgten die Idee einer Rückkehr zur Monarchie. Andere hofften, in Deutschland die liberale Demokratie wiederherstellen zu können. Beide Strömungen politischer Identität lehnten den rohen, ungebändigten Autoritarismus der Nazi-Faschisten ab. Beide Strömungen politischen Denkens motivierten zum Widerstand gegen Hitler; und trotz der vielen Differenzen organisierte diese Gruppe von Verschwörern einen letzten Versuch, den wahnsinnigen Mann zu besiegen. Doch der Plan schlug fehl, und als Bonhoeffer im Gefängnis davon erfuhr, wusste er, dass sein Schicksal besiegelt war.

In mancher Hinsicht war Bonhoeffer von der Idee adliger Gesinnung fasziniert, aber nicht von einem Adel, der auf Blutsverwandtschaft und Privilegien beruhte; ihm schwebte ein »neuer Adel« vor, der keinen Wert auf Ruhm und Abstammung legt, sondern auf charakterliche Qualität, der »Achtung nach oben wie nach unten« wahrt, sich anfreundet mit Menschen aus allen gesellschaftlichen Schichten und somit zu ihrem Leben dazugehört, sich fröhlich am Privatleben beteiligt und gleichzeitig mutig ins öffentliche Leben tritt. Im Nachdenken über die Zeit, in der er lebte, entwarf er an Weihnachten 1942, nur kurze Zeit vor seiner Verhaftung, die Vision einer Kultur dieses neuen

Adels: »... die Rückkehr von Zeitung und Radio zum Buch, von der Hast zur Muße und Stille, von der Zerstreuung zur Sammlung, von der Sensation zur Besinnung, vom Virtuosenideal zur Kunst, vom Snobismus zur Bescheidenheit, von der Maßlosigkeit zum Maß.«[25]

* * *

In seinen unveröffentlichten Lebenserinnerungen bedauerte Karl Bonhoeffer, dass es ihm nicht gelungen war, ein Haus in Schwäbisch Hall zu erwerben. Bezugnehmend auf die zuvor zitierte mittelalterliche Rechtsmaxime, bezeichnete Professor Bonhoeffer seinen Wunsch nach einem solchen Haus als den Versuch, »die Freiheit der Stadt« zu erlangen. Man hört heraus, wie sehr er darunter litt, von seinem bürgerlichen Erbe abgeschnitten zu sein: »Obwohl ich nie längere Zeit in Schwäbisch Hall lebte, vermittelt mir diese kleine mittelalterliche Stadt doch ein starkes Gefühl, dass ich dorthin gehöre.«[26] Obwohl er kein Bürger dieser Stadt war, lebte er immer noch, als wäre er das. Er stellte sich vor, ein Pfahlbürger zu sein, und empfand eine starke Wertschätzung für die Stadt, zu der er nach dem Gesetz gar nicht gehörte, und wo er niemals wie seine Vorfahren leben würde. Dieses bürgerliche Erbe gab Karl Bonhoeffer an seine Kinder weiter, indem er ihnen die entsprechenden Werte vermittelte. So entwickelten auch Dietrich und seine Geschwister dieses Gefühl des Dazugehörens.

Doch ihr bürgerliches Erbe hatte seine Schranken, denn die familiäre Kultur der Bonhoeffers verbot es ihnen, mit ihrer Herkunft zu protzen. Das war bei ihnen völlig verpönt, obwohl die Nazis von allen einen Abstammungsnachweis forderten.[27] In einem kritischen Augenblick seines Lebens brach Dietrich Bonhoeffer dieses altehrwürdige Tabu. Die Gestapo war wegen Bonhoeffers Einfluss unruhig geworden und hatte ein öffentliches Redeverbot gegen ihn verhängt. Dagegen beschwerte er sich energisch beim Reichssicherheitshauptamt in Berlin, der Zentrale der SS, und betonte dabei die lange, tiefe Verbundenheit seiner Familie zu Schwäbisch Hall:

> Seine [meines Vaters] Vorväter haben jahrhundertelang als hochangesehene Handwerker und Ratsherren der damaligen freien Reichsstadt Schwäbisch Hall gelebt und noch heute zeigt man dort ihre Bilder mit Stolz in der Stadtkirche. ... In bewusster Bejahung dieses geistigen Erbes und dieser inneren Haltung meiner Familie kann ich den Vorwurf »volkszersetzender Tätigkeit« nicht hinnehmen.[28]

Protzerei kann man das wohl kaum nennen. Als Bonhoeffer sich stark bedrängt fühlte, berief er sich auf seine Identität, die tief in der Geschichte seiner Familie und einer Stadt verwurzelt war. Mit der Autorität eines Bürgers jener Stadt wehrte er sich gegen die übergriffige staatliche Macht.

Als wir an diesem Nachmittag in der Kirche St. Michael standen, sahen wir aus der Ferne einige Bilder dieser illustren Vorfahren Bonhoeffers an der Wand hängen. Diese freien Bürger hatten zu Schwäbisch Hall gehört und der Stadt treu gedient. Im dicken Geschichtsbuch der Kirche in der Vorhalle war einiges über sie nachzulesen. Wir befanden uns an dem Ort, mit dem sich Dietrich Bonhoeffer verbunden fühlte, der Stadt, von der er eine Art geistiger Pfahlbürger war.

Frei von massiver Ungerechtigkeit waren diese freien Reichsstädte keineswegs. Keine bot allen, die unter ihrer Gerichtsbarkeit lebten, ungetrübten Schutz. Wie viele Bürgerrechte davor und danach basierte ihre bürgerliche Ordnung auf Privilegien und Patriarchat. Reichtum und Macht blieben weitgehend der Oberschicht vorbehalten. Wissentlich und unwissentlich tolerierten diese freien

Städte Ungleichheit und Ungerechtigkeit aller Art, obwohl sie andererseits ein ernsthaftes Gegengewicht zur Willkür und Unfähigkeit der Fürsten bildeten.[29] Menschenrechte und eine Idee von Bürgerlichkeit, die nicht auf männlichem Besitz fußte, waren zur damaligen Zeit noch weitgehend unbekannt. Aber die Saat für diese Ideen war bereits gesät und wartete darauf, aufgehen zu können.

Wenn ich das Land betrachte, dem ich mich zugehörig fühle, so basiert das amerikanische Experiment auf Ideen und Idealen, die im Leben seiner Bürgerinnen und Bürger erst noch vollständig verwirklicht werden müssen. Aber diese Ideen lohnen gepflegt und bewahrt zu werden, vor allem für diejenigen von uns, die wissen, dass wir bei der Gründung der Nation zu denen gerechnet worden wären, die außerhalb des Pfahls leben. Die Ersten, die zu diesem imaginierten Amerika gehörten, war eine kleine Schar Auserwählter. Ich hätte nicht zu seinen Bürgern gezählt.

Vor Jahren wurde ich bei einem Besuch an diese ernüchternde Realität erinnert. Damals machte sich unsere Familie von unserem Zuhause bei Washington, D.C. auf den Weg nach Williamsburg, Virginia, für einen Besuch im dortigen Freilichtmuseum. Nachdem wir den Hutmacherladen und die antike Apotheke besichtigt hatten, verfolgten wir mit anderen Touristen eine lebhafte Debatte, die auf einer Holztribüne stattfand. Zwei Schauspieler in historischen Kostümen diskutierten, als wären sie zwei von Amerikas Gründervätern, die sehr unterschiedlicher Auffassung im Hinblick auf die Religionsfreiheit in der jungen Demokratie waren. Am Ende der Debatte wandten die beiden Schauspieler sich dem inzwischen sehr zahlreich versammelten Publikum zu, und nun sollten wir abstimmen, welcher der beiden Gründerväter das Streitgespräch gewonnen hatte.

Ich wollte gerne mit abstimmen, denn ich hatte ihnen aufmerksam zugehört und zu dem Thema eine klare Position. Doch da erinnerten uns die Schauspieler an die Zeit, in der die beiden Männer, die sie verkörperten, gelebt hatten. Sie erklärten, begleitet von wachsendem Unmut der Zuschauer, dass sie nur die abstimmen lassen würden, die auch damals stimmberechtigt gewesen wären. Und trotz ihrer unterschiedlichen Positionen zu bestimmten Regierungsfragen waren sich beide einig, wer als vollwertiger Bürger galt, und wer nicht.

»Erstens«, sagte einer von beiden, und zog sich dabei seine Jacke gerade und richtete sein Halstuch, »bitte ich alle Frauen freundlichst, wieder Platz zu nehmen und zu schweigen. Sie haben nämlich kein Stimmrecht.« Ach so, ja natürlich. Meine Töchter und ich setzten uns widerwillig hin. Dann wurde die Bürgerschaft von den Schauspielern weiter verkleinert. Nur Weiße! Nur die, die über Grundbesitz in Virginia verfügen! Da konnte mein Mann noch stehenbleiben (was er meiner Meinung nach sichtlich genoss), im Glauben, mit abstimmen zu dürfen. Doch die Schauspieler erklärten uns, dass ein Mann viel mehr Land besitzen musste als wir, um als echter Grundbesitzer zu gelten, und mein Mann – dem zu zwei Dritteln ein mit einer Hypothek belastetes Grundstück in einem Vorort in Nordvirginia gehörte – musste sich schlussendlich auch hinsetzen. Von mehreren hundert Besuchern blieben am Ende lediglich zwei Männer als stimmberechtigt übrig!

Seit jenen Tagen hat sich vieles zum Guten verändert. In Amerika und zahlreichen anderen Ländern wurde erkämpft, dass die bürgerlichen Freiheiten (und Pflichten) weitaus mehr Menschen zustehen als nur einer kleinen privilegierten Gruppe. Trotzdem sehe ich, wie wertvoll die *Idee* des Bürgerrechts der alten freien Städte wie Schwäbisch Hall auch heute noch ist. Sie bewirkte, dass neue Formen der Machtausübung eingeführt wurden und sich bewähren konnten, bei denen Freiheit und Regierungsverantwortung nicht länger Königen und ihren oft problembehafteten Nachkommen vorbehalten waren. In den

Städten konnten Menschen ein freies, selbstbestimmtes Leben führen, die nicht den Herrscherhäusern und dem Adel angehörten, wobei auch hier weiterhin Ungleichheit herrschte. Neue, umwälzende Ideen gewannen an Boden, und es entwickelte sich ein neues Bild von der Natur des Menschen. Ich würde die Zeit nicht zurückdrehen wollen, aber ich kann die damaligen Bemühungen anerkennen und selbst etwas von dieser frei machenden Stadtluft atmen. Und am besten erweise ich ihnen Ehre, indem ich dafür bete und arbeite, die Freiheiten weiter auszudehnen und den Verantwortungssinn zu nähren, so dass immer mehr Menschen diese reine und freie Luft atmen können.

Während ich in den Mauern von St. Michael stand und die Kunstwerke betrachtete, die zu Ehren von Bonhoeffers Vorfahren in Auftrag gegeben worden waren, wurde mir bewusst, wie sehr *dieser Ort* ihn geprägt hatte – dieser Ort, an den er dachte, als er sich gegen Anschuldigungen verteidigte, mit denen er zum Schweigen gebracht werden sollte. Diese Kirche verkörperte das Privileg, zu einer Stadt zu gehören, und die Verantwortung, die mit dieser Zugehörigkeit verbunden war. Es sagt einiges aus, dass sich Bonhoeffer auf seine bürgerliche Verbundenheit mit der Stadt seiner Vorfahren beruft, als er sich der hochmütigen, die Freiheit zertretenden und brutalen Macht der Nazis gegenübersieht. Sogar noch, als man ihn an unfreien Orten gefangen hielt, atmete er diese freie Luft.

* * *

Einer der wichtigsten Menschen in Dietrichs Leben war, wie bereits erwähnt, seine Großmutter Julie Bonhoeffer. Als leidenschaftliche Leserin verkörperte sie die intellektuellen und bürgerlichen Tugenden, die an ihre Enkelkinder weitergegeben wurden. Lebenslang war sie »politisch wach« und interessierte sich für die Frauenfrage.[30] Sie gründete ein Frauenaltersheim und Ausbildungsstätten für Mädchen.[31] Für Dietrich war sie ein wichtiges Vorbild, was intellektuelles und praktisches Engagement anging; sie war geübt darin, für ihre Überzeugungen einzustehen, was zum Tragen kam, als die Nazis dem bürgerlichen Alltag ihren schweren Stempel aufpressten.

Am 1. April 1933 verkündeten die Nazis einen Boykott jüdischer Geschäfte. Das war der Beginn eines langen Feldzuges gegen die Juden in Deutschland, der darauf abzielte, ihr Leben immer unerträglicher zu machen und sie aus Deutschland zu vertreiben. Langgehegte gesellschaftliche Ressentiments, die sich im Lauf der Geschichte immer wieder gewaltsam entladen hatten, wurden durch diese Politik zum Normalfall deklariert. Diese frühen Maßnahmen der Nazis trainierten die nichtjüdischen Deutschen außerdem darauf, mit Härte und Gleichgültigkeit auf das Leid zu reagieren, das ihren Mitbürgern zugefügt wurde.

Selbst im hohen Alter kaufte Julie Bonhoeffer noch gerne im Berliner »Kaufhaus des Westens« ein, das »einer bekannten jüdischen Familie in Grunewald« gehörte, wie es Bonhoeffer-Biograf Charles Marsh formuliert.[32] Damals wie heute ist es Berlins zentrales Kaufhaus. Im Erdgeschoss wird Haute Couture präsentiert, und auf den Stockwerken darüber gibt es alle anderen Arten von Waren. Das KaDeWe befindet sich an der Tauentzienstraße unweit des Kurfürstendamms mit seinen vielen Geschäften – auch bei dessen Spitzname Ku'Damm zeigt sich die Liebe der Berliner zu Abkürzungen.

Um den Boykott durchzusetzen, postierten die Nazis Uniformierte vor den Eingängen jüdischer Geschäfte. Wer versuchte, trotzdem dort einzukaufen, wurde drangsaliert und eingeschüchtert. Das KaDeWe und die Läden entlang des Ku'Damm, die bislang Orte für gediegene Einkaufsbummel waren, wurden zu erschreckenden Schauplätzen von Angst und Anspannung:

> Augenzeugen erinnerten sich an das sehr unterschiedliche Verhalten der Passanten – da waren Leute, die sich den Zugang in die Geschäfte erzwangen, trotz Beleidigungen und Attacken; andere eilten vorbei und warfen nur einen beschämten Blick auf die boykottierten Läden; und dann gab es jene, die sich, zum Beispiel vor dem KaDeWe, spontan versammelten, den Arm zum Hitlergruß hoben und antisemitische Parolen riefen.[33]

Die einundneunzigjährige Julie Bonhoeffer ging am Tag dieses furchterregenden Spektakels einkaufen und marschierte, statt ängstlich zurückzuschrecken, geradewegs »an den Braunhemden vorbei«, die aufmarschiert waren, um den Eingang des Kaufhauses zu blockieren.[34] In manchen Berichten über den Vorfall heißt es, sie hätte die jungen Wachposten dadurch verblüfft, dass sie einfach unbeeindruckt an ihnen vorbeiging. Laut anderen Versionen erklärte sie lautstark, dass sie einkaufen würde, wo sie wollte und wo sie immer einkaufte.

Ob sie nun einfach ins KaDeWe marschierte oder zusätzlich etwas sagte – diese alte Dame ließ sich jedenfalls nicht einschüchtern, auch nicht angesichts einer Phalanx von SA-Männern, intensiven sozialen Drucks und eines aggressiven, Parolen schreienden Mobs. Sie handelte und sprach mit einem Mut, der in einer über sie selbst weit hinausreichenden Identität und Autorität verankert war. Sie und Dietrich waren fasziniert von den gewaltlosen Methoden Gandhis; Großmutter Bonhoeffer hatte Dietrich sogar empfohlen, Gandhi zu besuchen. Er wollte das auch in die Tat umsetzen, aber es kam nicht dazu.[35] Sie praktizierte jene Art von zivilem Ungehorsam, der, wäre er in diesem frühen Stadium der Nazi-Herrschaft in großem Maßstab angewandt worden, möglicherweise die Macht der Nationalsozialisten entscheidend hätte schwächen können.[36]

Die Grabrede, die Dietrich Bonhoeffer bei der Beerdigung seiner Großmutter hielt, offenbart, wie groß ihr Einfluss auf ihren Enkel war. Er nennt Tugenden, die einst in den freien Reichsstädten kultiviert wurden; bürgerliche Wesenszüge, bei denen Privilegien an Verantwortung geknüpft sind:

> Die Unbeugsamkeit des Rechtes, das freie Wort des freien Mannes, die Verbindlichkeit des einmal gegebenen Wortes, die Klarheit und Nüchternheit der Rede, die Redlichkeit und Einfachheit im persönlichen und öffentlichen Leben – daran hing ihr ganzes Herz. ... Sie konnte es nicht ertragen, wo sie diese Ziele missachtet sah, wo sie das Recht eines Menschen vergewaltigt sah. Darum waren ihre letzten Jahre getrübt durch das große Leid, das sie trug über das Schicksal der Juden in unserem Volk, an dem sie mittrug und mitlitt. Sie stammte aus einer anderen Zeit, aus einer anderen geistigen Welt – und diese Welt sinkt nicht mit ihr ins Grab.[37]

Dietrich brachte seine Dankbarkeit dafür zum Ausdruck, dass sie diese Werte bewahrt hatte, die er und andere als Pflicht geerbt hätten. Er wusste, zu welchen Menschen und Orten er gehörte. Es war, als trüge er in sich eine freie Reichsstadt, eine imaginäre Heimat, die ihm bei seinen Entscheidungen und Taten Halt und Orientierung bot.

* * *

Die Vorstellung einer solchen Zugehörigkeit prägt die Moralvorstellungen eines Menschen und kann ihm Möglichkeiten eröffnen, die noch nicht existieren. Sich die Zugehörigkeit zu einer bestimmten Gemeinschaft vorzustellen kann durchaus prägend sein. In ihr kann man sich sogar mit einem relativ fremden Menschen verbunden fühlen. Bei einer solchen Gemeinschafts-Vorstellung kommt es darauf an, wer dazugehört – und wer ausgeschlossen ist. Die Nazis beantworteten diese Frage auf eine bestimmte Weise, und auch sie formten die Moralvorstellungen, und zwar in Richtung auf eine Verhärtung des latent vorhandenen Antisemitismus und der Vorurteile in Politik und Recht. Und sie stellten sicher, dass jene, die zu der mithilfe der arischen Mythologie definierten Gemeinschaft gehörten, es nicht wagten, Menschen die Hand zu reichen, die von dieser ausgeschlossen waren. Heute sprießen imaginäre Gemeinschaften im Internet wie Pilze aus dem Boden. Die sozialen Medien machen es uns sehr leicht, mit Freunden und Fremden Kontakt aufzunehmen oder diesen abzubrechen. Wir können Verbindung mit alten Bekannten aufnehmen, die wir lange nicht gesehen haben, aber genauso leicht kann es geschehen, dass wir in den sozialen Medien in einen Sumpf aus Kritik und Verachtung geraten. In diesen digitalen Räumen, in Diskussionsforen und Social Media, geschieht es leicht, dass wir hart und gleichgültig werden und jene, die nicht zu unserer Gemeinschaft dazugehören, entmenschlichen. Und wenn der Trend der Entmenschlichung erst einmal begonnen hat, trifft er erbarmungslos die Minderheiten und die Verletzlichen.

Im Mittelalter wurden die Juden wie im Nationalsozialismus – und beunruhigenderweise bis heute – ausgegrenzt und diskriminiert und mussten als Sündenböcke für Probleme jeder Art herhalten. Das Leben in den mittelalterlichen Städten wurde immer wieder von Lynchjustiz und Gewaltausbrüchen gegen Juden überschattet. Als die Nazis alte Mythen voller Vorurteile wiederbelebten, offiziell staatlich propagierten und im Versuch, mit diesen Mythen die deutsche Identität zu untermauern, neue, schreckliche Formen der Ausgrenzung einführten, trat Dietrich Bonhoeffer dafür ein, dass die Kirche in Deutschland nicht zuschauen dürfe, als ginge sie das alles nichts an. Er forderte die Christen auf, ihre Verbundenheit mit den Juden und anderen Opfern eines immer brutaleren und blutrünstigeren Staates zu sehen. Für ihn zeigte sich in der Reaktion der Christen auf den Umgang der Nazis mit diesen verwundbaren Bevölkerungsgruppen, wie es um Gehalt und Stärke ihres Glaubens bestellt war – wie sie sich gegenüber Jesus, dem Juden, verhalten würden, der sich im Verborgenen als Heiland unter den Geächteten und Ausgestoßenen aufhielt.

Dass Bonhoeffer die freie Reichsstadt Schwäbisch Hall heranzog, als er sich gegen die Anschuldigungen der Gestapo zur Wehr setzte, erklärt aber wohl kaum, warum er so hart dafür arbeitete, die Bekennende Kirche in ihrem Widerstand gegen den nationalsozialistischen Einfluss auf die Christen in Deutschland zu unterstützen. Auch erklärt es nicht, warum er schon nach wenigen Wochen in den USA wieder in seine Heimat zurückkehrte, obwohl er im Juni 1939 die Möglichkeit hatte, aus Deutschland zu fliehen. So bedeutsam seine Familientradition für ihn gewesen sein mag, als Begründung für seinen Schritt aus der theologischen Opposition in den politischen Kampf reicht sie nicht aus. Nicht unähnlich der Besucherin, die sich nach Bonhoeffers Alltag und seinen Gewohnheiten erkundigt hatte, fragte ich mich, was Bonhoeffer dazu antrieb, im Widerstand gegen die Nazis sein Leben aufs Spiel zu setzen. Und das regte mich natürlich zu der Frage an, ob ich bereit wäre, wie er, Menschen die Hand zu reichen, die Ausgrenzung und Verfolgung erleiden.

Um Antworten auf diese Frage zu finden, beschäftigte ich mich mit den Forschungen von Dr. Kristen Monroe.[38] Sie hat untersucht, welche moralischen Entscheidungen Menschen treffen, wenn in der Gesellschaft, in der sie leben, Angst auslösende gesellschaftliche Entwicklungen eintreten, etwa angesichts von Völkermord in verschiedenen Ländern, unter anderem im Deutschland der Nazizeit. Monroe fragte sich, wovon es abhängt, ob jemand bereit ist, ein persönliches Risiko einzugehen, um einer anderen Person zu helfen. Sie wollte herausfinden, warum manche Menschen nur passiv zuschauen, während andere aktiv werden und helfen. Monroes Forschungsergebnisse ließen mich Bonhoeffer aus einem neuen Blickwinkel betrachten.

Monroe fand heraus, dass ein bestimmender Faktor für menschliches Verhalten darin besteht, wie wir uns selbst in Beziehung zu anderen wahrnehmen. Die Selbstwahrnehmung – also die Vorstellung eines Menschen von seiner eigenen Identität und seinen Beziehungen zu anderen Menschen – entscheidet, so Monroe, darüber, ob jemand bereit ist, anderen auch dann zu helfen, wenn das für ihn mit persönlichen Risiken verbunden ist. Noch interessanter ist Folgendes: Unser persönliches Identitätsgefühl und unsere Verbundenheitsgefühle gegenüber anderen beeinflussen unsere Fähigkeit, uns Handlungsoptionen vorzustellen. Wenn wir eine moralische Pflicht zu helfen verspüren, befeuert das unser Vorstellungsvermögen und versetzt uns in die Lage, Hilfsmöglichkeiten zu erkennen, auf die wir gar nicht kämen, wenn wir uns nicht zur Hilfe verpflichtet fühlten. Monroe nennt dies »durch die Identität erzeugter Entscheidungszwang«. Als sie Menschen befragte, warum sie angesichts von Verfolgung, Terror oder Völkermord anderen halfen oder nicht halfen, antworteten die passiven Zuschauer und die heroischen, risikobereiten Helfer gleichermaßen: Sie hätten »gar nicht anders handeln können«. Der Unterschied bestand nicht darin zu wissen, was richtig war. Vielmehr kam es darauf an, wie sie sich selbst (Identitätsgefühl) in Relation zu anderen (Beziehung, Verbundenheit) wahrnahmen. Ihr Verhalten hing davon ab, ob sie sich mit den Betroffenen verbunden fühlten.[39]

In solchen zugegebenermaßen schwierigen sozialen und politischen Situationen betrachteten die passiven

Zuschauer sich als isolierte Individuen (Identitätsgefühl), ohnmächtig und auf sich allein gestellt. Auch glaubten sie, als Einzelne nichts gegen eine Übermacht ausrichten zu können, der sie sich unterlegen fühlten. Der Glaube, isoliert und hilflos zu sein, lähmte sie, auch wenn sie deshalb Gewissensbisse verspürten. Dass sie sich selbst für allein und schwach hielten, hinderte sie zudem daran, Handlungsalternativen zu erkennen.

Dagegen erklärten diejenigen, die persönliche Risiken für andere eingingen (oft ohne diese persönlich zu kennen), dass ihre Verbundenheit mit denen, die Ausgrenzung oder Gewalt erlitten, sie dazu veranlasst habe: allein aus dem Gefühl geteilter Menschlichkeit. Sie versetzten sich in die Notlage des anderen und sagten sich, dass sie auch wünschen würden, dass ihnen jemand helfe, falls sie selbst sich in dieser Lage befänden. Ihr Identitätsgefühl und ihre Vorstellung von zwischenmenschlicher Verbundenheit ließen ihnen keine Wahl: Sie hatten das Gefühl, *gar nicht anders zu können,* als zu helfen. Und bemerkenswerterweise taten sich dann auch Möglichkeiten auf, wie sie helfen konnten – sie entwickelten einen Mut, den sie sich nicht zugetraut hätten, oder fanden einen Weg, auf kluge Art gegenüber den Mächtigen zugunsten anderer zu intervenieren. Die Vorstellung von ihrer eigenen Identität und ihr Gefühl der Verbundenheit bestimmten ihre moralischen Maßstäbe; und im Gegenzug ermöglichten es diese Maßstäbe ihnen, klar zu sehen, dass ein Mensch Verfolgung erlitt, und ihm beizustehen.

* * *

An einem warmen Herbstnachmittag machte ich einen Spaziergang durch den Grunewald. Über Jahrhunderte wurde dieses riesige Waldgebiet im Südwesten Berlins als herrschaftliches Jagdrevier des Adels genutzt. Heute dürfen wir Normalsterbliche seine Schönheit genießen, und unsere Familie erfreute sich daran, dass die Straße, in der wir wohnten, direkt an diesen Wald grenzt. Ich spazierte unter den Bäumen und sog die gute Luft ein. Laub raschelte unter meinen Füßen. Entlang des Weges hatten Wildschweine den Boden umgepflügt. Während unserer drei Jahre in Berlin sah ich diese scheuen und mitunter aggressiven Tiere nur ein paarmal, aber sie hinterlassen überall ihre Spuren.

Ich folgte dem unbefestigten Rundweg um den kleinen, sehr malerischen Grunewaldsee und freute mich am Anblick des Jagdschlosses, Berlins ältestem Schloss, einem zauberhaften Gebäude am Ufer des Sees. Erbaut wurde es in der Mitte des 16. Jahrhunderts für den Kurfürsten Joachim II. von Brandenburg. Der umgebende Wald und alles Wild darin gehörten ihm und dienten seinem Vergnügen. Die fleißig wühlenden Schweine der Jetztzeit sind die Nachfahren jener, die der Kurfürst einst jagte. Als Tribut an dieses traditionelle Freizeitvergnügen steht im kopfsteingepflasterten Schlosshof die lebensgroße Skulptur eines Ebers, der, Augen und Schnauze in wildem Schrecken aufgerissen, von drei knurrenden Hunden zur Strecke gebracht wird. In dieser Skulptur lebt die Jagd weiter.

Das Schloss überlebte die Bombenangriffe der Alliierten, und seine graziösen Türme und steilen Dächer mit roten Dachziegeln sehen aus wie aus einem Historienfilm. Alljährlich findet hier am zweiten Adventswochenende ein wunderschöner Weihnachtsmarkt statt, bei dem Schauspieler in historischen Kostümen die Vergangenheit des Schlosses heraufbeschwören. Allerdings bestätigten Historiker die hinter vorgehaltener Hand erzählten Geschichten: Inmitten dieser malerischen Architektur gab die Schwester von Kaiser Wilhelm II. im Jahr 1891 rauschende Partys, die zu regelrechten Orgien der Hofgesellschaft ausarteten. Dort ging es so wild zu, dass Teilnehmer sich wegen der

Drohung duellierten, das skandalöse Verhalten auf diesen Bällen öffentlich zu machen.[40] Trotz seines eleganten, märchenhaft entrückten Flairs steht dieser kleine Palast für ein toxisches Gebräu aus Macht, Geld und Laster. Die tugendhafte Vergangenheit ist eine Illusion.

Die Geschichte des Jagdschlosses ist eine Mahnung. Sie erinnert uns an die Grenzen all dieser zerbrochenen Traditionen und der verworrenen und turbulenten Abstammungslinien. Die meisten nationalen Identitäten – die deutsche Identität genauso wie meine amerikanische – beinhalten emotional verlockende, aber zugleich undurchsichtige, zweifelhafte Mythen. Adolf Hitler nutzte diese Mythen für seine Zwecke, fügte einige persönliche Erfindungen hinzu und verkaufte sie wie ein Marktschreier an eine verunsicherte Bevölkerung, die im verzweifelten Wunsch, eine verlorene und zertrümmerte Identität wiederherzustellen, danach hungerte, diese Mythen Wirklichkeit werden zu lassen. Die »Blut-und-Boden«-Rhetorik der Nazis beschwor die Vereinigung des natürlichen und des menschlichen Elements, als wäre hier ein mystisches Volk wie ein Wald auf der nationalen Erde gewachsen, und alles andere Leben wäre fremd und nur dazu da, ausgebeutet und sogar gejagt und getötet zu werden. Die Sehnsucht nach dieser Art Verwurzelung entwürdigte ein bereits entwürdigtes Volk noch weiter, was wieder einmal bewies, dass die kultische Verehrung von Idolen – einschließlich der Anbetung von Kulturen oder Nationen – niemals hält, was sie verspricht. Schlimmer noch: Sie lässt die Anhänger eines solchen Kultes noch gebrochener zurück, als sie es vorher waren. Dieses herrschaftliche Artefakt am Grunewaldsee wurde für mich zur Warnung, nicht in falsche Vorstellungen abzugleiten: Nichts an Dietrich Bonhoeffers Herkunft konnte ihn oder seine Nation vor der Selbstzerstörung bewahren. Der einzige Weg, Deutschland vor seinen nationalen Mythen zu retten, bestand darin, die wahre Natur dieser Mythen aufzudecken und sie zu besiegen.

Auch Bonhoeffer wusste das. In einem privaten Brief wünschte er sich, wie erwähnt, einen »neuen Adel« – keinen, der auf Abstammung und Landbesitz beruhte, sondern auf Qualität und Gewissen; einen, der statt Macht und Privilegien Freiheit und verantwortungsbewusstes Handeln hochhielt; eine neue Generation von Menschen, die keine Herren sind, »sondern Werkzeuge in der Hand des Herrn der Geschichte«. So, schrieb er, »bleibt nur der sehr schmale und manchmal kaum noch zu findende Weg, jeden Tag zu nehmen, als wäre er der letzte, und doch in Glauben und Verantwortung so zu leben, als gäbe es noch eine große Zukunft.«[41]

Als ihn seine Freunde in New York 1939 einluden, an das »Union Theological Seminary« zurückzukehren, und ihm damit eine Möglichkeit anboten, aus Deutschland zu fliehen, war es sein Identitätsgefühl, sein Gefühl der Zugehörigkeit, das ihn hinderte, sich dafür zu entscheiden. Und so kehrte Bonhoeffer 1939 nach wenigen Wochen wieder nach Deutschland zurück, um sich aktiv am politischen Kampf zu beteiligen. Er identifizierte sich also ganz und gar mit seiner Identität als Deutscher, mit aller damit verbundenen Schuld und Scham; mit seinem Zugehörigkeitsgefühl zu dem, was von der Kirche in Deutschland noch übrig war, und zu Deutschland selbst und seinen Menschen – zu denen, die glaubten, nur sie allein gehörten zu dieser Nation, und zu denen, die ausgegrenzt wurden, weil sie angeblich nicht dazugehörten. Er tat diesen Schritt in dem Bewusstsein, dass eigenes Leiden daraus resultieren könnte und er bewies sich damit selbst, Bürger einer viel freieren Gemeinschaft zu sein.

Herrnhuter Sterne im Advent in Herrnhut.

4. Kapitel

Die Losungen

Wenn wir der Wahrheit treu bleiben,
werden wir erleben, dass die Wahrheit
uns treu bleibt, selbst wenn wir
versucht sind zu verzweifeln.

Der Sommer 2018 war in ganz Europa extrem heiß und trocken. An einem schweißtreibenden Tag Anfang Juni bewässerte ich den Rasen in unserem Garten; zwar träumte ich davon, ihn mit Blumen und Gemüse zu zieren, doch die Hitze hatte meine Hoffnungen arg zurechtgestutzt. Ich war schon froh, wenn es mir gelang, wenigstens den Rasen und unsere neue Hecke am Leben zu erhalten.

Als wir zwei Jahre zuvor unseren endgültigen Wohnsitz bezogen hatten, war klar, dass die Gartengestaltung während unseres Aufenthalts bestenfalls zur Hälfte fertig werden – oder zur Hälfte misslingen – würde. Der Rasen war in einem fürchterlichen Zustand. Das Handbuch für Dienstwohnsitze der amerikanischen Botschaft, das wir bei unserem Einzug auf dem Küchentisch vorgefunden hatten, besagte, dass wir für die Gartenpflege verantwortlich waren. Doch die letzten Bewohner hatten uns ein Durcheinander aus nackter Erde und Moos, buckligen Grasbüscheln und einer Menge Unkräutern hinterlassen.

Ungefähr eine Woche nach unserer Ankunft erschien unangekündigt ein Gärtnerteam, harkte sämtliches Grünzeug weg und säte den freigelegten Boden neu ein. Als sie ihr Werkzeug wieder einpackten, informierten sie mich, dass ich regelmäßig gießen und die Kinder aus dem Garten fernhalten müsse, damit der neue Rasen wachsen könne. Jetzt war der Boden braun und bedeckt mit empfindlichem Saatgut, womit er aber immer noch wohnlicher aussah als am Tag unseres Einzugs. Meine einsame Aufgabe bestand nun darin, dafür zu sorgen, dass der Rasen ungestört wachsen konnte – eine schweißtreibende, ermüdende und langwierige Arbeit.

Ein Teil des Gartens war von einer hüfthohen Hecke umgeben; zwischen unserem und dem Garten unserer deutschen Nachbarn stand eine höhere Hecke. Doch vor unserem Küchenfenster klaffte eine große Lücke in dieser höheren Hecke, die den Blick auf die cremefarbene Schalstein-Garage der Nachbarn freigab. Als wäre die Pflege der Rasensaat nicht schon herausfordernd genug, stellte die Lücke in der Hecke unverkennbar ein weiteres noch unvollendetes Projekt dar – eines, bei dem unsere Nachbarin involviert war.

Während dieser ersten Monate hatte ich mit ihr viele Diskussionen über diese Garagenwand. Aus dem, was sie mir wiederholt erzählte, ging hervor, dass es bereits einige Unstimmigkeiten zwischen ihr und der amerikanischen Botschaft gegeben hatte. Sie sagte, sie wollte jetzt, wo die Hecke entfernt worden sei, gerne die Wand der Garage anstreichen lassen. Da dies aber nur von unserer Seite des Gartens aus möglich war, musste diese Arbeit erledigt werden, bevor die Heckenlücke geschlossen wurde. Ich informierte also die Botschaft darüber, was meine Nachbarin wollte, und berichtete ihr dann, was die Botschaft wollte. Inmitten meiner anderen Aufgaben, die darin bestanden, unseren neuen Haushalt zu organisieren, mit dem Linienbus unsere Einkäufe zu bewältigen und den Kindern zu helfen, sich in neue Schulsituationen hineinzufinden und mit einer neuen Sprache und Kultur zurechtzukommen, wurde ich meiner Rolle als Garten-Projektmanagerin und Nachbarschafts-Diplomatin nur mit Mühe gerecht.

Als das Wetter günstig war, heuerte meine Nachbarin einen Anstreicher an. Ich freute mich für sie und informierte die Botschaft, dass wir nun bald einen Termin mit dem Gärtner vereinbaren könnten. Als der Anstreicher sich von unserem Garten aus an die Arbeit machen wollte, entdeckte er etwas Unerfreuliches.

Ein lautes Klopfen an unserer Haustür kündigte ein unerwartetes Treffen an. Dort stand meine aufgebrachte deutsche Nachbarin im Morgenmantel, zusammen mit dem Anstreicher, dessen Wut unfreiwillig komisch wirkte. Er wedelte stöhnend mit den Armen. Sein zuckender Bart war so buschig wie der Pinsel in seiner Hand. Als er mit seiner Arbeit beginnen wollte, hatten ihn Wespen attackiert, die an dieser Seite unseres Hauses eine ganze Reihe von Nestern gebaut hatten. Wir hatten uns nie wirklich Gedanken über die Wespen gemacht – denn wegen der zu beschützenden Rasensaat hielten wir uns bislang kaum im Garten auf und hatten deshalb noch keinen Anlass gehabt, etwas gegen sie zu unternehmen. Da stand ich also, die unwissende Amerikanerin im Pyjama, die – jedenfalls nach Meinung des Anstreichers – zugelassen hatte, dass sich eine ganze Wohnkolonie von Wespen an unserem Haus breitmachte und ihn nun an der Arbeit hinderte.

Meine Nachbarin mit ihrem eigentlich ausgezeichneten Englisch war so ärgerlich, dass sie in meinem Beisein viel mehr Deutsch sprach als sonst. Sie hatte Jahre damit verbracht, (so gut sie konnte) jeder nebenan neu einziehenden amerikanischen Familie die in Deutschland üblichen gesellschaftlichen Normen nahezubringen. Und da sie ziemlich viel in mich und nun in den Anstreicher investiert hatte, bewahrte sie nur mühsam die Beherrschung. Ich versicherte ihr, und nutzte dafür alle freundlichen Formulierungen und Worte, die meine noch sehr begrenzten Deutschkenntnisse hergaben, dass ich volles Verständnis für ihre Situation hätte. »Wir regeln das«, sagte ich, instinktiv lächelnd. »Wir finden eine Lösung.« Mein Lächeln blieb unerwidert, und die beiden marschierten davon.

Trotz des unerfreulichen Beginns bildeten wir von nun an ein Dreierteam, dem es gelang, gemeinsam die diversen Schritte dieses Projekts so gut wie möglich zu erledigen. Ich informierte die Botschaft wegen der Wespen. Man bestellte einen Spezialisten für Schädlingsbekämpfung, der die Anzahl der Wespen auf ein akzeptables Maß verringerte. Bevor die winterliche Regenperiode einsetzte, war die Garage fertig gestrichen, und zu guter Letzt wurde die Heckenlücke mit neuen, allesamt weihnachtsbaumförmigen Sträuchern zugepflanzt. Diese Sträucher fand ich entzückend, sie passten sehr gut zur bevorstehenden Adventszeit. Nun hatte sich der Ausblick von meinem Küchenfenster in jeder Hinsicht beträchtlich verbessert.

* * *

Als der Frühling kam, schwächelten die neuen Heckensträucher. Meine Nachbarin drängte mich, die Pflanzen häufiger zu gießen als bisher, was bedeutete, häufiger als überhaupt nicht, denn sie waren ja erst spät im Herbst gepflanzt worden. Da der Winter verhältnismäßig feucht gewesen war, hatte ich es mir nicht angewöhnt, sie zu gießen, aber nun brauchten sie es offensichtlich. Also wurde das von da an meine tägliche Routine. Doch für einen Strauch kam die Hilfe zu spät. Wieder informierte ich die Botschaft, und ein paar Wochen später kam ein Gärtner und entfernte die abgestorbene Pflanze. Er versicherte mir, dass die anderen Sträucher die entstandene Lücke ausfüllen würden. Ich solle aber regelmäßig gießen, was ich ihm zusagte.

Doch nach kurzer Zeit bekamen auch die anderen Sträucher welke Stellen. Von jenseits der Hecke äußerte meine Nachbarin die Vermutung, es wäre eine Krankheit. Auf diese direkte, schroffe Art, mit der Deutsche kommunizieren und die wir Amerikaner oft als schrill und verletzend empfinden, drängte sie mich, die kranken Stellen herauszuschneiden. Ich fing an, mich selbst ein bisschen wie ein Strauch in dieser Hecke zu fühlen. Ich hatte mir schon so viel Mühe gegeben, den Garten zu verschönern, obwohl das angesichts der Herausforderung, uns im spröden Berlin zu akklimatisieren, eigentlich ganz weit unten auf meiner Prioritätenleiste stand. Ich war es leid, mich während unserer befristeten Zeit hier um dieses von den Vormietern übernommene Projekt zu kümmern. Es gibt diese sehr amerikanische Verhaltensweise, neuen Bekannten gegenüber süßlich nett zu sein, bis sie den Bogen überspannen, und dann fauchen wir sie plötzlich an. Nach ihren letzten klugen Ratschlag marschierte ich frustiert ins Haus und kehrte mit einem Fleischerbeil zurück – dem einzigen Werkzeug in unserem Haushalt, das ich für geeignet hielt. Ich vergewisserte mich, dass sie mich vom Küchenfenster aus sah, und hackte mit meinem Fleischerbeil die toten Zweige aus der Hecke. Während ich hackte – vermutlich sah ich dabei leicht geistesgestört aus –, hoffte ich, dass sie mich künftig mit ihrer Nörgelei verschonte.

Aus dem Frühling wurde Sommer, und meine Hackebeil-Attacke hatte in der Hecke einige unansehnliche Dellen hinterlassen. Von Zeit zu Zeit schlug meine Nachbarin vor, dass ich doch einige der grünen Zweige so an Stöcke binden könnte, dass sie die Lücke besser ausfüllten. Ich entgegnete mit versteinertem Gesicht, dass das für mich keine hohe Priorität hätte. Ich hatte schon lange jede Hoffnung aufgegeben, den Garten zu verschönern; es genügte, dass er überwiegend lebendig war. Der Rasen grünte und die Hecke entwickelte sich in die richtige Richtung, wenn auch unvollkommen.

Aber der Sommer 2018, unser letzter in Berlin, brachte eine historische Hitzewelle, nicht nur in Berlin, sondern in ganz Europa. Die Temperatur stieg selbst in Regionen auf ungeahnte Höhen, wo das normalerweise nie vorkam, und alles Leben welkte unter dieser Belastung dahin. In weiten Teilen Skandinaviens tobten Waldbrände, und auch in manchen knochentrockenen Wäldern außerhalb Berlins. Für ein paar Tage rochen wir den Rauch, wenn wir nach draußen gingen. Alle sprachen über die Hitze, darüber, wie ungewöhnlich sie war. Niemand konnte sich erinnern, so etwas schon einmal erlebt zu haben.

Unsere Nachbarin mied vernünftigerweise die Hitze und Sonne, blieb meistens im Haus. Anfang des Jahres hatte sie einige gesundheitliche Probleme gehabt und wirkte nun gebrechlicher als bei unserem Einzug. Wir liefen uns nicht mehr so oft über den Weg, und in der Hitze fehlte ihr offensichtlich die Energie, mir, dem hoffnungslosen Fall aus Amerika, Gärtnerunterricht zu erteilen. Ich versuchte immer noch, möglichst täglich in den Garten zu gehen. Ich goss die Hecken und bewässerte den Rasen, in der Hoffnung, sie am Leben zu erhalten.

Während ich den Rasensprenger zum nächsten Rasenstück umsetzte, kam eine amerikanische Nachbarin auf der anderen Straßenseite heraus, um das Gleiche zu tun. Viele Gärten an unserer Straße waren ausgedörrt und braun. Wir winkten einander zu und vollzogen das Ritual, über die Hitze zu klagen.

»Wir haben nun doch klein beigegeben und eine Klimaanlage angeschafft«, sagte sie lächelnd.

»Das ist gut«, rief ich zurück, das strahlende Lächeln erwidernd. »Ich mag es gar nicht, sich mit geschlossenen Rollläden im dunklen Haus zu verbarrikadieren, aber ohne Klimaanlage hat man gar keine andere Wahl.«

Dann kam meine deutsche Nachbarin heraus, um nach ihren Pflanzen zu schauen, und ich beschloss, von mir aus ein Gespräch anzufangen, um es von Haushalt und Gartenarbeit hinaus ins Leben zu lenken. Ich erzählte ihr, dass meine Töchter am diesem Tag wieder hitzefrei hatten. Wie die meisten Wohnhäuser haben in Deutschland auch

Schulen und Bürogebäude häufig keine Klimaanlagen. Die US-Botschaft mit ihren klimatisierten Büros ist in der Stadt eine seltene Ausnahme, und mein Mann hatte keine Mühe, die Termine mit seinen deutschen Gesprächspartnern in sein Büro zu verlegen, statt sich mit ihnen im drückend heißen deutschen Außenministerium treffen zu müssen.

»Ja, hitzefrei. Das ist gut«, sagte sie leise, nickte mit dem Kopf und blinzelte in die helle Morgensonne. »Dann gibt es heute nichts zu lernen.« Ich nickte und blinzelte zurück, unsicher, ob sie mich oder meine Kinder meinte. Aber immerhin stimmten wir hier überein, was eine Wohltat war. Sie ging ins Haus zurück, in dem sie sich, wie wir, gegen die außergewöhnliche Hitze verbarrikadiert hatte. Es war nur ein sehr kurzes Gespräch gewesen, aber ich war dankbar für diesen persönlicheren Austausch.

Nachdem ich den Rasensprenger umgedreht hatte, kehrte ich ins Dunkel des Hauses zurück. Neben meinen üblichen Tagesaufgaben wollte ich mich mit Bonhoeffers zweiter New-York-Reise im Sommer 1939 befassen. Seine Freunde dort und bei der Bekennenden Kirche in Deutschland sorgten sich um ihn. Die Kriegsmaschinerie der Nazis kam immer stärker auf Touren (bis zum Einmarsch in Polen und dem Beginn des Zweiten Weltkriegs dauerte es nur noch wenige Monate). Bonhoeffer musste die Polizei über seinen Aufenthaltsort informieren; um ins Ausland zu reisen, benötigte er eine behördliche Erlaubnis. Er beantragte die Reise nach New York, und das für ihn zuständige Wehrmeldeamt erteilte ihm eine auf ein Jahr befristete Ausreisegenehmigung.

Bonhoeffer fühlte sich erschöpft. Sein Einsatz für die Bekennende Kirche und die belastende Situation in Deutschland setzten ihm zu. Er wusste, dass Männer seines Alters mit ihrer Einberufung rechnen mussten. Sein Gewissen drängte ihn, den Wehrdienst zu verweigern, aber gleichzeitig hielt es ihn von diesem Schritt ab, um nicht noch mehr Aufmerksamkeit auf die Bekennende Kirche zu lenken, die ohnehin schon unter schwerem Verdacht stand. Der Wehrdienst bedeutete, einen Eid auf Hitler schwören zu müssen. Viele Pastoren der Bekennenden Kirche hatten dies bereits getan, als sie einberufen wurden. Das Angebot, ein Jahr lang in New York zu lehren, verschaffte ihm zumindest etwas Abstand, wenn auch keine Befreiung von seinen Zweifeln und inneren Konflikten.[1]

Er begann die Reise an einem heißen Junitag, ähnlich dem, den ich gerade erlebte, fiel mir auf, während ich mir den Schweiß von der Stirn wischte und den nächsten Schluck Wasser trank. In einem Brief an seinen Freund Bethge beschrieb Bonhoeffer die Abendröte auf dem Flug von Deutschland nach England; von dort aus reiste er nach einem langen Aufenthalt bei seiner Zwillingsschwester und ihrer Familie über den Atlantik.[2]

Doch während ich las und mir sein Leben mit dieser hübschen Übereinstimmung zu meiner eigenen momentanen Situation vorstellte, fiel mir etwas auf, und mein kritischer Verstand wurde aktiv, die Fantasie schaltete sich ab. Mein Narrativ, das ich benutzt hatte, wenn ich bei meinen Führungen über diese entscheidenden Wochen in Bonhoeffers Leben sprach, passte nicht zu dem, was ich nun las. Zu meinem Schrecken entdeckte ich, dass ich seine Lebensgeschichte viel zu sehr an meine persönlichen Vorstellungen angepasst hatte. Sie war aber nicht nur zu meiner Inspiration da; ich durfte deshalb nicht meine eigenen Fantasien in sie hineinprojizieren. Mein Narrativ musste beschnitten und gegossen werden wie unsere Heckensträucher.

Die kranken Zweige meiner Version der Geschichte betrafen die Herrnhuter Losungen. Es handelt sich dabei um tägliche Bibelmeditationen, die jährlich von der Herrnhuter Brüdergemeine herausgegeben werden, einer protestantischen Gruppierung, deren religiöses Erbe auf eine vorreformatorische pietistische Bewegung zurückgeht und die sich ganz der Bibel, dem Gebet und der Mission widmet. Anfang des 17. Jahrhunderts verließen ihre Mitglieder auf der Flucht vor religiöser Verfolgung Böhmen und Mähren (im heutigen Tschechien) und ließen sich östlich von Dresden nieder. Ihre Siedlung nannten sie Herrnhut, also von Gott behütet. Bonhoeffer und viele andere verwendeten ihre sogenannten Losungen zur täglichen religiösen Andacht, einer Praxis, die er auch anderen empfahl.

Die Losungen spielen in dieser kurzen und folgenreichen Episode seines Lebens schon allein deshalb eine wichtige Rolle, weil er in seinem Tagebuch aus jener Zeit auf sie verweist. Als Bonhoeffer im Juni 1939 aus Nazi-Deutschland abreiste, schien die Bürde seiner Sorgen dadurch nicht leichter, sondern schwerer zu werden. Je näher er der vermeintlichen Sicherheit Amerikas kam, desto unruhiger fühlte er sich. Der Plan, ihn in Sicherheit zu bringen, war gut gemeint, und seine Freunde Reinhold Niebuhr und Paul Lehmann halfen ihm gerne dabei, einer Einberufung zum Nazi-Militär zu entgehen. Doch schon, als er an Bord des Schiffes nach New York ging, fragte sich Bonhoeffer, ob es kein Fehler war, Deutschland zu verlassen.

Diese quälenden Gedanken ließen auch nicht nach, als er in Amerika eintraf. Es schmerzte ihn zutiefst, geliebte Menschen zurückgelassen zu haben. Die Leiden jener, die im immer düster werdenden Albtraum von Hitlers Herrschaft zurückblieben, lasteten mehr und mehr auf ihm und er spürte seine Verantwortung schmerzlich. Er wusste, dass sein Handeln von Bedeutung war. Selbst edelste Motive und reinste Absichten – etwa die Lehrtätigkeit an einer Universität und eine Vortragsreise durch die Vereinigten Staaten, was ihm reichlich Gelegenheit gegeben hätte, die Welt über die Situation in Nazi-Deutschland zu informieren – halfen ihm nicht, einen neuen Bezugsrahmen für die Wahrheiten zu finden, die ihm so zu schaffen machten.

Seine tägliche Lektüre der Herrnhuter Losungen verstärkte seinen inneren Schmerz. Die Worte Gottes in den

Losungen boten ihm zwar einerseits einen Anker der Wahrheit im zusehends heftiger werdenden Sturm seiner Seele. Aber da die Wahrheit oft paradoxer Natur ist, stellte er gleichzeitig fest, dass die Losungen seine inneren Wellen noch mehr aufpeitschten. Er war jetzt wie der Prophet Jona, aber in einer deutschen Version, bei der dieser Prophet sein Land und sein Volk verlässt. Der Sturm tobte in Bonhoeffer ebenso sehr wie draußen in der Welt. Ihm wurde klar, dass auch er über Bord gehen musste, um dann zurückzukehren und, höchstwahrscheinlich, verschluckt zu werden. Seine Reise in den sicheren Hafen New York war riskant, aber von dort zurück nach Deutschland führte der richtige Kurs in noch größere Gefahr – geradewegs auf das zermalmende Rad des Staates zu.

Ich hatte bisher bei meinen Führungen eine Geschichte erzählt, die das alles zu sehr dramatisierte. Ich glaubte, gelesen zu haben, dass ein einziger Bibelvers ihn dazu bewegt hatte, sich für die Rückkehr zu entscheiden. Das ließ sich zwar mitreißend und unterhaltsam erzählen, aber nun erkannte ich, dass es nicht diese eine Losung gab, die eine prophetische Bibelstelle, die seinem heldenhaften Pfad einen magischen Glanz verlieh. Dietrich stand an einem Scheideweg seines Lebens; er war ein freier Mensch, der Qual unterworfen, eine Entscheidung treffen zu müssen.

Ich ging wieder nach draußen und blinzelte in der blendend hellen Sommersonne. Wieder setzte ich den Rasensprenger um, rupfte etwas Unkraut aus und wünschte ein paar Hundespaziergängern einen guten Morgen. Wie in diesem Garten waren auch in meiner Erzählung Unkräuter gesprossen, die es zu identifizieren und auszurupfen galt. Ich musste mir die Fakten von Bonhoeffers Leben sorgfältig einprägen und diese Geschichte gut gießen, indem ich regelmäßig mein Wissen vertiefte und bereit war, Fehler zu korrigieren. An diesem heißen Tag ging ich in mein abgedunkeltes Haus zurück, um laut einzuüben, was es über jene heißen Junitage im Jahr 1939 zu berichten gab, als Bonhoeffer sich an die Bibelworte klammerte wie an ein Rettungsfloß, um dann letztlich doch wie Jona in die tosenden Wellen zu springen.

Während seines kurzen Sommeraufenthaltes in New York rang Bonhoeffer mit sich selbst und hinterfragte seine Beweggründe, Deutschland zu verlassen. Seine Gedanken waren verworren und das Schreiben mühsamer als sonst.[3] Aufgaben, die ihm sonst leichtfielen, überforderten ihn nun beinahe. Viele betrachteten seine Anwesenheit in New York als Erhörung ihrer Gebete, aber er fühlte sich fehl am Platz.[4] Nach seiner Ankunft am 12. Juni entschied er am 20. Juni, nach Deutschland zurückzukehren. Als er seinen Freunden die Entscheidung mitteilte, bezog er sich auf die Losungen in seinem Tagebucheintrag.[5] Am 7. Juli ging er an Bord eines der letzten Schiffe, die nach Deutschland fuhren.[6]

Auch wenn er die Reise für einen Fehler hielt, hatte sie doch ihren Wert. Sie hatte eine innere Klärung bewirkt. In sein Tagebuch schrieb er: »Ich bin froh, dass ich drüben war, und froh, dass ich wieder auf dem Heimweg bin. ... Wahrscheinlich wird diese Reise sich bei mir auswirken. ... Seit ich auf dem Schiff bin, hat die innere Entzweiung über die Zukunft aufgehört.«[7] Während alledem blieb Bonhoeffer der Wahrheit treu und die Wahrheit ihm, selbst als Zweifel und Orientierungslosigkeit ihn zu überwältigen drohten. Und diese Wahrheit, dieses Licht, begleitete ihn auch, als er in die Dunkelheit Nazi-Deutschlands zurückkehrte.

* * *

Wieder begann eine Adventszeit, die Hitze und die langen Tage des Sommers waren nur noch eine Erinnerung. Nun gab es nur wenige Tageslichtstunden, und überall in der Stadt sah man die Weihnachtsbeleuchtung. Vor dem

Brandenburger Tor stellte die Stadt neben einem großen, hell erleuchteten Weihnachtsbaum einen riesigen Chanukka-Leuchter auf. Die angestrahlten Säulen des Tores bildeten mit der elektrischen Beleuchtung der Menora und des Weihnachtsbaumes eine kunstvolle Komposition. Das Tor ist nach Einbruch der Dunkelheit mit bitteren Erinnerungen an die Fackelzüge marschierender Nazi-Braunhemden verknüpft. Das Nebeneinander der hell erleuchteten Menora und dieses Gebäudes steht für einen schwer erkämpften Sieg und grenzt für viele Menschen immer noch an ein Wunder.

Leuchtende Papiersterne, manche mit so vielen Spitzen, dass sie Seeigeln ähnelten, hingen über Hauseingängen, in den Fenstern von Häusern und Wohnungen und in den riesigen Altarräumen der Berliner Kirchen. Die kalte Winterluft, wolkig, drückend und so feucht, wie der Winter in der großen europäischen Ebene nun einmal ist, drang durch die vielen Schichten Winterkleidung, in die wir uns eingepackt hatten.

Während unseres letzten Jahres in Berlin stellten wir eine Liste der Orte auf, die wir uns gerne noch anschauen wollten. Die begrenzte Zeit zwang uns, Prioritäten zu setzen. Da es überall im Land Weihnachtsmärkte gab, überlegten wir, einen berühmten in einer anderen Stadt zu besuchen, zum Beispiel in Dresden, Hamburg oder Nürnberg.

Mit ihren Budengassen auf den zentralen Plätzen der Städte und der Lichterpracht beansprucht jeder dieser Märkte, der schönste zu sein. Ich habe viele Berliner Weihnachtsmärkte besucht und sie alle haben ihren eigenen Charme. Die deutsche Weihnachtsmarktatmosphäre mit Glühwein, Bratwurst im Brötchen und Schüsseln mit dampfendem Grünkohl hat etwas liebenswert Heimeliges und Geselliges.

»Vielleicht sollten wir noch einmal nach Dresden fahren«, sagte ich zu meinem Mann. »Außerdem können wir das mit einem Abstecher nach Herrnhut verbinden.« Als ich das laut ausgesprochen hatte, wusste ich sofort, dass der Besuch von noch mehr Weihnachtsmärkten mir nicht so wichtig war wie die Gelegenheit, mir Herrnhut anzuschauen, den Ort, wo vor Jahrhunderten die verfolgten Flüchtlinge aus Mähren Schutz gefunden und sich dauerhaft niedergelassen hatten. Diese im 18. Jahrhundert gegründete Glaubensgemeinschaft, die »Herrnhuter Brüdergemeine«, hat seitdem in der Welt einen erstaunlich großen Einfluss ausgeübt, durch Gebetstreffen, Missionstätigkeit und die alljährliche Veröffentlichung ihrer Andachtsbücher mit den täglichen *Losungen*. Die vielen leuchtenden Papiersterne überall signalisierten mir, dass dies der beste Zeitpunkt für einen Besuch in Herrnhut war. Denn diese klassischen Weihnachtssterne, in Amerika als Moravian Stars, in Deutschland als Herrnhuter Sterne bekannt, entstanden einst in der Brüdergemeine und werden bis heute in Herrnhut produziert. Ein Ausflug dorthin erschien mir als wichtiges Element meiner mentalen Bonhoeffer-Landkarte, denn auch mit dieser Kleinstadt war er durch seine Mutter, seine Kindermädchen und seine tägliche Lektüre der Losungen verbunden. Mir Herrnhut in der Adventszeit anzuschauen, wenn es festlich mit Herrnhuter Sternen geschmückt war, würde das Erlebnis noch unvergesslicher machen.

Das östlich von Dresden gelegene Herrnhut ist das geistliche Zentrum der Herrnhuter Brüdergemeine. Die Herrnhuter waren Teil der christlichen Bewegung des Pietismus, die besonderen Wert auf die individuelle Bekehrung zu Jesus legte und sich von der römisch-katholischen Kirche abspaltete. Sie gehörten zu einer der zahlreichen vorreformatorischen protestantischen Gruppierungen, die aus der Böhmischen Reformation in Böhmen und Mähren hervorgingen. Als sie während der Gegenreformation von der herrschenden römisch-katholischen Kirche bedroht wurden, flohen sie nach Westen. Freundliche Aufnahme fanden sie bei Nikolaus Ludwig Graf von Zinzendorf, einem Hof- und Justizrat des sächsischen Herzogs und Fürsten August des Starken. Zinzendorf erlaubte den Flüchtlingen aus Mähren, sich in Sachsen auf seinem Gut Berthelsdorf niederzulassen. Sie nannten ihre Siedlung Herrnhut (»unter Obhut des Herrn«) – und Zinzendorf wurde Leiter ihrer Gemeinschaft.

1727 hatten Zinzendorf und diese Mähren ein Erweckungserlebnis, aus dem eine begeisterte charismatische Bewegung erwuchs. Sie veranstalteten intensive Gebetsversammlungen, bei denen in Zungen geredet wurde, und waren vom ernsthaften Bedürfnis inspiriert, das Evangelium zu verbreiten. Diese frühen Herrnhuter widmeten sich furchtlos der Mission und begaben sich auf gefahrvolle Reisen in alle Welt, um möglichst vielen Menschen das Licht und lebendige Wasser von Gottes Wort zu bringen.

Bonhoeffer war durch seine Mutter Paula und seine Kindermädchen mit der Brüdergemeinde in Herrnhut verbunden. Paula Bonhoeffer hatte in ihrer Jugend längere Zeit dort verbracht und war durch die Vorstellungen der Brüdergemeinde beeinflusst.[8] Da sie ihre Kinder, als diese klein waren, selbst im Glauben unterwies, ist es gut möglich, dass sie das Herrnhuter Denken an sie weitergab. Außerdem beschäftigten die Bonhoeffers die beiden Hausangestellten Maria und Käthe Horn, die als Kindermädchen die jüngsten der acht Kinder betreuten – die Zwillinge Dietrich und Sabine, sowie Susanne, das Nesthäkchen. Maria und Käthe waren beide bei den Brüdern in Herrnhut in die Schule gegangen und bezeichneten sich als Herrnhuter.

Damals wie heute publizieren die Herrnhuter ein kleines Andachtsbuch mit Bibelversen. Für jeden Tag gibt es darin einen Vers aus dem Alten Testament – die Losung – und einen aus dem Neuen Testament – den Lehrtext. Dazu kommt ein kurzes Gebet, das zum Thema der Bibelverse passt.[9] Die Verse werden in Herrnhut durch ein Losverfahren bestimmt, und zwar drei Jahre vor der Veröffentlichung, so dass die Verse, die ich im Advent 2018 las, im Jahr vor unserem Umzug nach Berlin ausgelost worden waren. Diesen Gedanken fand ich unglaublich tröstlich.

Als junger Erwachsener übernahm Bonhoeffer diese Andachtspraxis und empfahl sie gerne und oft weiter, als einen kleinen, aber bedeutsamen Schritt, sich mit dem Wort Gottes besser vertraut zu machen, im Angesicht der Wahrheit zu leben und sich persönlich auf sie einzulassen.[10] Bonhoeffer betete mit den Losungen, lange bevor sein Leben in schwieriges Fahrwasser geriet und sie dadurch ganz besonders bedeutsam für ihn wurden, also während seiner zweiten New-York-Reise oder später in der Haft. Neben den Losungen schätzte er die intensive Bibellektüre. Und weil er sein ganzes Leben der Wahrheit gewidmet hatte, blieb ihm die Wahrheit auch dann noch treu, als er in die stürmische See des Zweifels und, mitunter, der Verzweiflung geriet.

Er entwickelte seine eigene Mischform meditativen Bibelstudiums für die illegalen Seminare der Bekennenden Kirche an der Ostsee, die er von 1935 bis 1937 leitete. Dabei ließ er sich von anderen Traditionen inspirieren und machte sie sich zu eigen. Bevor er London verließ (wo er zwischen 1933 und 1935 Pastor zweier deutscher Auslandsgemeinden war), besuchte er einige anglikanische Ordensgemeinschaften und Gemeinden von Presbyterianern, Methodisten und Quäkern. Er war beeindruckt vom Lebensrhythmus und den religiösen Praktiken dieser verschiedenen Traditionen. Als selbsternannter Abt eines »neuen Mönchtums« ebenso wie als ein neuer Reformer im Stil Martin Luthers wählte Bonhoeffer davon aus, was ihm für die geistliche Gemeinschaft passend erschien, die er leiten sollte.[11] Nicht unähnlich einem Gärtner, der mit verschiedenen Anbaumethoden experimentiert, bediente er sich bei den Traditionen der christlichen Glaubensgemeinschaften in England ebenso wie bei der meditativen Praxis der Herrnhuter Brüdergemeine. Dabei war für ihn die Form von Bedeutung als »einzige Kraftquelle, die den ganzen Zauber und Spuk [der Nazis] einmal in die Luft sprengen kann«.[12]

Auch ich wollte, wie Paula Bonhoeffer und die Schwestern Horn, Herrnhut besuchen. Ich wollte mir einen persönlichen Eindruck von diesem Ort verschaffen, der, selbst aus großer geografischer Entfernung, einen so bemerkenswerten Einfluss auf Bonhoeffers Leben hatte. Wir buchten unsere Reise für die Tage unmittelbar vor Weihnachten 2018, da dies der einzige noch freie Platz in unserem Terminkalender für die Adventszeit war. Mein Mann und ich fanden es aufregend, die Stadt der Brüdergemeine ausgerechnet zu diesem Zeitpunkt zu besuchen, und als die Kinder diese Begeisterung erkennbar nicht teilten, versprachen wir ihnen, auf dem Rückweg nach Berlin einen Abstecher zum Dresdner Weihnachtsmarkt zu machen.

* * *

Als ich lange vor unserem Umzug nach Berlin zum ersten Mal von Bonhoeffers Form des Bibelstudiums las, abonnierte ich die Herrnhuter Losungen als tägliche E-Mail. Rückblickend erscheint es mir naiv ehrgeizig, nicht nur die englische, sondern gleich auch die deutsche Version zu bestellen. Als ich meine E-Mail-Adresse eingab, dachte ich, das sei eine gute Möglichkeit, meine Deutschkenntnisse zu trainieren, indem ich versuchte, die Tageslosung ins Englische zu übersetzen und mein Werk dann mit der englischen Version abzugleichen, die später am Tag als E-Mail eintraf. Doch wurde diese Übersetzungsübung nie zur festen Gewohnheit.

Doch während der Zeit meiner Führungen im Bonhoeffer-Haus las ich die täglichen Bibelverse dann aber oft und überlegte, was sie zusammenwirkend bedeuteten und erhellten. An manchen Tagen – keineswegs immer – verlieh das Textpaar aus Altem und Neuem Testament dem, was ich gerade erlebte, ein deutliches Aroma. Mitunter geschah es, dass sich mir die in den Versen jeweils enthaltene Wahrheit im Verlauf des Tages mit einer gewissen Wucht enthüllte. An anderen Tagen waren sie einfach ein Leuchtturm in der Ferne, der mir die Navigation erleichterte. Es gab Tage, an denen ich die Verse gar nicht las oder nur einen kurzen Blick darauf warf, ohne mit ihnen zu ringen und sie wirklich zu verdauen. An anderen goss ich die kleinen Verssamen zwar mit dem Wasser meiner Aufmerksamkeit, aber es schien nichts daraus zu wachsen.

Vor dem Beginn unserer letzten Adventszeit in Berlin kam mir der Gedanke, es könnte gut für unsere Familie sein, wenn die Bibel in unserem Leben eine größere Rolle spielte – genauer gesagt, stellte ich mir vor, dass wir während eines Jahres die Bibel komplett lesen sollten. Ich hielt es für eine schöne Idee, dieses Leseprogramm am ersten Adventssonntag zu beginnen, ähnlich einem guten Neujahrsvorsatz, aber zeitlich auf den christlichen liturgischen Kalender bezogen. Bevor ich den Vorschlag machte, suchte ich dazu Rat im Gebet. Ich fragte Gott, ob das eine kluge Idee sei, ob ein solcher Samen wirklich in unserer Familie Wurzeln schlagen und gedeihen könne. Ich wollte meine Vorstellung nicht einfach den anderen Familienmitgliedern aufdrängen. Ich weiß, dass ich mich für ein Vorhaben begeistern kann, aber wenn meine Begeisterung nachlässt, was unvermeidlich geschieht, verläuft das Ganze oft im Sand. Also betete ich.

Wochenlang betete ich im Stillen, wobei ich die Idee meiner Familie gegenüber mit keinem Wort erwähnte. Das Projekt schien mir auch nach meiner anfänglichen Begeisterung noch tragfähig, also machte ich ihnen den Vorschlag – das heißt, vier von fünf Familienmitgliedern. Ich schlug ein paar Lese-Fahrpläne vor, zwischen denen wir wählen konnten, und regte an, dass wir diese Praxis fortsetzen könnten, wenn wir von Berlin zu unserem nächsten Einsatzort aufbrachen – eine tröstliche Kontinuität in der neuen Umgebung. Zu meiner Freude war meine Familie einverstanden.

Ich vermute, dass dieses Gefühl der Kontinuität auch für Bonhoeffer etwas Tröstliches hatte, während er sich mit den Überlegungen quälte, ob er nach Deutschland zurückkehren sollte oder nicht. Wo immer er sich in der Welt aufhielt, New York oder Berlin, begleitete ihn Gottes Wort.

* * *

»Natürlich lasen viele der Leute, die diese schrecklichen Taten gegen die Juden begingen, weiterhin pflichtschuldig die *Losungen*!«, erklärte Pfarrerin Ulrike Trautwein im Besprechungszimmer des Bonhoeffer-Hauses in einer Lautstärke, die im Alltag für Deutsche sehr untypisch ist. Die Generalsuperintendentin der Berliner Evangelischen Kirche und Vorstandsmitglied des Bonhoeffer-Hauses führte mit mir eine Gruppe durch die Räume. Zuvor hatten wir uns privat getroffen, um einander kennenzulernen und unsere gemeinsame Führung vorzubereiten. Vor dieser Führung ließ ich wieder und wieder meine sorgenvollen Gedanken kreisen. Ich fürchtete, ich könnte Bonhoeffers Geschichte fehlerhaft wiedergeben oder mich von meiner Fantasie zu einem freien Umgang mit ihr verleiten lassen.

Doch eine bessere Partnerin als Pfarrerin Trautwein konnte ich mir an diesem Tag gar nicht wünschen. Sie nahm mir meine Angst und steuerte viele hilfreiche Anmerkungen zu den üblichen Punkten meines Vortrages bei. Anschließend tauschten wir uns noch ein paar Minuten aus. Es war Mitte August 2018, und auf der Stadt lastete drückende Hitze. Ich wischte mir den Schweiß von der Stirn und verschmierte dabei mein Make-up. Darüber lachten wir gemeinsam. Es fühlte sich an, als wären wir gerade von einer Bühne abgetreten und nun erschöpft auf Stühle im Hintergrund sanken. Wir stimmten überein, dass ein

Glas Wein nach dem großen Auftritt eine gute Idee wäre, aber es gab nur Wasser. Angesichts der Sommerhitze war das auch zweifellos besser so.

Es warteten noch etliche Termine, aber Ulrike Trautwein nahm sich trotzdem die Zeit für ein Gespräch mit mir. Auch lud sie mich zur Eröffnung des frisch renovierten Martin-Niemöller-Hauses in Berlin-Dahlem ein. Zu Pfarrerin Trautweins Aufgaben als örtliche Bischöfin gehört auch die Aufsicht über die Erinnerungsstätten. Bei jeder Einweihung einer neuen Gedenkstätte oder bei Gottesdiensten an diesen Orten erlebt sie die Scham und Schuldgefühle angesichts des moralischen Versagens – vor allem des Versagens jener, die sich als Christen bezeichnen und behaupten, Gottes Worten zu gehorchen. Regelmäßig ringt sie damit, wie unzureichend die Kirche sich weiterhin ihrer Komplizenschaft und ihres Versagens bei historischen Verbrechen stellt und wie sehr das Narrativ noch immer der Korrektur und des Schuldbekenntnisses bedarf. Diese Mission motiviert ihre Predigten überall in ihrer Kirche.

Ihre deutlichen Worte über Menschen, die täglich die *Losungen* lasen und gleichzeitig mit den Nazis kollaborierten, rüttelten mich wach. Bonhoeffer war bei Weitem nicht der Einzige, der fast täglich die *Losungen* las; es handelt sich dabei um eine bis heute weitverbreitete und geschätzte Praxis vieler Menschen in Deutschland und weltweit. Und viele lasen sie auch während der Nazi-Jahre, obwohl sie gleichzeitig auf spirituell tödlichen Pfaden wandelten. Die bloße Beschäftigung mit den Losungen ist keine Wundermedizin, die garantiert zum richtigen Leben verhilft.

Die Wahrheit zu kennen und ihr gemäß zu leben ist kompliziert ineinander verwoben, aber es handelt sich um zwei verschiedene Dinge. Bonhoeffers disziplinierte Bibellektüre nahm zweifellos in seinem Leben einen wesentlichen Platz ein, aber trotzdem musste er weiterhin darum ringen, was die Wahrheit der Bibel für ihn bedeutete und wie er sie in seinem Leben umsetzte. Er musste herausfinden, welche Anforderungen die biblische Botschaft an sein Leben stellte und wie sein Handeln an ihr auszurichten war. Überdies musste er die ganze Wahrheit lesen, die vielen Zeugnis ablegenden Stimmen, welche in ihrer Gesamtheit die Bibel ausmachen. Als die »Deutschen Christen« den Versuch unternahmen, das Alte Testament komplett zu ignorieren – die jüdisch und somit nicht-arische Bibel einschließlich der Psalmen –, beharrte Bonhoeffer darauf, das gesamte Wort Gottes müsse im Leben aller widerhallen dürfen, die Jesus nachfolgten.[13] Die Heilige Schrift war nicht nur Trost oder Zuflucht. Weit davon entfernt, zur Weltflucht einzuladen, drängte sie ihn tiefer in die trübe Realität des Lebens hinein. Seine religiöse Praxis half ihm, in der Wahrheit zu bleiben, was ihn veranlasste, sich umso mehr in der Welt und ihren Wirren zu engagieren.

In der Adventszeit, Monate nach meiner Begegnung mit Bischöfin Trautwein, erinnerte ich mich an ihre mahnenden Worte aus dem Sommer, während ich die Kästchen meines Bibellektüre-Plans für das Jahr abhakte. Ihre Worte ergänzten jene Johannes' des Täufers, dessen Stimme in der Adventszeit den kirchlichen Lesezyklus durchdringt. Die Adventskalender aus den Supermarktregalen haben kleine Türchen, die Schokolade oder eine andere Süßigkeit freigeben. Würde Johannes der Täufer Adventskalender verkaufen, erwartete uns hinter jeder Tür eine Warnung, ein Aufruf zu Buße und Umkehr. Kein süßer Zuckerguss.

Die *Losungen* sind dazu gedacht, unsere Wachheit und Bewusstheit zu wecken, aber wir können pflichtbewusst die täglichen Verse lesen und doch unbewusst bleiben. Viele Menschen, die damals, wie Bonhoeffer, die täglichen Losungen lasen, marschierten dennoch bei den Fackelzügen, unter der Hakenkreuzfahne und mit hochgerecktem Arm.

* * *

Es war der Abend, an dem die fünfte Kerze am Chanukka-Leuchter angezündet wurde, und wir waren spät dran. Wir stiegen die Stufen zu einem eindrucksvollen alten Haus in Berlin-Kreuzberg hoch. Die einladenden Geräusche einer fröhlichen Gesellschaft drangen aus dem obersten Stockwerk zu uns herunter. Nach der langen Treppe kamen wir etwas außer Atem in der Penthouse-Wohnung an. Wir wurden geküsst und willkommen geheißen und zogen vor der Tür die Schuhe aus. Man reichte uns Wein, und mit dem Glas in der Hand schlossen wir uns dem allgemeinen Streben zum Buffet an, das üppig mit Speisen beladen war: große Tabletts mit Latkes, Saucenschüsseln, Oliven, Fenchel, Zucchini, Avocados und Platten mit Hummus. Auf einem anderen Tisch stand eine große Schachtel mit zuckerglasierten Donuts rechts neben einer Menora, selbst hergestellt aus auf Blech geschweißten Bolzen. Die Bolzen dienten als Kerzenhalter. Die Kerzen waren nun ausgeblasen worden. Wir hatten, zu unserem großen Bedauern, das Anzünden der Menora verpasst.

Glas und Teller balancierend gesellte ich mich zu meinem Mann und unserer Gastgeberin, als er sie gerade nach dieser ungewöhnlich aussehenden Menora fragte.

»Also, Menora werden oft aus Haushaltsgegenständen hergestellt, manchmal aus so simplen Dingen wie Kartoffeln. Kartoffeln hat jeder im Haus, das ist unverdächtig.« Sie hielt einen Moment inne und blickte in ihrer Wohnung umher, in der die Gäste sich drängten. »Immer, wenn das gefahrlos möglich ist, feiern wir Juden Chanukka, und wir freuen uns, dass ihr dabei seid.«

Mit ihnen in dieser Stadt feiern zu dürfen, die die Nazis judenfrei machen wollten, war eine Ehre für uns, allerdings eine unvermeidlich verunsichernde, nach all meinen Bonhoeffer-Studien. Viele Verwandte und Freunde saßen an den Tischen, manche Juden, manche Gojim wie wir, und in der Dunkelheit mitten im Winter dankten wir für das Wunder des Lichts, für tapferes Erdulden, und wir gedachten der Lebenslichter, die brutal ausgelöscht worden waren, aber für immer im Gedächtnis bleiben würden. Das Lichterfest erhält in der dunkelsten Zeit die Erinnerung an das Licht aufrecht.

Diese dunklen Wintertage bewirken, dass wir dichter zusammenrücken und die Nähe des Lichts suchen. Selbst nach einer langen Dunkelheit erscheint neues Licht am Horizont. Jahrzehnte nach den Schrecken der Nazizeit und des Holocaust staunten wir mit unseren Freunden über die große, hell leuchtende Menora vor dem Brandenburger Tor. Das war ein kompliziertes, aber wichtiges Bekenntnis. Es war ein Weg, Wachsamkeit zu demonstrieren und anzuerkennen, dass das letzte Wort ein wahres Wort ist.

Bevor wir uns auf den Heimweg machten, bat mich unsere Gastgeberin, die eine exzellente Filmemacherin war, ihr von meiner ehrenamtlichen Mitarbeit im Bonhoeffer-Haus zu erzählen. Ich hatte bereits erwähnt, dass ich plante, ein Buch über diese Erfahrung zu schreiben, und sie wollte mehr darüber wissen. »Ich arbeite auch gerade an einem Projekt über die Nazizeit«, sagte sie. Ich versicherte ihr, dass wir bald Zeit finden würden, uns darüber auszutauschen.

In der folgenden Woche liefen wir uns beim Winterkonzert unserer Töchter über den Weg. Obwohl die Aufführung erst in einer Stunde begann, gab es nur noch einzelne freie Plätze im Saal. Eltern suchten sich einigermaßen brauchbare Stehplätze. Meine Freundin stand weit vorne an der Wand. Ich eilte zu ihr, um sie zu begrüßen. Sie schlug vor, das Konzert von dort aus gemeinsam mit ihr zu verfolgen und bis dahin zusammen die Wartezeit zu überbrücken.

»Das war ein sehr schönes Fest bei euch. Danke für die Einladung«, sagte ich, stellte meine Handtasche auf den Boden und sicherte mir ein Territorium neben ihr.

»Wir haben uns gefreut, dass ihr gekommen seid.«

Während der Saal sich füllte, saßen wir im Schneidersitz auf dem Boden und setzten unser Gespräch vom Lichterfest fort. Für ihr Projekt hatte sie sich unter anderem mit Mildred Fish-Harnack (1902–1943) beschäftigt – der einzigen Amerikanerin, die Hitler wegen ihrer Beteiligung am Widerstand hinrichten ließ.[14] Wir sprachen über die Wichtigkeit selbst sehr kleiner moralischer Handlungen und darüber, warum manche Menschen ihre Talente nur zu ihrem eigenen Vorteil nutzen und Profit aus der Not schlagen, statt zum Wohl anderer zu arbeiten. Ihr ging es darum, Geschichten über bislang unbekannte Wohltäter zu erzählen. Bedauernd sagte sie: »Leider ist es so, dass viele, die einen kleinen Beitrag für das Gute leisteten, kaum bekannt sind. Mit jedem Jahr, das verstreicht, verschwinden sie immer mehr aus der Geschichtsschreibung und dem öffentlichen Gedächtnis.«

Das Orchester begann, die Instrumente zu stimmen, und die Beleuchtung wurde gedämpft. Unsere Augen passten sich an, und wir sahen, wie die letzten Eltern auf der Suche nach freien Sitzplätzen umherliefen.

* * *

»Als die Nazis im April 1933 den Arierparagraphen einführten, der für alle Berufsgruppen, einschließlich Pastoren und Akademiker, den Nachweis arischer Abstammung verlangte, fand Bonhoeffer es unerträglich, weiter in Deutschland zu arbeiten«, sagte ich zu einer großen Besuchergruppe und zeigte auf die Tafel mit den Fotos führender Persönlichkeiten der Bekennenden Kirche und Schnappschüssen des Seminars. »Also ging er nach England, wo er als Pastor zweier deutscher Auslandsgemeinden in London arbeitete. Er predigte und half den vielen deutschen Flüchtlingen. Er erhielt sogar einen Brief des bekannten Schweizer Theologen und Pastors Karl Barth, der dringend an ihn appellierte, nach Deutschland zurückzukehren und wieder in den kirchlichen Konflikt einzugreifen, in dem Bonhoeffer ja bereits so mutig Stellung bezogen hatte.«

Ich fuhr fort: »Die Bekennende Kirche wandte sich gegen die Deutschen Christen, die den Nationalsozialismus in Kirche und Gesellschaft akzeptierten und befürworteten. In erster Linie organisierte sie sich, um gegen die Nazifizierung der Kirche zu protestieren, nicht gegen den Nationalsozialismus in der Gesellschaft. Leider sprachen sich selbst in der Bekennenden Kirche nur wenige öffentlich gegen die Judenverfolgung aus; und noch weniger leisteten dagegen aktiven Widerstand.«

Die Bekennende Kirche setzte sich aus mehreren Gruppierungen zusammen. Die Deutschen Christen gründeten sich 1932 als offizielle Bewegung von Protestanten, die den Nationalsozialismus befürworteten. Die politische Zustimmung für die Nationalsozialisten war in den späten 1920er- und frühen 1930er-Jahren stark gewachsen, aber wirkliche Macht auf nationaler Ebene hatten diese noch nicht erlangt. Als Hitler dies 1933 erreichte, instrumentalisierten die Nazis wirkungsvoll die Kirche, indem sie einen Reichsbischof ernannten (ihre Nazi-Marionette) und sich politisch und juristisch direkt in Kirchenangelegenheiten einmischten. Als die neuen rechtlichen Vorschriften sich negativ auf immer mehr Kirchenmitarbeiter auswirkten – vor allem auf solche, die nicht in der Lage waren, den Ariernachweis zu erbringen –, formierte sich die Bekennende Kirche zunächst, um denen beizustehen, die von den Nazi-Gesetzen betroffen waren. Bonhoeffer spielte hierbei gleich zu Beginn eine führende Rolle. Er glaubte, dass die Kirche sich im *status confessionis* befand – sie müsse Zeugnis ablegen wie ein vereidigter Zeuge vor Gericht. Diese sich bekennende Kirche müsse entsprechend ihrem Glaubensbekenntnis reden und handeln. Bonhoeffer war der Ansicht, dass die Deutschen Christen diesem Glauben zuwiderhandelten.

Es kam zur Fraktionsbildung in der Kirche. Die Deutschen Christen strebten wie die Nazis nach alleiniger Macht und erfreuten sich dabei der politischen Unterstützung des Staates. Als die Nazis immer mehr Druck in allen gesellschaftlichen Bereichen ausübten, musste die Bekennende Kirche bei der Ausbildung von Pfarrern experimentelle neue Wege gehen. Man griff zu Strategien und Praktiken, die unter anderen Umständen gar nicht in Erwägung gezogen worden wären. Die fünf Predigerseminare der Bekennenden Kirche wurden fernab von der politische Macht und kulturellen Einflüssen eingerichtet. Diese Abgeschiedenheit erwies sich als ihre entscheidende Stärke: »Die neuen Seminare konnten sich im Schutze ihres gar so geringen Ansehens vorübergehend zu unvergleichlichen Kraftzentren kirchlicher Theologe entwickeln.«[15] Als die Bekennende Kirche Bonhoeffer die Leitung eines dieser pastoralen Ausbildungsstätten anbot, eröffnete ihm das die Möglichkeit, den Grundstein für »eine Art neuen Mönchtums« zu legen.[16] Bonhoeffer begann sein Seminar sehr minimalistisch in Zingst an der Ostseeküste, wo er den Unterricht oft in den Dünen stattfinden ließ. Als das Wetter dann im Herbst 1935 kühler wurde, zog das Seminar in die Nähe von Stettin um, nach Finkenwalde (im heutigen Polen). Von den Studenten, die neu dort ankamen, kannten, wenn überhaupt, nur wenige Bonhoeffers Pläne für dieses Predigerseminar, und wären die Zeiten nicht so verzweifelt gewesen, hätten sie diesbezüglich wohl eher mit Misstrauen reagiert.

Bonhoeffer entschied, dass die Gemeinschaft wie ein Mönchsorden einer Lebensregel folgen sollte – einem täglichen Rhythmus aus Gebet, Arbeit und Studium. Die schwierigste dieser neuen mönchischen Disziplinen war die auf die Andacht folgende halbstündige Meditationszeit, bei der morgens vor dem theologischen Unterricht still über einen Bibeltext nachgedacht werden musste. Die meisten Studenten fanden die Übung so frustrierend, so fremd im Vergleich zu ihrer bisherigen christlichen Praxis, dass der entstehende Unmut schließlich zu einer intensiven Aussprache mit Bonhoeffer führte, bei der unter anderem darüber diskutiert wurde, ob man während der Meditationszeit Pfeife rauchen dürfe. Die Meditationszeit war eine der vielen Besonderheiten von Bonhoeffers Seminar im Vergleich zu den anderen Ausbildungsstätten der Bekennenden Kirche; diese Praxis gemeinschaftlichen Lebens entsprach einfach nicht der preußischen Art, die Dinge zu tun.

Der Bruderrat der altpreußischen evangelischen Kirche, der Bonhoeffer die Leitung des Seminars übertragen hatte, hinterfragte diese Form des Unterrichts durchaus. Sogar der berühmte Theologe Karl Barth, der 1935 seinen Lehrstuhl an der Bonner Universität verlor, weil er den Amtseid auf Hitler verweigert hatte, äußerte sich besorgt, Bonhoeffer könne als selbst ernannter Abt den »schwer zu definierenden Geruch eines klösterlichen Eros und Pathos« in der Gemeinschaft der Seminaristen verbreiten.[17] Wilhelm Rott, Studieninspektor am Finkenwalder Seminar, teilte die Skepsis bezüglich des ganzen Unternehmens, doch mit der Zeit änderte er seine Auffassung. Er schrieb, er sei anfangs beunruhigt gewesen, in Finkenwalde bestünde die Möglichkeit für Fanatismus, habe aber dort die Praxis der Bibelmeditation kennengelernt und profitiere dauerhaft davon.[18]

Auf die Frage nach den täglichen Bibelmeditationen antwortete Eberhard Bethge: »Warum meditiere ich? Weil ich Christ bin und weil deshalb jeder Tag für mich ein verlorener Tag ist, an dem ich nicht mein Verständnis von Gottes Wort in der Bibel vertieft habe.« Bethge beschrieb die Praxis: Die Seminaristen meditierten eine Woche lang über einem ausgewählten zusammenhängenden Bibeltext von etwa zehn bis fünfzehn Versen. Eine halbe Stunde sei das *Minimum* an Zeit gewesen, das sie dieser Praxis täglich widmen sollten. Bethge sagte, dass er sich durch diese in der größeren Gemeinschaft praktizierte Disziplin bewusster geworden sei, dass auch andere beteten, nicht nur die Brüder in Finkenwalde, sondern die Gemeinschaft der gesamten Kirche. Die stille Einkehr des Gebetes verband ihn mit der Gemeinschaft des Himmels und der Erde.[19]

Zwei kurze Jahre nur konnte der Unterricht in Bonhoeffers Seminar stattfinden, von 1935 bis zur Schließung durch die Gestapo 1937. Doch selbst dann noch organisierte die Gemeinschaft sich weiter. An Kirchen in Ostpommern (heute im nördlichen Polen) wurden weiterhin Seminaristen geschult, die Lehrvikariate bei Pfarrern der Bekennenden Kirche erhielten. Die von Bonhoeffer in Finkenwalde eingeführte Praxis der Bibelmeditation bestand auch nach der formellen Schließung der Seminare fort.

* * *

Bonhoeffers letztes noch legal veröffentlichtes Werk beschäftigte sich mit den Psalmen: *Das Gebetbuch der Bibel.*[20] Als es erschien, wurde Bonhoeffer von der Reichsschrifttumskammer mit einer Geldstrafe belegt, weil er das Manuskript nicht zur Prüfung eingereicht hatte. Der Zahlungsbefehl wurde später wieder aufgehoben, aber ein Veröffentlichungsverbot verhängt.[21] Es handelt sich um ein kleines Buch, das spirituellen Sprengstoff enthält.

Bonhoeffer glaubte, dass Beten unterrichtet und erlernt werden könne und dass die Psalmen die große Gebetsschule seien. Sein Kommentar beginnt mit der Bitte: »Herr, lehre uns beten!« Das sagten die Jünger zu Jesus, worauf er sie das Vaterunser lehrte. Als Christ rückte Bonhoeffer Jesus ins Zentrum seines Buches über das Beten und die Psalmen. Er erinnert die Leser daran, dass Jesus als junger Jude durch die Psalmen beten lernte. Als er dann später als reifer Mann am römischen Kreuz starb, kamen einige seiner letzten Worte aus dem Psalter. Weil Jesus diese Worte betete, schrieb Bonhoeffer, könnten wir sie auch beten – im Nazi-Deutschland eine radikale Aussage, wo doch die regimetreue Reichskirche bemüht war, die Bibel von allem »Jüdischen« zu reinigen.

Was Bonhoeffer in diesem schmalen Band nicht schrieb, aber aus einigen seiner Briefe deutlich wird: Die Psalmen zu beten half ihm, seine intensiven Gefühle zu verstehen und im Zaum zu halten, während sein Leben immer schwieriger wurde.[22] In der zweiten Hälfte der 1930er-Jahre war Bonhoeffer lehrend tätig, reiste viel, traf sehr viele Menschen und bewältigte eine beachtliche Korrespondenz. Am Ende des Jahrzehnts begann er außerdem, als Doppelagent für die Abwehr, den Geheimdienst der Wehrmacht, tätig zu werden. Zum Zeitpunkt seiner Verhaftung am 5. April 1943 war es für Bonhoeffer zu einer fest verwurzelten Praxis geworden, im Gebet Halt in der Bibel zu finden. Im Gebet – sei es, vor seiner Festnahme, auf den Reisen oder später im Gefängnis –, verband er sich mit der weitverstreuten Gemeinde der Bekennenden Kirche und der Gemeinschaft von Himmel und Erde, auch wenn er sehr allein war.

Das Gebet half ihm aus der Selbstbezogenheit und befähigte ihn, anderen zu dienen, sogar im Gefängnis. Seine Gebetspraxis bewahrte ihn davor, »durch seine Mitwirkung an der Verschwörung gegen Hitler selbstgerecht zu werden«. Sie ermöglichte es ihm, sich immer wieder an der Wahrheit zu orientieren und seine Kenntnis der göttlichen Botschaft zu vertiefen.[23] Das Gebet bewahrte ihn auch davor, von der schweren Last seiner vielen Verantwortlichkeiten erdrückt zu werden. Es war der große Strom, in dem er sein eigenes ruheloses Leben mit Gott und einer größeren Gemeinschaft verbinden und einen klaren Blick für die Bedürfnisse und Ungerechtigkeiten um ihn herum bewahren konnte. Das Gebet spendete ihm Trost und zog ihn gleichzeitig tiefer in die Bedürfnisse der Welt hinein.

* * *

»Mit dem Psalter geht einer christlichen Gemeinde ein unvergleichlicher Schatz verloren, und mit seiner Wiedergewinnung werden ungeahnte Kräfte in sie eingehen.«[24] Ich las meiner besten Freundin aus Collegezeiten laut aus Bonhoeffers Buch über die Psalmen vor, dem einzigen von ihm selbst verfassten Buch, das in unserer öffentlichen Bibliothek im Regal stand. Es war Mai 2016, und wir fuhren von Minneapolis nach Duluth, Minnesota, zu ihrer Promotionsfeier. Sie fuhr, mit Robe und Doktorhut auf dem Rücksitz.

»Warum interessierst du dich so für dieses Thema?«, fragte sie.

»Du weißt ja, dass ich viel gelesen habe, um mich auf Berlin vorzubereiten. Das war ein Teil dieser Lektüre. Aber es ist mehr als das. Ich habe das Gefühl, dass sich auf der Welt gerade Veränderungen ereignen, gegen die ich machtlos bin. Was Bonhoeffer über das Beten schreibt, ist so ... also, es hilft mir, mich weniger verzweifelt und ausgeliefert zu fühlen. Weißt du noch, wie begeistert ich von der Dichterin Kathleen Norris und ihrem Buch über Schreiben und Acedia war – dieser teuflischen Kombination aus Faulheit, Stolz und Apathie? Wie sie die Psalmen betete, um die Acedia zu überwinden? Als ich Bonhoeffers Gedanken über die Psalmen las, musste ich daran denken.«

Zweieinhalb Jahre später schickte mir diese Freundin eine Textnachricht, in der sie sich erkundigte, wie es mit dem Schreiben dieses Buches voranging. Sie fügte hinzu: »Erklärst du mir nochmal, was dich veranlasst hat, dich so intensiv mit Bonhoeffer zu beschäftigen? War die räumliche Nähe zum Bonhoeffer-Haus der einzige Grund?«

Diese räumliche Nähe half, aber es gab darüber hinaus in Bonhoeffers Leben Muster, die ich bei mir selbst wiedererkannte: nicht seinen abenteuerlichen, ruhelosen Lebensrhythmus und seine herausragende Stellung in Kirche und Gesellschaft, sondern eher sein Innenleben, seine Gedanken und Stimmungen; Aspekte seines Wesens, die sich nicht über seine theologischen Werke erschließen. Diese Elemente seiner Seele werden auch von anderen Menschen häufig erlebt. Es gibt mehrere populäre Bücher, die das Wort Acedia wieder ins öffentliche Bewusstsein rückten. Hier ist vor allem Kathleen Norris mit ihrem 2008 erschienenen Buch *Acedia and Me* zu nennen. Norris untersuchte, wie die Acedia aus der Liste der kirchlichen Todsünden herausfiel und nur noch als Teil der Sünde der Faulheit betrachtet wurde. Als Norris von diesem Wort und seiner historischen Bedeutung erfuhr, merkte sie, wie wichtig es für sie war, einen Zustand benennen zu können, den sie selbst nur zu gut kannte.

Norris fühlte sich niedergedrückt von einem Gefühl morbider Müdigkeit, einer Trägheit und Lustlosigkeit, die dazu führte, dass sie lieber suchtartig Kitschromane verschlang, statt sich ihrer eigenen schriftstellerischen Arbeit zu widmen. Als sie dieses in Vergessenheit geratene Wort wiederentdeckte, erforschte sie das Phänomen so intensiv wie ich Bonhoeffer. Sorgfältig Acedia von der Depression unterscheidend, beschreibt Norris den Zustand einer Seele, die der Versuchung der Acedia erlegen ist, als Unfähigkeit, »sich dazu aufzuraffen, sich um sich selbst und seine Umwelt zu kümmern«[25]. Eine acedische Seele hat die Liebe zum Leben verloren und ist nicht mehr in der Lage, angesichts der Monotonie des Lebens Dinge wichtig zu nehmen und sich zu engagieren.

Wenn wir wollen, dass unser Herz teilnahmsvoll und engagiert bleibt, dürfen wir dem Schmerz des Lebens nicht ausweichen. An jenen Weggabelungen, wo wir uns entscheiden müssen, uns aktiv auf die Probleme des Lebens einzulassen oder uns vor ihnen zurückzuziehen, bietet uns die Acedia eine trügerische Fluchtmöglichkeit: abzugleiten in »behagliche Gleichgültigkeit«, in die Verheißung schmerzloser Abstumpfung. Es ist ein mehrfach die Gestalt wechselnder Zustand. Die Symptome der Acedia beginnen als »ängstliche

Langeweile«. Daraus entwickelt sich »verzweifelte Aktivität« als Versuch, den wachsenden inneren Schmerz zu verdrängen, was dann in den voll entwickelten acedischen Zustand der »psychospirituellen Taubheit« mündet.[26] Diese sehr unterschiedlichen Stadien erschweren die Diagnose. Typisch für die Acedia ist in erster Linie eine Ruhelosigkeit, die so unzufrieden mit dem gegenwärtigen Moment und Aufenthaltsort, dann so verzweifelt auf der Suche nach betäubender Ablenkung und schließlich so überwältigt von dieser nie endenden elenden Dynamik ist, dass der davon betroffene Mensch unfähig wird, zu arbeiten oder beten. Eine an Acedia leidende Seele sucht ständig anderswo nach Möglichkeiten, der überwältigenden Langeweile des Jetzt zu entkommen, bis das Herz sich zu steinerner Taubheit verhärtet.

Aus den Schriften christlicher Mönche, die erstmals diese spirituelle Erkrankung diagnostiziert und sich bemüht hatten, jenen zu helfen, die daran litten, erfuhr Norris, dass das Beten der Psalmen besonders wirksam gegen die Acedia ist. Diese uralten Gebete sind voller Fürsorge, reich an Bewusstsein für die Schmerzen des Lebens und in einer poetischen Sprache verfasst, die unsere Seele aufweckt. In den Psalmen hören wir die Stimmen anderer Menschen, die wie wir mit der Monotonie und Frustration des Lebens, sowie einer tief verwurzelten sozialen Ungerechtigkeit rangen. Gemeinsam flehen die Psalmen um ein Zeichen, dass das Leben mehr ist als diese scheinbar endlos wiederkehrenden Nöte; sie fragen Gott, wo Gott ist und ob Gott uns im Stich gelassen hat – genau jene Worte, die Jesus in seinem Todeskampf am Kreuz rief, Worte, die er kannte, weil er sie sein Leben lang gebetet hatte. In ihrer ganzen bewussten Akzeptanz der Wirklichkeit bieten uns die Psalmen Beistand im Leiden und einen lehrreichen Spiegel, der uns zeigt, wer wir sind. Sie weisen uns den Weg aus der Selbstbezogenheit zurück ins Leben. Die Psalmen bieten uns keine Flucht vor dem Leben; sie weisen uns einen Weg, diese Flucht zu *vermeiden* – einen Weg aus der Versteinerung zurück ins lebendige Fleisch.

Die Acedia machte auch Bonhoeffer zu schaffen. Manchmal nannte er diese innere Malaise, die ihn belastete, *Tristitia* – die Traurigkeit des Herzens. Bonhoeffers Acedia war ein klassischer Fall, ein erlesener Cocktail aus Stolz, Selbstgerechtigkeit, Verachtung anderer, Einsamkeit und Verzweiflung. Lange Zeit wusste nur Eberhard Bethge, sein bester Freund und Vertrauter, wie sehr Bonhoeffer unter diesem Zustand litt. In der Zelle im Tegeler Militärgefängnis, wo er nach seiner Verhaftung quälend lange achtzehn Monate eingesperrt war, rang Bonhoeffer mit der Sinnlosigkeit seiner Lage.[27] Aber er fand in den Worten des Psalter, in den Gebeten Jesu, Halt und Sinn, Beistand in seiner Einsamkeit und Kraft für die schmerzvollen Tage und Nächte, die vor ihm lagen. An all den Orten, wo er sich danach sehnte, aus den Härten des Lebens befreit zu werden, öffnete das Gebet Bonhoeffers Gemüt für das Wort Gottes, und das Wort Gottes führte ihn sanft zurück in sein Leben und seine Verantwortung. Es erfüllte ihn mit Hoffnung und Frieden, sogar im Gefängnis.

* * *

Wenn wir Berlin verlassen, werden die nächsten Bewohner unseres Hauses sich hoffentlich eines grünen Rasens erfreuen können. Ich wünsche ihnen, dass sie eine lebendige, gesunde Hecke vorfinden. Bis dahin muss ich mich um den Garten kümmern; ich muss meine Trägheit überwinden und tun, was notwendig ist, damit Rasen und Hecke für die nächste Generation von Hausbewohnern überleben. Ich weiß, dass ich nicht immer Lust dazu haben werde, dieser Pflicht nachzukommen, aber meine Treue zu diesen kleinen Aufgaben ist von Bedeutung für diejenigen, in deren Obhut dieser Garten übergeht, wenn wir ausziehen.

Natürlich erfordert es kaum Anstrengung, sich nicht zu kümmern, und ich bin frei, diesen Weg einzuschlagen. Ich könnte einfach aufhören, den Garten zu pflegen: den Rasen sterben lassen, tatenlos zuschauen, wie die Hecke dahinsiecht, die flehenden Ratschläge meiner deutschen Nachbarin ignorieren und keinen Gedanken daran verschwenden, ob unsere Nachmieter sich hier wohlfühlen werden. Ich könnte mich selbst anlügen und sagen, dass ich ihnen gar nichts schulde, dass es nicht meine Verantwortung sei, mich um den Garten zu kümmern. Aber das wäre nicht nur faul, sondern außerdem falsch. Wir Menschen schulden einander eine Menge, die ganze Zeit über, und dazu gehört es, unsere Neigung zu Trägheit und Gleichgültigkeit immer wieder zu überwinden. So pflegen wir einen menschlichen Umgang miteinander. So bleiben wir frei und werden fähig zur Freude – einer Freude, die sonst der Acedia zum Opfer fällt.

Manchmal frage ich mich, ob das Wort *Acedia* neu entdeckt werden muss, damit wir unser bürgerliches und politisches Leben besser verstehen. Verzweiflung, Zynismus, Gleichgültigkeit und Hoffnungslosigkeit machten einst den Mönchen zu schaffen und treten, denke ich, auch in der heutigen Gesellschaft deutlich zutage. Wir sind von Zerstreuungen umgeben, die es uns ermöglichen, in den Nebel der Gleichgültigkeit abzudriften. Dort können wir unsere Enttäuschung betäuben, Sündenböcke für unsere Probleme finden und eine (trügerische) Erleichterung von der Last unserer Verantwortung erleben. Wie die Menschen in allen früheren Epochen müssen auch wir in der heutigen Zeit einen Weg finden, in den Klagen der Psalmisten unsere Anliegen wiederzuerkennen. Wir müssen uns für diese weisen Worte öffnen und davon unseren gesellschaftlichen und politischen Willen beleben und anregen lassen – nicht, um zu einer verlorenen Größe zurückzukehren, sondern einfach zu mitmenschlicher Fürsorge und Verantwortung.

Politik ist die schwere, oft langweilige Arbeit für das gemeinschaftliche Leben. Sie ist Nächstenliebe, die sich darin ausdrückt, Schlaglöcher zu beseitigen und Straßen zu pflastern, Müll zu sammeln, Umweltverschmutzung zu beseitigen, Kompromisse zu erarbeiten, bürgerliche Freiheiten zu erreichen und zu schützen und dem Recht Geltung zu verschaffen. Die Psalmen können unser Gefühl für gesellschaftlichen Zusammenhalt wecken. Sie können uns dazu anregen, Nächstenliebe zu praktizieren und an künftige Generationen weiterzugeben. Es sind Losungen, Worte, die es sich wiederzuentdecken lohnt.

* * *

Kurz vor Weihnachten 1942 verfasste Bonhoeffer an seinem Schreibtisch im Bonhoeffer-Haus den Essay »Nach zehn Jahren« über den »Mangel an Zivilcourage« unter seinen Mitbürgern während der Nazijahre. Seltsamerweise sah er diesen Mangel sogar bei den Mitgliedern des Widerstandes. Mut und Acedia stehen in Beziehung: Wir brauchen Mut, um der Wahrheit über uns selbst ins Auge zu sehen und unsere Fähigkeit zu tätiger Nächstenliebe lebendig zu erhalten. Gebete sind das Wasser, das die Samen mutigen Handelns gedeihen lässt, die dürren Zweige der Gleichgültigkeit wegschneidet und unsere Hoffnung lebendig erhält. Wie die Herrnhuter in ihren Gebetsversammlungen festgestellt hatten und Bonhoeffer aus dem Beten der Psalmen und der Bibelmeditation wusste, verleiht uns das Beten »ungeahnte Kraft«.

Während des Kalten Krieges, als zwischen dem demokratischen Westen und dem kommunistischen Osten der Eiserne Vorhang zugezogen wurde, versammelten sich Menschen zum Gebet, die vergessen hatten, wie das geht und welche Worte man verwendet. Im Jahr 1982 trafen sich in der Nikolaikirche in Leipzig zum ersten Mal Menschen montagabends zu einem Friedensgebet. Diese Gebetsversammlungen erhielten immer mehr Zulauf, und damit wuchsen auch Mut und Hoffnung der Menschen. Also beteten sie immer weiter, und nach dem Gebet zogen sie friedlich an der Zentrale der Staatssicherheit vorbei. Deren gefürchtetes Gebäude, die »Runde Ecke«, war bereits in der Nazizeit von der Gestapo benutzt und bei Kriegsende an die Sowjets übergeben worden. Danach wurde es zur »bedrohlichen Festung« der ostdeutschen Sicherheitsbehörde. »Gespräche verstummten«, wenn während der vierzigjährigen Herrschaft der Stasi die Menschen an dem Gebäude vorbeigingen.[28] Die Leute entwickelten den Mut, friedlich an der Stasi-Zentrale vorbeizuziehen, weil sie insgeheim ihre Gebetsarbeit getan hatten. Sie hielten im Gebet an der Wahrheit fest, und deshalb blieb die Wahrheit ihnen treu und bewahrte sie vor Verzweiflung. Sie beteten für sich selbst und zukünftige Generationen und entdeckten, dass sie keine Angst hatten zu demonstrieren. Nach sieben Jahren wurden ihre Gebete erhört, und die Berliner Mauer stürzte ein. Soziales Handeln und das Gebet hängen zusammen. Wie diese Menschen damals müssen auch wir vermutlich einfach die Worte wiederfinden.

* * *

Mein Sohn schlief tief und fest an meiner Brust, leise schnarchend, während wir im Großen Saal der Herrnhuter Kirche in Herrnhut geistliche Lieder sangen. Der beeindruckende Kirchensaal, der Herrnhuts »gute Stube« genannt wird, ist mit langen weißen Bänken ausgestattet und war an diesem Abend gefüllt mit Kerzen, Tannenzweigen und singenden Menschen wie uns. Über unseren Köpfen leuchtete ein bezaubernder Herrnhuter Stern mit 110 Zacken. Er drehte sich langsam, angeregt von der aufsteigenden Wärme unserer Lieder. An diesem Samstagabend vor dem vierten Advent sangen wir, hörten Bibellesungen und genossen die große und subversive Freude, dem Bläserchor auf der Empore zu lauschen.

Es lag eine dreistündige Autofahrt aus Berlin an einem düsteren Regentag hinter uns. Wir hatten unser Gepäck im Jesus-Haus deponiert, einem historischen Gebäude, das zuvor als Krankenhaus gedient hatte und heute Treffpunkt und Gästehaus einer charismatischen Kirchengemeinde ist. Dann waren wir auf Entdeckungstour gegangen, bevor alles für das Wochenende zumachte. Zum Glück war die Manufaktur der Herrnhuter Sterne noch geöffnet. Dort herrschte große Geschäftigkeit, und in der Schauwerkstatt konnte man zuschauen, wie die Sterne mit großer Sorgfalt in Handarbeit geklebt werden. Auf informativen Schautafeln wird die Geschichte und Kultur der Herrnhuter Brüdergemeine dargestellt, einschließlich der Gebetsbewegung, die hundert Jahre lang vierundzwanzig Stunden an jedem Wochentag betete, und der bis heute stattfindenden Veröffentlichung der Losungen.

Dort erfuhren wir, dass der Stern aus der Herrnhuter Tradition entstand, um Glauben und Bildung zu verbinden. Ein Lehrer kam auf die Idee, das Mysterium und die Schönheit des Sterns von Bethlehem, der den Weisen aus dem Morgenland den Weg zum Jesuskind wies, mit einer Geometrie-Lektion zu verbinden. Der Lehrer zeigte den Schülern in einem Herrnhuter Internat, wie sie aus Papier und Pappkarton die Sterne herstellen konnten, und sie brachten diesen Brauch mit nach Hause. Dann begann der Geschäftsmann Pieter Hendrix Verbeek damit, die Sterne in größeren Stückzahlen zu produzieren, mit einem innovativen Design, bei dem das Papier auf einem Blechgestell befestigt wurde.

In der Nazizeit konnten die Sternhersteller ihr Produkt nicht mehr ins Ausland verkaufen und verlegten sich stattdessen auf die Herstellung von Lampenschirmen.[29] Nach dem Krieg wurde das Unternehmen von der kommunistischen Regierung der DDR verstaatlicht und 1968 geschlossen. Die Kirche nahm die Produktion in Eigenregie wieder auf, wurde aber im Rahmen der für Ostdeutschland so charakteristischen »Mangelwirtschaft« weiterhin stark vom Staat reguliert.[30] 1991 eröffnete die Stern-Manufaktur wieder, nun als freies, kircheneigenes Unternehmen.

Im Stammhaus gibt es eine bunt dekorierte Bastelwerkstatt, wo Kinder jeden Alters ihre eigenen Sterne herstellen können. Dort stehen lange Tische mit Bänken in einem in leuchtenden Primärfarben gestrichenen Raum. Unterstützt von aufmerksamen Betreuern, suchten unsere Kinder sich ihre Farben aus, und mein Mann und ich achteten darauf, dass es mit dem Kleben funktionierte. Das Resultat waren drei kleine leuchtende Sterne.

Ich ließ diese neuen Erinnerungen beglückt Revue passieren, während wir den sanften Klängen der Weihnachtslieder lauschten, die in dieser »guten Stube« erklangen. Nach dem Gottesdienst nahm mir mein Mann unseren schlafenden Sohn ab, und wir gingen hinaus in die Kälte, die Straße hinunter zum Jesus-Haus. In fast jedem Fenster und über den meisten Eingängen erhellten Herrnhuter Sterne die Dunkelheit, klar konturiert, geometrisch und schön. Als die Kinder im Bett waren, entdeckte ich ein englisches Exemplar der *Losungen* auf dem Nachttisch und las die Worte für diesen Tag: »Wohl allen, die ihm vertrauen« (Psalm 2,12); und »Paulus schrieb: Ich weiß, an wen ich glaube, und bin gewiss, dass er bewahren kann, was mir anvertraut ist« (2. Timotheus 1,12). Ich schlief mit dem Staunen darüber ein, wie hier in Herrnhut Flüchtlinge aus Mähren Schutz gefunden hatten, wie positiv diese Kirchengemeinschaft auf Paula Bonhoeffer und die Schwestern Horn eingewirkt hatte, und wie dann die Herrnhuter Losungen für Bonhoeffer und, wegen ihm, für unzählige andere Menschen zu einer Quelle der Zuversicht geworden waren. Das Wort Gottes war und ist ihnen dadurch nahe und leuchtet hell in der Dunkelheit.

Die Zionskirche in Berlin, linkes großes Seitenfenster.

5. Kapitel

Den Horizont erweitern

Wenn wir neugierig unsere Heimat verlassen und auf Reisen gehen, eröffnet uns das die Chance, uns selbst, unsere Welt und unsere Verantwortung in dieser Welt besser zu verstehen.

Eine Freundin lud uns zu ihrer Geburtstagsfeier in ihr Lieblingsrestaurant ein – vegan rohköstlerisch in Prenzlauer Berg. Dieses Stadtviertel hat sich erheblich verändert. Das gentrifizierte Viertel voller trendiger Restaurants und Geschäfte hat sich noch etwas von seinem einstigen rauen Charme bewahrt und unterschied sich für uns doch stark von der vornehmen Langeweile Grunewalds. Während ich Kombucha trank und die schön dekorierte Platte mit Kelp und Zucchininudeln mit Avocado bewunderte, hatte ich Mühe, mir Prenzlauer Berg vorzustellen, wie es dort früher ausgesehen hatte, sei es zu Bonhoeffers Zeit oder sogar noch nach dem Kalten Krieg.

Nach der Öffnung der Berliner Mauer 1989 entwickelte sich in diesem einstigen Arbeiterviertel im Ostteil der Stadt eine berühmt kämpferische Hausbesetzer-Szene; ein soziales Phänomen, das auftauchte, als die beiden zerbrochenen Hälften Deutschlands wieder zusammengefügt wurden. Wiedervereinigung ist keine Arbeit für Draufgänger. Risse im sozialen und politischen Gewebe zu reparieren ist eine sensible und schwierige Aufgabe, und wenn es aussieht, als hätte man manche Ungerechtigkeiten beseitigt, tauchen dafür andere auf.

In Prenzlauer Berg waren der Immobilienbesitz und die Mieten eines der Probleme. Die alten, aus der Gründerzeit stammenden Häuser, die einst den vom kommunistischen Staat gelenkten Wohnungsgesellschaften gehört hatten, gingen in Privatbesitz über. Wie zu erwarten, stiegen dadurch die Mieten und konnten von den bisherigen Bewohnern nicht länger aufgebracht werden. Die drohende Räumung nahmen manche nicht hin, und so entstand in diesem Viertel eine wilde, kreative und manchmal konfliktreiche Hausbesetzerkultur. Allmählich griff aber die Gentrifizierung um sich, und in ihrem Kielwasser hielten in Prenzlauer Berg Restaurants Einzug wie das, in dem wir nun saßen, »Happy Birthday« sangen und Kelp aßen.

Unbezahlbare Mieterhöhungen waren nicht nur hier, sondern auch in anderen Vierteln Berlins nichts Neues. Beginnend in der Mitte des 19. Jahrhunderts sorgten die Auswirkungen der Industriellen Revolution in Verbindung mit Missernten und Hungersnöten dafür, dass viele Menschen vom Land auf der Suche nach Arbeit in die Städte zogen. 1847 gab es während der Kartoffelrevolution Unruhen in den Straßen Berlins. Hinzu kamen Weberaufstände in Schlesien, weil die traditionellen Leinenweber mit der neuen industriellen Textilproduktion nicht konkurrenzfähig waren. Das preußische Militär schlug diese Unruhen brutal nieder.[1] Die entstehende Landflucht trieb massenweise verzweifelte und hungrige Menschen nach Berlin, die in Zeltstädten in den Außenbezirken hausten.[2] Um Wohnraum für die vielen Neuankömmlinge zu schaffen, wurden in der Stadt große Bauprojekte in Angriff genommen. Die damals errichteten Mietshäuser waren hohe Gebäude mit Hinterhöfen. Leider waren diese Hauskomplexe mit Hinterhäusern und -höfen »dunkel, von Infektionen heimgesucht und schlecht angesehen« und außerdem dicht bevölkert.[3] Als Bonhoeffer dort 1932 von einem Bäcker eine kleine Wohnung in der Oderberger Straße mietete, um näher bei den Konfirmanden zu sein, die er unterrichtete, war die Umgebung immer noch rau, überfüllt und arm. Bonhoeffer bezeichnete sie als »proletarisch«.[4]

* * *

Auf sehr unproletarische Art machten wir Urlaub in einem Bauerndorf im Schwarzwald, nicht weit entfernt von Freiburg. Doch gedanklich zog es mich auf gewundenen Wegen zum New Yorker Stadtteil Harlem, während ich hinaus auf grüne Weidehügel und herbstlich bunte Bäume schaute. Die traditionellen Bauernhäuser mit ihren ausladenden, bis fast bis zum Boden reichenden Giebeldächern standen verstreut zwischen Wiesen und Feldern, und von ihren breiten Balkonen konnte man großartige Ausblicke in die Natur genießen. Auf dem Hügel gleich unter unserem Fenster grasten und muhten braun gefleckte Kühe. Auf einer anderen Weide tollten ein paar Kälber herum wie Vorschulkinder. Als wir uns ihnen bei einem Spaziergang näherten, verhielten sie sich gleichermaßen scheu und mutig neugierig. Während wir mit ausgestreckten Händen auf den Zaun zugingen, um Hallo zu sagen, schauten sie uns von der Seite an und schubsten sich gegenseitig weg, um zu zeigen, wer am mutigsten war.

Mein Mann unternahm mit unseren drei Kindern eine Morgenwanderung, und vom Fenster aus sah ich sie durch diese idyllische Welt gehen. Auf der Suche nach einem Weg zurück in die Welt, auf die ich hinausblickte, summten ein paar Fliegen über meinem Kopf herum. Der strahlend blaue Himmel von gestern war heute mit Wolken bedeckt, von denen einige tief genug hingen, um die baumbestandenen Hügelkuppen zu verschleiern.

Wir waren aus Heidelberg über die berühmte Schwarzwaldhochstraße hierher gefahren. Die Straße bot spektakuläre Talblicke und abenteuerliche Kurven und damit eine willkommene Abwechslung zu den ermüdend langen Etappen davor auf mit Lastwagen überfüllten Autobahnen. Als die Abzweigung für die Aussichtsstraße angezeigt wurde, bogen wir ab, und es ging so steil bergauf, dass der Höhenunterschied unsere Ohren gluckern ließ. Große Fichten bildeten ein Dach über der Straße, und Teppiche aus grünem Moos und herbstlich braunen Farnen erfüllten die kühle Luft mit einem Duft wie nach Zimt. Doch bevor das alles zu schön klingt, um wahr zu sein, will ich nicht verschweigen, dass einem unserer Kinder nach kurzer Zeit von den vielen Kurven schlecht wurde.

Um eine Katastrophe auf der Rückbank zu vermeiden, machten wir viele kleine Fahrpausen. Die nutzten wir, um die Beine zu strecken und einen Blick ins metallisch glänzende Wasser des Mummelsees zu werfen. Auf der Weiterfahrt Richtung Triberg, wieder mit vielen kurzen Zwischenstopps, besichtigten wir mit einem Grinsen im Gesicht das von unablässigem Ticken erfüllte Haus der Tausend Uhren: eine Touristenfalle mit einem enormen Angebot an traditionellen Kuckucksuhren. Bei der Ankunft in Triberg kämpften wir mittlerweile alle gegen ein schleichendes Gefühl der Übelkeit an. Wir unternahmen einen Spaziergang zu Deutschlands höchstem Wasserfall, gezähmt durch einen geteerten Fußweg.

Auf der ganzen Fahrt kamen wir durch zahlreiche Dörfer und sahen entlang der Straße immer wieder auf Pfosten stehende Kruzifixe. Sie hatten kleine Dächer, ähnlich denen der Schwarzwaldhäuser; ein eigenartiger Schutz für den nackt am Kreuz hängenden Jesus von Nazareth. Ein Foto auf der mittleren Schautafel im Bonhoeffer-Haus zeigt eines dieser kleinen Heiligtümer: Jesus am Kreuz neben einer Drohung gegen die Juden, wie sie in der Nazizeit oft zu sehen waren. Doch schon lange vorher hatte dieser Judenhass latent in der Kultur geschwelt. Als ich auf unserer Fahrt diese Kruzifixe sah, ohne die antisemitischen

Schilder, erfüllte mich das mit einer Sorge, die ich vor meiner ehrenamtlichen Tätigkeit im Bonhoeffer-Haus nicht gekannt hatte. Die Jesus-Skulpturen am Straßenrand besaßen für mich nun eine komplexere Natur. Diese ganze märchenhafte Szenerie des Schwarzwaldes, die an den Autofenstern vorbeiglitt – die riesigen Fichten, das Moos und eine Atmosphäre, als könnte man in jedem Moment Hänsel und Gretel begegnen –, wurde durchbrochen von diesen Zeichen der Frömmigkeit an der Straße, die jetzt, mit dem Bezug zu der Schautafel im Bonhoeffer-Haus, fremd und beängstigend auf mich wirkten.

Wenn wir verreisen, neigt unsere Familie dazu, mehr Bücher als Kleidung einzupacken, und so hatte ich mich auch auf diesen Urlaub vorbereitet. Oben auf einen sowieso schon übermütig großen Bücherstapel hatte ich aus dem Regal meiner Kinder noch *Harlem Stomp!* von Laban Carrick Hill gelegt. Ich plante, im Urlaub einige Fantasiereisen zu unternehmen. Ich wollte mehr über Harlem und die Harlem-Renaissance erfahren, und Hills Buch war ein kleines Fenster in diese Welt, die mir so fremd war wie die Landschaft vor dem Fenster des alten Schwarzwaldhauses.

Zu meinem Erstaunen stammte das Vorwort zu *Harlem Stomp!* von der berühmten Dichterin Nikki Giovanni. Darin feiert sie die Leistungen dieser bemerkenswerten Ära menschlicher Kreativität, Erkenntnis und neu beanspruchter Ambitionen. Die enormen kulturellen Beiträge von Afroamerikanern während der Harlem-Renaissance erwuchsen aus einer langen Leidenszeit voller Ungerechtigkeit, katastrophaler Ausbeutung und Entmenschlichung. Giovanni schreibt, dass die Harlem-Renaissance Beweis für die Widerstandsfähigkeit eines leidenden Volkes ist, eine kreative Weigerung, an die Lügen der Mächtigen und Gleichgültigen zu glauben, und eine großartige Bejahung der Freiheit eines befreiten Volkes.

Während ich in dem Buch blätterte und in den Schatz der Illustrationen und Geschichten eintauchte, staunte ich über meine eigene Unkenntnis. Ich kannte die Harlem-Renaissance dem Namen nach, doch nur wenige der in dem Buch erwähnten großen Namen waren mir ein Begriff. Giovanni warnt zu Recht davor, dass, wenn die amerikanische Kultur sich heute mit Blues und Jazz und der goldenen Schatztruhe der Spirituals brüstet (was Gott sei Dank der Fall ist), »dies nur wahr sein kann, wenn die Schwarzen ein amerikanisches Volk sind«[5]. Doch als Amerikanerin – weiße Amerikanerin – wusste ich nichts über die Harlem-Renaissance. Mir meiner Unwissenheit bewusst zu werden, zeigte mir, wie problematisch die amerikanische Geschichte ist, die ich mir selbst zu erzählen gewöhnt bin, so problembehaftet wie diese Kruzifixe am Straßenrand.

Hills Buch ermöglichte mir einen Blick in eine andere Welt. Ich erfuhr, dass die Harlem-Renaissance ihre eigene Sprache, eigene Traditionen und Lösungen für den täglichen Überlebenskampf hatte. Jive, Tanz, Rent-Partys! Ich begegnete Satchmo – also Louis Armstrong –, der mit seinem musikalischen Können und seinem einzigartigen Stil das Publikum begeisterte, und Duke Ellington, dem König des Cotton Club, gegenüber dem bekannten Savoy Ballrooms. Hill machte mich mit Willie »The Lion« Smith bekannt und mit den »Cutting Contests«, manchmal stundenlang dauernden musikalischen Duellen, bei denen Pianisten in Klangwelten »reiner Improvisation die Melodien ausschmückten«.[6] Das waren Höhenflüge menschlicher Kreativität.

Ich wollte mehr über Harlem erfahren, weil Bonhoeffer dort gewesen war. Er besuchte das Stadtviertel während seines einjährigen Aufenthalts in New York, wo er 1930 als Sloane Fellow am Union Theological Seminary studierte. Alles in allem zeigte sich Bonhoeffer wenig beeindruckt von der amerikanischen Theologie-Szene am Union-Seminar. Er fand, dass die Studenten dort eine Menge heiße Luft verbreiteten. Ihr Denken erschien ihm frustrierend oberflächlich. Doch als ein anderer Sloane Fellow ihn zum Besuch einer Kirche in Harlem einlud, besserte sich seine Meinung von New York erheblich. Unter den vielen wichtigen Einflüssen und Orten während Bonhoeffers Jahr in New York war es Harlem, wo er eine ihn tief berührende, lebendige Theologie entdeckte.

Ich weiß nicht, ob er sich eines der Jazz-Improvisations-»Duelle« anschaute, aber ich kann mir gut vorstellen, dass diese Genialität außerhalb seiner eigenen Kultur und seines Vokabulars, die sich in Harlem entfaltete, dem Musiker Bonhoeffer gefallen hätte.

Es ist zu bezweifeln, dass New York für Bonhoeffer wichtig oder transformativ gewesen wäre, wenn nicht Albert Franklin Fisher ihn in die Abyssinian Baptist Church an der West 138th Street eingeladen hätte.[7] Diese damals wie heute bedeutende Kirche stand in starker Konkurrenz zu anderen Gotteshäusern. Zur Zeit der Harlem-Renaissance gab es in diesem Viertel über 160 afroamerikanische Gemeinden, was auf die große Zahl von Afroamerikanern zurückzuführen war, die auf der Flucht vor Armut, Erniedrigung, Unrecht und Gewalt aus dem Süden dorthin kamen. Sie wollten erlangen, was die Emanzipationsproklamation ihnen nicht ermöglichte: ein besseres Leben und mehr Freiheit.[8] Diese Kirchen waren mehr als Häuser für Gottesdienste. Auch hier im Norden litten die Afroamerikaner unter Vorurteilen, auch wenn diese etwas kultivierter daherkamen. Und so boten die Kirchengemeinden sozialen Anschluss und sinnvolle Hilfe. Die Kirche war ein Ort, um die eigene Identität und Würde aufzurichten, die in der Arbeitswoche oft mit Füßen getreten wurde, und ein Ort, um für eine Weile von seinen Bürden entlastet zu werden und einander zu helfen, diese im Alltag besser ertragen zu können.

Bonhoeffers Jahr in den Vereinigten Staaten offenbarte ihm die faktische Macht der »Farb-Trennlinie« im amerikanischen Leben, wie W.E.B. DuBois es ausdrückte.[9] Mit jenem Scharfblick, den Emigranten oft entwickeln, sah Bonhoeffer, was viele weiße Amerikaner nicht sehen konnten (oder wollten): Sie bewohnten ein Haus, das strikt nach Rasse, Hautfarbe und Klassenzugehörigkeit unterteilt war, und ihre Theologie gehörte zu den tragenden Wänden dieses Hauses.

In einem Briefwechsel tauschte Dietrich sich mit seinem älteren Bruder Karl-Friedrich über die Rassenproblematik aus. Karl-Friedrich schrieb ihm, er sei so schockiert über dieses Problem, dass er eine Anstellung an der Harvard-Universität abgelehnt hatte, um nicht darin verwickelt zu werden. Deutschlands »jüdisches Problem« verblasse im Vergleich zu Amerikas »Schwarzenproblem«.

Aus meiner Post-Holocaust-Perspektive fand ich Karl-Friedrichs unverblümte Beschreibung der amerikanischen Rassendiskriminierung erschreckend. Beide Übel – die amerikanische Sklaverei und der Holocaust – waren erbarmungslos durchorganisiert, monetarisiert und im Rahmen der damals gültigen Gesetze vollkommen legal. Doch sein schonungslos formulierter Vergleich konfrontierte mich mit einer ernüchternden Erkenntnis. Wir weißen Amerikaner haben überhaupt noch nicht begonnen, unsere schmutzige, katastrophale Geschichte aufzuarbeiten, unser Erbe aus Schuld und Scham und tief verwurzelter Diskriminierung. Die Deutschen sind uns mit ihren eigenen unbeholfenen Versuchen, sich ihren nationalen Schanden zu stellen, weit voraus.

Meine Beschäftigung mit Bonhoeffers Leben veranlasste mich, Aspekte meines eigenen Lebens neu zu bewerten. Hätte ich nicht von seinen Erlebnissen in Harlem erfahren, wäre ich nie auf den Gedanken gekommen, in einem Bauernhaus im Schwarzwald ein Kinderbuch über die Harlem-Renaissance in New York zu lesen. Aber nun saß ich dort und war überwältigt davon, wie wenig ich über dieses wichtige kulturelle Phänomen wusste, obwohl es doch viel mehr Teil der Geschichte meiner Nation ist als Bonhoeffer. Während ich mit diesem Buch im Schwarzwald saß, fühlte ich mich hinsichtlich meiner eigenen nationalen Identität sowie meines Anteils an der nationalen Schuld und Scham angesichts der Trennlinien zwischen Schwarzen und Weißen in Amerika gründlich eines Besseren belehrt.

Ich gestehe, dass ich nicht zuletzt deshalb so schnell mit einer Beurteilung dieser Kruzifixe im Schwarzwald bei der Hand gewesen war, weil ich nicht das Gefühl hatte, in die komplexe mit ihnen verknüpfte Schuld verwickelt zu sein. Solche Kruzifixe und antisemitischen Schilder wie das auf der Schautafel im Bonhoeffer-Haus gibt es in der Geschichte meiner Nation nicht, wohl aber Lynchbäume, Denkmäler, mit denen Menschen geehrt werden, die sich unehrenhaft verhielten, sowie Straßencafés und Springbrunnen, wo weiße Amerikaner schwarze Amerikaner verhöhnten, verjagten und zusammenschlugen. Das ist eine ganz eigene Warnung und Anklage.

* * *

Als Dietrich Bonhoeffer den Atlantik überquerte, war er darauf vorbereitet, die Vereinigten Staaten nicht nur passiv zu beobachten wie ein Tourist. Und doch fand er eine Welt vor, die jener, die er in Deutschland zurückließ, ziemlich ähnlich war. New York war fest im Griff der Weltwirtschaftskrise und litt unter Massenarbeitslosigkeit. Von seinem Jahr am Union Theological Seminary (1930–1931) erhoffte er sich gegenseitigen Austausch, Berufsvorbereitung und die Erweiterung seines persönlichen und professionellen Horizonts. Hier konnte er sich mit seiner Identität und seinem zukünftigen Weg auseinandersetzen und die Großstadt New York erkunden. Doch wie die Diskussionen in den Seminarräumen der Universität fand er auch die Gottesdienste und Predigten in den (weißen, reichen) New Yorker Kirchen, zum Beispiel der Riverside Presbyterian, oberflächlich und selbstgefällig. Bonhoeffer war über theologische und kirchliche Borniertheiten weit hinaus. Und es gab immer noch neue Grenzen zu überschreiten. Seine Freundschaft mit Fisher, einem Afroamerikaner, erwies sich als sehr bedeutsam – sie ermöglichte eine tiefgreifende Veränderung, denn es ist höchst unwahrscheinlich, dass Bonhoeffer in Berlin jemals Gelegenheit zu tiefgehenden Gesprächen mit einem Schwarzen gehabt hätte.[10]

Ehe Bonhoeffer im Sommer 1930 in New York eintraf, hatte er bereits einige für ihn bedeutsame Grenzüberschreitungen vollzogen. Nach der Verteidigung seiner Doktorarbeit arbeitete er 1928 als Vikar in einer deutschen Auslandsgemeinde in Barcelona. Es war sein erster längerer Aufenthalt in einem anderen Land. Die Deutschen, die er in Barcelona kennenlernte, unterschieden sich stark von den etwas abgehobenen Berlinern in Grunewald. Manchmal genoss er die Gastfreundschaft und Geselligkeit seiner Gemeinde, ihre Freude an Vergnügungen – einschließlich des Stierkampfs! Aber er erprobte auch seine pastoralen, theologischen Fähigkeiten, verfasste und hielt eigene Predigten und öffentliche Vorträge. Obwohl er von Auslandsdeutschen umgeben war, fehlte ihm der ernsthafte Umgang mit dem Leben, den er aus Berlin gewöhnt war.[11] Orte formen Menschen, und so verhält es sich auch mit an diesen Orten geteilten Erfahrungen. Die in Barcelona lebenden Deutschen hatten den Ersten Weltkrieg nicht so erlebt wie jene in Deutschland. Sie legten mehr Wert auf Leichtigkeit und Komfort, und Profit war wichtiger als Philosophie.[12]

Barcelonas träge Nachmittage unter mediterraner Sonne hinterließen bei Bonhoeffer ihre Spuren. Untypischerweise hatte er hier große Mühe, sich zu konzentrieren, zu studieren und zu schreiben. Wenn die Nachmittagssonne sein Zimmer aufheizte, spürte er oft ein unwiderstehliches Schlafbedürfnis. Wenn er aus dem Mittagsschlaf erwachte, war er noch weniger geneigt, geistig zu arbeiten, als davor.[13] Er wusste, dass er die Habilitation schreiben musste, die es ihm ermöglichen würde, an deutschen Universitäten zu lehren, aber es fiel ihm schwer, konzentriert darauf hinzuarbeiten. Sogar für Bonhoeffer erwies sich Barcelona als ein Ort, an dem intellektuelle Arbeit schwerfiel.

Damit soll nicht gesagt werden, Barcelona sei nur ein Ort mentaler Atrophie gewesen. Er schrieb Predigten und, wie bereits erwähnt, hielt er eine Reihe von für einen Zweiundzwanzigjährigen recht ernst zu nehmenden Vorträgen. Auffällig ist jedoch, dass Bonhoeffer im letzten dieser Vorträge mit Themen herumspielte, die dem deutschen Nationalismus ziemlich nahe kamen: »das Christentum der germanischen Kriegertradition«.[14] Trotz allem, was er in den kulturüberschreitenden Strömungen Barcelonas erlebt hatte, und trotz seiner liberalen, humanistischen Erziehung war er der in Deutschland vorherrschenden Denktradition noch nicht entkommen.

Wie in Deutschland traf auch in Amerika die Weltwirtschaftskrise die ärmeren Gruppen in der Bevölkerung besonders hart, wie es bei Krisen immer der Fall ist. New York bildete da keine Ausnahme. Ich fragte meine Großmutter einmal nach ihren Erinnerungen an die Große Depression 1929, die sie im ländlichen Upstate New York erlebt hatte. Sie sagte, es wäre für sie und ihre Familie nicht leicht gewesen, aber doch weit weniger traumatisch als für die Leute in der Großstadt, die viel abhängiger von der öffentlichen Versorgung waren. Die demütigende Verzweiflung, unter der die Stadtbewohner litten, erlebte sie nicht. Ihre Familie und die Nachbarn lebten viel naturverbundener. Ich bat sie oft, mir zu erzählen, wie es war, als Kind beim Hühnerschlachten zu helfen; eine Szene, die ich mir fasziniert und mit Schrecken ausmalte. Ihre ländliche Ökonomie aus einem Netzwerk an Werten und gegenseitiger Hilfe blieb relativ stabil, während die Kartenhäuser in New York City einstürzten.

Diese Not in der Stadt war auch für Bonhoeffer spürbar, und doch begegnete er in Harlem einer Welt mit einer reichen Kultur, die aus tiefen Quellen des Leidens hervorgegangen war. Harlem veranlasste ihn, bestimmte Vorstellungen zu hinterfragen, die er einmal über Amerika gehegt hatte – Ideen, die Amerika auch über sich selbst hegte (und immer noch hegt). Bonhoeffer schrieb, in Harlem zeige sich das »wirkliche Gesicht Amerikas ..., das sich hinter dem Schleier der Worte der Verfassung ›all men are created free and equal‹ verbirgt«[15]. Die Realität, die er sah, stimmte mit den Worten nicht überein.

Die 1808 gegründete Abyssinian Baptist Church war die erste afroamerikanische Baptistengemeinde im Staat New York. Eine kleine Gruppe von Gläubigen rief sie ins Leben, weil sie nicht länger in einer abgetrennten Zone in einer anderen New Yorker Baptistenkirche sitzen wollten.[16] Hundert Jahre nach der Gründung wurde Adam Clayton Powell Sr. ihr leitender Pastor. Er setzte einen theologischen Kurs, der sozialen Aktivismus und gemeinschaftliches Engagement betonte.[17] Als die Harlem-Renaissance begann, kaufte die Gemeinde ihr heutiges Grundstück. Dort wurde sie zu einer wichtigen New Yorker Anlaufstelle, als in der Zeit des Ersten Weltkriegs die Great Migration (»Große Wanderungsbewegung«) von Millionen Afroamerikanern aus den ländlichen Südstaaten in die Großstädte des Nordens begann.[18]

Eine Kirchengemeinde wie diese hatte Bonhoeffer noch nie erlebt. Neben den Gottesdiensten entfaltete sich das Gemeindeleben darin, dass Menschen in ihren realen alltäglichen Bedürfnissen unterstützt wurden. Man bot den

Gemeindemitgliedern geistlichen Beistand und praktische Lösungen. Die Atmosphäre erinnerte ihn an die intellektuelle Strenge und Vitalität, wie er sie aus seiner Nachbarschaft in Grunewald in Berlin kannte; die Intensität dieser beiden Welten glich sich sehr stark, einschließlich der unerschütterlichen intellektuellen Haltung. Die Akteure der Harlem-Renaissance schufen neue Alphabete, Begriffe und Weltsichten. Es entstand ein enormer kultureller Output, »eine literarische Bewegung, die von schwarzer Kultur, einer schwarzen politischen Agenda und einem schwarzen Jesus sprach«.[19] Anders als der weiße Christus der europäischen Christen, der eng mit dem die Nicht-Weißen erniedrigenden, unterdrückenden und ausbeutenden Kolonialismus verbunden war, kannte der schwarze Jesus Harlems Leiden und Unterdrückung aus eigener Erfahrung. Er war ein Jesus, vor dem die weißen Christen instinktiv zurückschreckten.[20]

Weil auch Bonhoeffer ein Fremder in dieser Umgebung war, konnte er als Deutscher Dinge sehen, die weiße Amerikaner bei sich selbst und ihrer Religiosität nicht sahen. Harlem und der Kirche dort begegnete er mit begeisterter Neugierde. Er verbrachte dort so viel seiner freien Zeit wie möglich, las afroamerikanische Literatur und kombinierte das, was er aus den Erfahrungen in Harlem lernte, mit seinem Unterricht im Seminar. In diesem Setting lernte Bonhoeffer eine Theologie kennen, die sich aus Leiden und Ohnmacht entwickelt hatte, eine Theologie des Kreuzes, deren Herzstück, die Kreuzigung, ihren Schrecken und ihre Scham behielt, doch paradoxerweise jenen Solidarität und Stärke anbot, die im Glauben Halt suchten. Viele Mitglieder der Abyssinian Baptist Church waren Afroamerikaner aus der Mittelschicht, die in vielerlei Hinsicht durchaus erfolgreich waren, aber sie waren noch immer Schwarze in einer Welt der Weißen – genauer gesagt, schwarze Christen in einer weißen christlichen Welt.[21] Diese bedrückende, unterdrückende Umwelt war der Boden, auf dem sich ihre Theologie des Kreuzes geformt hatte.

Diese Theologie wurde in der Gemeinde gesungen, gepredigt und gelebt. Bonhoeffer sammelte Schallplatten mit Spirituals, die er mit nach Deutschland nahm, und diese Aufnahmen wurden später bei den Deutschen im Widerstand beliebt.[22] Bonhoeffer beteiligte sich auch an der Sonntagsschule und leitete zwei Bibelkurse. Er erlebte, wie wichtig die Gospelmusik für die Armen war, um die sich die Kirche kümmerte. Die Lehren des Pastors Powell beschäftigten Bonhoeffer noch lange. Dazu gehörte eine Idee, die Bonhoeffer später einmal formulierte: Das christologische Inkognito sei eine Möglichkeit, über Jesus zu denken, die Jesus selbst empfahl (Matthäus 25,31–46). Christus lebt unerkannt, »als Ausgestoßener unter Ausgestoßenen«, der sich selbst in der Schwäche verbirgt.[23] Selbstverständlich entdeckte Bonhoeffer neben den Spirituals noch weitere theologische Ressourcen, die sich als kraftvolle spirituelle Werkzeuge erwiesen.[24]

Paul Lehmann, ein anderer Freund Bonhoeffers am Union Seminary, sorgte sich, ob Bonhoeffer nicht »zu viel Zeit in Harlem verbrächte«.[25] Aber es liegt auf der Hand, dass ihm seine große Faszination für diese Welt, in die er eintauchte, als wichtige Brücke diente. Was er in dieser Welt der Schwarzen in Harlem erlebte und lernte, half ihm später dabei, in einer anderen Welt Widerstand zu leisten und standhaft zu bleiben: in seiner eigenen.

* * *

Neben dem Bonhoeffer-Haus gehört die Gedenkstätte Berliner Mauer und das dazugehörige Dokumentationszentrum in der Bernauer Straße zu meinen Lieblingsorten, die ich Besuchern gerne zeige. Beides ist nur einen Steinwurf von Prenzlauer Berg entfernt. Dem Besucherzentrum gegenüber, auf der anderen Straßenseite, befindet sich eine Rasenfläche, wo im Kalten Krieg die Mauer mit ihrem berüchtigten »Todesstreifen« stand. Heute wird der Verlauf der Mauer durch hohe, künstlerisch aussehende Stäbe aus rostendem Stahl markiert. Es gibt dort ein ausgezeichnetes Museum, in dem über diese Ära informiert wird – die Jahre unmittelbar nach dem Zweiten Weltkrieg, als diese längst zu Bauschutt gewordene Immobilie im Zentrum gewaltiger Machtkämpfe stand. Der Wettstreit war politischer wie geistlicher Natur. Auch der lange kalte Krieg wurde an diesen beiden Fronten geführt.

Der hervorstechendste Bestandteil des Museums befindet sich im Freien: eine Aussichtsplattform, auf die man über eine Eisentreppe gelangt. Von dort können die Besucher an klaren Tagen die charakteristischen Türme der Stadt auf sich wirken lassen und den für die Nachwelt bewahrten Teil der Mauer von oben betrachten. Er bedeutet natürlich viel mehr als nur eine bloße Mauer. Das Außengelände zeigt den ganzen Kontrollapparat. Die Mauer war gebaut worden, um die Massenauswanderung der Deutschen aus dem von den Sowjets kontrollierten Osten zu verhindern. Damals war bereits ein Sechstel der Bevölkerung der DDR in den Westen geflohen.[26] Vom Aussichtsturm sieht man außerdem den Todesstreifen, der an manchen Stellen bis zu 160 Meter breit war: eine geharkte Sandgrube, eingezwängt zwischen der eigentlichen Mauer und einer zusätzlichen inneren Mauer. An diesem sich auf dreiundvierzig Kilometer Länge durch die Stadt schlängelnde Bauwerk standen Wachtürme, es war mit Stacheldraht, Wällen, Gräben, Hundelaufanlagen und Stolperdrähten gesichert.[27]

So dominant das Bauwerk vor seinem Abriss 1989 war, begonnen hatte es klein, mit Stacheldraht, der am 13. August 1961 ausgerollt wurde. Schließlich kam Beton zum Stacheldraht hinzu, und dann wuchsen diese Grenzsicherungsanlagen in die Breite und Höhe, und sie setzten sich auch in den Köpfen und Herzen der Menschen fest. Diejenigen, die aus der DDR fliehen wollten, mussten nicht einfach über eine Mauer klettern. Sie mussten über zwei Mauern steigen und die Sperren dazwischen überwinden. Doch bevor sie so ein kühnes Ziel überhaupt planen konnten, mussten sie über die Mauern im eigenen Bewusstsein hinwegsteigen, sich von Hoffnung beflügeln lassen, sie atmen und dann einen Plan schmieden. Kein Wunder, dass viele das Graben von Fluchttunneln bevorzugten, wofür man einen ganz eigenen, sich unter der Erde bewährenden Glauben benötigte.

Bei einem der Berlin-Besuche meiner Eltern schauten wir uns die Mauer-Gedenkstätte an. Wir informierten uns über die Geschichte der in der Heimat eingesperrten Berliner und schauten uns Videos an, in denen Zeitzeugen erzählen, denen die Flucht gelang. Wir sahen, wie der Betonwall Familien trennte, und wie Ideologien Seele und Geist zerteilten. Dieses katastrophale Bauwerk zeichnete eine ganze Generation. Freunde, die in der »Insel« Westberlin aufwuchsen, erzählen im Vertrauen, dass sie sofort sagen können, ob jemand im Osten aufwuchs, denn das prägte die Menschen so stark, dass es sich nicht einfach abschütteln oder ungeschehen machen lässt. Und die, die im Ostteil der Stadt aufwuchsen, sagen das Gleiche über ihre Verwandten und Freunde aus Westberlin.

In der oberen Etage des Besucherzentrums geht es um den Fall der Mauer und die vielen Versuche, Risse in ihr zu erzeugen. Außerdem werden mutige Menschen vorgestellt, die sich der Diktatur widersetzten. Hier zeigt sich, wie unaufhaltsam stark Gebete sein können. Es begann mit den Gebetstreffen in Leipzig, die dann die friedliche Revolution anfachten. Die Gebete von Leipzig verliehen den Menschen den Mut, so lange um die imaginierten Mauern ihrer Stadt und um die Mauern in ihrem Bewusstsein herumzuziehen, bis die Mauer fiel.

Am Ende brachte ein einziger, unbeholfener Satz die Mauer zu Fall, etwas, das viele als historischen Fehler eines einzelnen Mannes betrachten. Unter dem Druck, dass Tausende DDR-Flüchtlinge Schutz in den westdeutschen Botschaften der damaligen Ostblockländer suchten, hatte die kommunistische Regierung angedeutet, dass sie zu Lockerungen ihrer harten Grenzpolitik bereit sei. Als das Politbüromitglied Günter Schabowski auf einer Pressekonferenz gefragt wurde, wann denn diese Lockerungen in Kraft treten würden, reagierte er verwirrt und sagte erkennbar hilflos: »Das tritt nach meiner Kenntnis ... ist das sofort, unverzüglich«. Die Journalisten stürmten hinaus. Der Saal leerte sich rasend schnell. Durch diesen einen Satz wurde die abschreckende Macht der Mauer in den Köpfen der Menschen zertrümmert, und sie versammelten sich, kletterten auf die Mauer und fingen an, sie niederzureißen.[28] Aber Narben blieben zurück, und seit jenen Tagen muss Deutschland auch die lange, zähe Aufgabe bewältigen, ein geteiltes Volk wieder zu vereinigen.

Vom Besucherzentrum gingen meine Eltern und ich durch die Ackerstraße und bogen ein paar Mal ab, bis wir den Turm der Zionskirche sahen – jener Kirche, auf die mein Mann während unserer ersten Wochen in Berlin zufällig beim Joggen stieß. In dieser Gemeinde übernahm Bonhoeffer eine große, schwer zu bändigende Konfirmandenklasse. Es war eine Schar rüpelhafter Jungen, deren widerspenstiges Benehmen höchstwahrscheinlich zum frühen Tod ihres vorherigen Lehrers beitrug, der nicht lange, nachdem er die Zügel an Bonhoeffer übergeben hatte, verstarb. Als Bonhoeffer an der Zionskirche ankam, führte dieser ihn eine Treppe hoch. Die Jungen bewarfen die beiden Erwachsenen mit Unrat und machten sich über Bonhoeffers Namen lustig, indem sie »Bon! Bon!« riefen. Der alte Pfarrer schrie herum und griff zu körperlicher Gewalt, um für Ordnung zu sorgen.[29] Es war kein guter Start.

Das Kirchengebäude zeugt von einer rauen, turbulenten Vergangenheit, selbst wenn die Umgebung heute durch angesagte Restaurants und Boutiquen geprägt ist. Die Innenwände der Kirche sind stellenweise pockennarbig, und in den Lichtstrahlen, die durch die Fenster fallen, schimmert Staub in der Luft. Es ist eine von vielen Kirchen, die im späten 19. Jahrhundert, nach der ersten Vereinigung Deutschlands, während einer Phase betonter nationaler Frömmigkeit, erbaut wurden. Man fühlt sich darin, als sei sie verlassen und nie wieder wirklich mit Leben erfüllt worden, als sei sie eher staubiger Dachboden als religiöse Stätte. Das Außengelände der Kirche ziert ein Bonhoeffer-Denkmal, ein kniender Torso, die Arme in kreuzförmiger Liebe ausgestreckt. Bonhoeffer war so bewegt von den Zuständen der Arbeiterklasse in dieser Gemeinde, die weit entfernt war vom bewaldeten Vorort seines Elternhauses, dass er beschloss, eine Wohnung im Stadtteil Prenzlauer Berg zu mieten, in der Oderberger Straße.[30] Seinem Vermieter sagte er, er solle, wenn er selbst nicht da sei, jeden seiner Schützlinge, der Hilfe suchte, in die Wohnung lassen.

Als wir uns mit der Straßenbahn auf den Rückweg machten, wurde mir erst richtig bewusst, wie weit entfernt die Zionskirche von Bonhoeffers Zuhause im Grunewald-Viertel lag. Er und diese jungen Männer verband eine gemeinsame Sprache, aber damit endeten die Gemeinsamkeiten auch schon. Er kam aus einer privilegierten, aristokratischen Welt und lebte sein Leben mit der selbstsicheren Handlungskompetenz, an die Menschen seines Standes gewöhnt waren. Diese Schüler stammten aus der Unterschicht, wohnten beengt in slum-ähnlichen Verhältnissen. Die wirtschaftliche Lage im Deutschland des Jahres 1932 mit seinen sechs Millionen Arbeitslosen traf ihre Familien, die ohnehin am Rand des Existenzminimums lebten, besonders hart.

Bonhoeffer besuchte jeden Konfirmandenschüler zu Hause, und wir wissen, dass er schockiert war über ihre Lebensverhältnisse. In den Mietshäusern, die im 19. Jahrhundert rasch hochgezogen worden waren, grassierten Armut, Kriminalität und Verzweiflung. Zeitgenössische bildende Kunst enthüllt, wie es in dieser Welt zuging: Skizzen zum Skelett abgemagerter Menschen der Künstlerin Käthe Kollwitz (1867–1945), die selbst in Prenzlauer Berg wohnte, oder die Zeichnungen des Illustrators Heinrich Zille (1858–1929) zeigen Szenen mit in dunklen Quartieren auf kleinstem Raum zusammen hausenden Menschen, die sich mit von der Decke hängenden Bettlaken kleine Inseln von Privatheit schaffen. Ausgemergelte Frauen stillen Säuglinge, halb bekleidete Kinder toben kämpfend herum, mürrische Männer starren auf Schnapsflaschen. Die Lücken meiner Beschreibung mit für Minderjährige ungeeigneten Bildern zu füllen, überlasse ich den Leserinnen und Lesern. Auch solche Szenen wurden von Künstlern festgehalten.

Mit anderen Worten: Mit seinen geräumigen, bestens ausgestatteten Häusern, großzügigen Gärten und seiner Salon-Elite hätte Grunewald unterschiedlicher nicht sein können.

* * *

Das nomadische Leben, das Bonhoeffer als junger Mann führte, stand in starkem Kontrast zu seiner Kindheit. Vor der Romfahrt mit seinem Bruder Klaus im Jahr 1924 hatte Bonhoeffer Deutschland noch nie verlassen. Diese war also eine Art Initiationsreise, die ihm theologische Fenster eröffnete und neue Perspektiven auf Christus und die Kirche bot. Seine Bereitschaft, Grenzen zu überschreiten und sich von neuen Orten und Menschen formen zu lassen, entwickelte sich zu einem lebenslang bestehenden Muster.

Gleichzeitig stärkten seine Auslandsaufenthalte Bonhoeffers Bindung an Deutschland; dies gilt für diese erste Reise nach Rom, seine augenöffnenden Reisen in den Vereinigten Staaten und anderen Teilen Amerikas 1930–1931 und ebenso für seine Arbeit in den deutschen Auslandsgemeinden in Barcelona (1928) und London (1933–1935). Jeder Ort ermöglichte ihm Einblicke in andere Welten, die ihm zu einer klareren Sicht auf seine eigene Welt verhalfen. Die prägenden Reiseerfahrungen führten ihn letztlich zurück nach Hause.

Dieses Muster ist mir vertraut, ich erlebe Ähnliches bezüglich der Auslandserfahrungen unserer Familie im diplomatischen Dienst. Wir sind als Amerikaner im Ausland reale und symbolische Repräsentanten unserer Nation. Dabei ist nur ein Familienmitglied in dieser Hinsicht bezahlter Profi, doch wir alle tragen die Verantwortung, unsere Heimat zu repräsentieren, weswegen ich im Umgang mit Menschen im jeweiligen Gastland nie »einfach nur ich« bin, und das gilt auch für unsere Kinder. Unser Job besteht nicht darin, uns zu assimilieren, obwohl wir uns natürlich trotzdem bemühen zu lernen, uns anzupassen, höflich zu sein und die Gepflogenheiten des Gastlandes zu respektieren. Ohne Frage genießen wir durch den Beruf meines Mannes viele Privilegien und haben die Möglichkeit, mehr von der Welt zu sehen. Doch die vielen Umzüge bewirken auch, dass man daran arbeiten muss, neugierig und aufgeschlossen zu bleiben, obwohl es manchmal ermüdend werden kann, anders zu sein.

Eine Tücke dieser Lebensweise besteht in der Neigung, sich als im Ausland lebender Bürger außerhalb der örtlichen Moral stehend zu fühlen. Auch ich bin anfällig dafür. Nicht, dass ich Banken ausrauben würde oder dergleichen, aber die Ungerechtigkeiten und Schwierigkeiten, die den Einheimischen zu schaffen machen, sind nicht meine Probleme. *Wir sind nicht von hier; ich bin für die hier herrschenden*

Regeln nicht verantwortlich, und ganz gewiss bin ich nicht in der Lage, sie zu ändern. Der Gedanke, »nicht von hier« zu sein, verführt mich manchmal dazu, mir den trügerischen Luxus zu gestatten, gleichgültig zu sein gegenüber dem Ort, an dem ich vorübergehend lebe, und erst recht keine Verantwortung für dieses »Hier« übernehmen zu wollen.

Bonhoeffer ließ sich auf das Leben der Kirchengemeinde in Harlem und seiner Konfirmanden an der Zionskirche ein, obwohl beides nicht seine Welt war. Wahrscheinlich wäre er gegenüber seiner Konfirmandenklasse nicht so fürsorglich gewesen, wenn er nicht vorher die praktische Gemeindearbeit in Harlem kennengelernt hätte. Er hätte sie wahrscheinlich nicht zu Hause besucht, ihnen Geschichten aus Harlem erzählt und die Platten vorgespielt, die er von dort mitgebracht hatte, wäre nicht mit ihnen ins Sommerhaus seiner Familie gefahren und hätte nicht den Stoff für ihre Konfirmationsanzüge bezahlt, um ihre Würde zu bewahren. Er war in New York aufgeschlossen und aufmerksam und lernte Lektionen, die er mit nach Hause brachte. Er sah dort, was es bedeutete, Verantwortung zu übernehmen, mit anderen und für andere.

Wenn ich Reisegruppen die Geschichte von Bonhoeffers erster Begegnung mit der Konfirmandenklasse der Zionskirche erzähle, kann ich gar nicht anders, als die Szene in einer kleinen One-Woman-Show nachzuspielen. Ich verwende diese Erzähltechnik nur bei diesem Teil seiner Lebensgeschichte – die Episode bietet sich einfach dafür an. Während ich erzähle, trotte ich zunächst schwerfällig eine imaginäre Treppe hoch wie der alte und an den Konfirmanden verzweifelnde Pfarrer, den Bonhoeffer von seinem qualvollen (und ihn offenkundig überfordernden) Job erlösen sollte. Bonhoeffer folgte ihm. Der Pfarrer schrie die wilden Jungen an und schubste sie ins Klassenzimmer zurück, dann ging er und überließ Bonhoeffer seinem Schicksal. Bonhoeffer stellte sich längere Zeit schweigend vor die Klasse, die Hände in den Hosentaschen, während die Jungen weiter lärmten.[31]

Ich stelle mich im Konferenzraum hin wie er, und dann wechsle ich abrupt die Rolle und mime die Jungen, wirbele mit den Armen, die Augen und Mund wütend und wild. Rasch wechsle ich wieder in Bonhoeffers Pose, stecke die Hände in die Hosentaschen. Zuverlässig ruft das die gleiche Reaktion hervor wie damals bei den Konfirmanden. Meine bereits aufmerksame Besuchergruppe wird noch hellhöriger und ist gefesselt, wobei die Geschichte sie mehr fesselt als die Fakten, die ich aufzähle.

Ich durchbreche die theatralische Stille mit sehr leiser Stimme: »Als er dann endlich zu sprechen beginnt, erzählt er ihnen Geschichten aus Harlem.«[32] Nein, eigentlich flüsterte er sie. Der schreiende, schubsende alte Pfarrer wurde abgelöst durch einen leise sprechenden Geschichtenerzähler, und rasch breitete sich diese Ruhe im Klassenzimmer aus. Bonhoeffer erzählte den Jungen nicht nur Geschichten aus Harlem, sondern auch aus der Bibel, »und besonders eschatologische Stellen«[33]. Die Disziplinprobleme, die den alten Pfarrer an den Rand des Nervenzusammenbruchs getrieben hatten, wichen »absoluter Ruhe« und Selbstdisziplin. Von nun zeigte die Klasse kein Fehlverhalten mehr. »Die Jungen sorgen selbst dafür«, beschrieb es Bonhoeffer.[34]

* * *

Wie ich schon sagte, war Bonhoeffers Erwachsenenleben nomadisch, manchmal auf verwirrende Weise. Er schien ständig zu kommen und zu gehen, wobei er seit 1935 immer wieder Station im Haus seiner Eltern in der Marienburger Allee machte, dem heutigen Bonhoeffer-Haus. Ich weiß aus Erfahrung, wie schwierig es sein kann, von diesem Unterwegssein zu erzählen. Auch unsere Familie kommt und geht von einem Land in ein anderes, und für unsere Freunde ist es eine große Herausforderung, den Überblick darüber zu behalten, wann wir wo sind. Ähnlich ging es mir bei Bonhoeffer. Ich brauchte eine Weile, bis ich mir die Fakten und Erlebnisse seiner vielen Reisen eingeprägt hatte wie die Fäden in einem Wandteppich.

Aus einer Liste mit Orten in aller Welt teilte man uns unseren nächsten Dienstort mit. Ich hatte immer gewusst, dass der Ort, an dem ich mit dem Schreiben dieses Buches begonnen hatte, nicht der sein würde, wo ich diese Worte in einem gedruckten Buch lesen würde. Als wir wussten, wohin es als Nächstes gehen würde, begannen sich unsere emotionalen Pflöcke, die wir im Berliner Boden eingeschlagen hatten, zu lockern. Es würde immer nur ein Dreijahressaison-Geschäft sein.

Wenn wir im nächsten Land angekommen sind, werden wir feststellen, wie sehr Berlin einen Platz in unserem Herzen erobert hat. Alle Orte, an denen wir gewohnt haben, tragen wir bei uns, erinnern uns voller Wertschätzung an schwer greifbare Charakterzüge, an einen besonderen und zeitgebundenen Geschmack, Klang oder Geruch. Jeder dieser Orte hat uns geformt, unser Leben bereichert und gleichzeitig unsere Liebe für unsere Heimat und sogar die Sehnsucht nach ihr vertieft. Da wir anderswo leben, schätzen wir sogar noch mehr, was an Amerika gut ist und uns Amerikaner zu dem macht, was wir sind. Und wir leiden an dem, was unserer Nation zu schaffen macht, an ihrem Kummer, ihren Sünden und ihrer Scham. Und wir wissen nur zu gut, dass das Amerika, an dem wir innerlich festhalten, oft mehr eine Idee und Hoffnung ist als eine lebendige Realität.

Berlin kennenzulernen, indem ich mich mit Bonhoeffers Leben beschäftigte, half mir, mein eigenes Leben besser zu verstehen. Zu sehen, wie das Transzendieren von Grenzen ihn formte, lenkte meine Aufmerksamkeit auf meine eigene Geschichte und die Grenzen, die ich überquert habe. Ich denke, seine Zeit in Harlem ermöglichte es Bonhoeffer, sein Berlin und dessen Arbeiterviertel besser zu verstehen. Durch Harlem war er besser dafür ausgerüstet, sich um die Wunden seiner eigenen Stadt zu kümmern. Mehr noch, mit den Menschen in Berlin mitzuleiden und Orte des Leidens und Überlebens mit anderen Orten des Leidens zu verbinden. Die Jungen von der Zionskirche brauchten Bonhoeffers Geschichten aus Harlem; weil Bonhoeffer Grenzen überschritten hatte, wurden Verbindungen zwischen diesen fernen Welten möglich.

Bonhoeffers Lebensgeschichte verengte meine Sicht auf Berlin, weil dadurch bestimmte Aspekte besonders wichtig wurden. Aber zugleich wurde meine Perspektive enorm geweitet, hin zu anderen, weit entfernten Orten. Bonhoeffers Leben bündelte wie eine Linse meine Berlin-Perspektive, aber gleichzeitig veranlasste sie mich, nach Büchern über die Harlem-Renaissance Ausschau zu halten, nur in der Vorstellung existierende Grenzen zu überwinden und Orte aufzusuchen, die sich vorher gar nicht auf meinem Reiseplan meines Lebens befunden hatten. Unsere Familie verbrachte einen schweißtreibenden Wandertag mit einer anschließenden unruhigen Übernachtung im Zelt auf der dänischen Insel Fanø, weil Dietrich Bonhoeffer dort 1934 an einer ökumenischen Konferenz teilgenommen hatte. Sein Leben weckte in unseren Leben die Neugierde, und es machte uns viel Freude, diese Orte in Berlin und weit davon entfernt zu entdecken, sei es per Auto, Schiff, Zug oder Buch.

Wer sich, wie Bonhoeffer, gerne auf unterschiedliche Orte einlässt, kann feststellen, dass unsere Herzen zwar durchlässig sein können und dennoch für vieles Platz haben. Wir können anderen gegenüber aufgeschlossen sein und dabei entdecken, dass wir dadurch nichts von uns selbst verlieren. Bei Bonhoeffer war es so, dass seine Auslandsreisen seine Heimatliebe nährten und stärkten. Seinem Doktorvater, Professor Reinhold Seeberg, schrieb er: »Aber es ist meines Erachtens schon gar kein Zweifel, dass erst aus der lebendigen Berührung mit anderen Geistern man selbst zur Gestaltung und Fassung dessen geführt wird, was man zu eigen hat.«[35] Das trifft nicht nur auf längere Auslandsaufenthalte zu, sondern auch auf das Lesen von Büchern und Besuche an Orten, die gar nicht so weit entfernt, aber *für mich* fremd sind.

* * *

Es war Mitte Januar 2017. Eigentlich gehörte der Tag uns. Wir konnten frei über ihn verfügen. Aber wir fühlten eine moralische Verpflichtung und staatsbürgerliche Verantwortung, die wichtiger waren als unsere persönlichen Wünsche. In dieser Hinsicht war es nicht *unser* Tag, obwohl mein Mann nicht arbeiten musste und die Kinder schulfrei hatten. Unsere freie Zeit widmeten wir der Freiheit: Wir gedachten eines Menschen und einer Bewegung. Es war »Martin Luther King Jr. Day« – und um Martin Luther King zu ehren, folgte unsere Familie in Berlin seiner Spur.

Zu den liebenswerten Besonderheiten des Lebens im diplomatischen Dienst gehört, dass man die Feiertage des Gastlandes ebenso wie die amerikanischen Nationalfeiertage begeht. Damit wird sichergestellt, dass das amerikanische Botschaftspersonal ein Gefühl für die örtlichen Sitten und Gebräuche entwickelt. Die Mitarbeiter bekommen frei, um mit einheimischen Nachbarn an örtlichen Festen teilnehmen zu können, aber auch, um unsere eigenen Feiertage zu begehen. Nachdem wir unseren Sohn in seinem deutschen Kindergarten abgesetzt hatten, weil wir wussten, dass er dort sehr viel mehr Spaß haben würde als bei einer Besichtigungstour mit Eltern und Geschwistern, machten wir uns auf nach Berlin-Mitte.

Wir brunchten in Barcomi's Deli, einem Café im New-York-Style, nahe bei der butterfarbenen Sophienkirche und den Hackeschen Höfen. In diesem Gewirr aus Häusern und Innenhöfen pulsierte einst jüdisches Leben. Nachdem wir uns mit Käse-Bagels – und, was mich betrifft, einer Menge Zwiebeln, Lachs und Kapern – gestärkt hatten, steuerten wir die Kirche an, betrachteten unterwegs die Schaufenster und verweilten ziemlich lange vor einem Spielwarengeschäft.

Eine kleine Tafel neben den schmiedeeisernen Toren der Sophienkirche erinnert an den 13. September 1964, an dem Martin Luther King diese Kirche besuchte. Heute, an seinem Gedenktag, informierten Plakate, die zusätzlich angebracht wurden, über dieses historische Ereignis. Als wir stehenblieben, um uns die Plakate anzuschauen, entdeckten wir auf der Straße unseren Freund Bill, den damaligen leitenden Pressesprecher der Botschaft. Wir riefen und winkten ihn herbei. Er war an seinem freien Tag unterwegs, um einige Besorgungen zu machen; weil seine Frau an einem Deutschkurs teilnahm und seine Kinder auf eine internationale Schule gingen, hatten sie nicht frei. Bill war also allein. Wir luden ihn ein, mit uns die Kirche zu besichtigen; immerhin war das Timing so perfekt, dass es eigentlich kein Zufall sein konnte. Wie es Bills Art im Umgang mit glücklichen Zufällen ist, nahm er die Einladung mit strahlendem Lächeln an.

Wie erwartet, herrschte im Inneren der Kirche eine andächtige Atmosphäre. Die vielen Besucher gingen umher oder saßen in den Kirchenbänken. Man hörte nur gedämpfte Unterhaltungen und das leise Knarren der Dielenbretter und Bänke. Vorne neben der Kanzel hatte sich eine kleine Gruppe versammelt. Vor dem Altar auf dem Boden stand ein tragbarer Lautsprecher, der an einen Computer angeschlossen war. Man hatte Transparente aufgehängt, und die Handzettel, die gerade von ein paar freiwilligen

Helfern eingesammelt wurden, deuteten darauf hin, dass hier etwas geschah, was mit Martin Luther King zu tun hatte.

Wie sich herausstellte, hatten wir den eigentlichen Gedenkgottesdienst für King verpasst. Aber mein Mann und Bill, die beide gut deutsch sprechen und als Diplomaten kommunikationsfreudig sind, begannen, sich mit einem der Helfer zu unterhalten. Also setzte ich mich hin und ließ die Szenerie in der Kirche auf mich wirken, während meine Töchter aufmerksam zuhörten. Sie waren damals schon wesentlich besser als ich in der Lage, der Unterhaltung zu folgen. Dann endlich übersetzte mir David zusammenfassend den Inhalt des Gesprächs.

Zunächst einmal freute es den Helfer sichtlich, dass zwei Mitarbeiter der US-Botschaft an diesem Tag die Kirche besuchten. Weil wir den Gottesdient nicht miterlebt hatten, bot er an, die Tonaufnahme der Predigt, die Martin Luther King 1964 in der Sophienkirche gehalten hatte, für uns noch einmal abzuspielen. Unglaublich war, dass er als Junge zuhörte, wie King hier predigte. Dieses Ereignis war also auch Teil seiner persönlichen Lebensgeschichte.

Martin Luther King hatte an diesem Tag im Jahr 1964 zunächst den Westsektor der Stadt besucht. Dann überquerte er die abweisende Grenze, die die Berliner Mauer gezogen hatte, um eine Botschaft an die Ostdeutschen zu richten, und vielen von ihnen gaben seine Worte Halt während der fünfundzwanzig Jahre, die nach seinem Besuch noch vergingen, ehe die Grenze geöffnet wurde. Willy Brandt, der während des Kalten Krieges Regierender Bürgermeister von Westberlin war, hatte King eingeladen, in Westberlin zu sprechen, und zwanzigtausend waren gekommen, um ihn in der Waldbühne zu sehen. Die US-Behörden beschlagnahmten Kings Pass, vermutlich um seine Reisemöglichkeiten einzuschränken, aber vorgeblich wegen der angespannten Sicherheitslage im Kalten Krieg. Für das State Department galt er als inspirierende, aber nicht unumstrittene Persönlichkeit, denn er hatte sich sehr kritisch über den Vietnamkrieg und einen moralisch schrankenlosen Kapitalismus geäußert. Die Kirchenleitungen in Ostberlin hatten King eingeladen, auch dort zu sprechen. Aber ohne Pass war unklar, ob man ihn über die Grenze lassen würde. Am Grenzübergang zeigte er zur Identifikation seine American-Express-Kreditkarte. Sie wurde als Identitätsnachweis akzeptiert, und man ließ ihn herein – oder heraus, je nach Perspektive.

Die Nachricht verbreitete sich im Ostteil der Stadt rasend schnell: King würde in der Marienkirche sprechen! Innerhalb kurzer Zeit versammelten sich Tausende Menschen, um Martin Luther King zu sehen. Die Kirche füllte sich bis auf den letzten Platz, und weitere Tausende warteten draußen in der Hoffnung, ihn zu sehen oder zu hören. Dann verbreitete sich eine neue Nachricht: King will auch in der Sophienkirche sprechen und ist auf dem Weg dorthin! Alle, die draußen gewartet hatten, eilten zur anderen Kirche, dorthin, wo wir nun saßen, am Martin Luther King Jr. Day 2017. Auch die Sophienkirche füllte sich damals bis auf den letzten Platz.

Der Helfer schaltete für uns den Lautsprecher ein, tippte auf ein Paar Tasten des Computers, und schon hörten wir das typische Knistern historischer Aufnahmen. Erneut füllte Martin Luther Kings Stimme die Kirche, und seine Worte rührten mich zu Tränen. Dem älteren Herrn war sehr daran gelegen, uns Fremden einen Eindruck von jenem Tag zu vermitteln. Ich stellte ihn mir als Jungen vor, der sich, an einen Kirchenpfeiler gepresst, bemühte, einen Blick auf King zu erhaschen, wie dieser die Stufen zur Kanzel hochstieg und dann unter ihrem gewölbtem Baldachin stand. Auch hier in der Sophienkirche sprach er von der Einheit der Christen, wie er es zuvor in West-Berlin getan hatte. Es waren überlebenswichtige Wahrheiten für jene, die auf der anderen Seite der Mauer lebten und von denen sich viele von der Welt im Stich gelassen fühlten:

> Ich freue mich, Ihnen Grüße von Ihren christlichen Brüdern und Schwestern in Westberlin überbringen zu können. … Ich überbringe Ihnen Grüße Ihrer christlichen Brüder und Schwestern in den Vereinigten Staaten.
> In einem ganz realen Sinn sind wir alle eins in Jesus Christus, denn in Christus gibt es keinen Osten, keinen Westen, keinen Norden, keinen Süden.[36]

Er stellte eine Verbindung her zwischen der Ost-West-Teilung Deutschlands und der Nord-Süd-Teilung in den Vereinigten Staaten, indem er fortfuhr: »Denn hier leben auf beiden Seiten der Mauer Gottes Kinder, und keine von Menschen errichtete Grenze kann diese Tatsache auslöschen.« Und dann, die Bibel zitierend, verkündete er: »Wo immer Aussöhnung stattfindet, wo immer Menschen ›die Wand der Feindschaft niederreißen‹ (Epheser 2,14), die sie von ihren Brüdern trennt, wirkt die Macht der Botschaft Christi.«[37]

Als ich die berühmte und vertraute Stimme hörte, diesen wahren Sohn Amerikas, diesen Propheten, der eine Botschaft des Gerichts brachte, damit die Menschen umkehren und Buße tun, liefen mir Tränen übers Gesicht. Auch hier wirkte die Macht der christlichen Botschaft, aufgeladen mit einer aus der Leidenserfahrung der Afroamerikaner geborenen Theologie. Sie bot Hoffnung, Licht und Inspiration für eine Gruppe von Ostdeutschen, die nun durch eine dunkle Zeit ihrer eigenen Geschichte gingen. In seinem Land wurde King von vielen beschimpft, weil er die kodifizierten Systeme fest verwurzelter Ungerechtigkeit bedrohte und Amerika aufforderte, gemäß seinen in der Verfassung proklamierten Idealen zu leben. Aber die Worte dieses Predigers aus Georgia brachten die Botschaft der Wahrheit in eine von Lügen verschmutzte Stadt und ermutigten die Menschen, die von ihren geliebten Angehörigen jenseits der Mauer und auch von sich selbst getrennt waren. Ich empfand es als großes Privileg, in dieser Kirche seine Worte zu hören, nur wenige Meter von der Kanzel entfernt, von der er damals gepredigt hatte. Am heutigen Nationalfeiertag wurde Kings Leben gewürdigt, ein Leben, das wie Dietrich Bonhoeffers im Alter von neununddreißig Jahren gewaltsam beendet wurde. Dieses Zusammenfließen historischer Augenblicke schien mir in keiner Weise zufällig. Beide Männer überschritten Grenzen, beide bauten durch ihr Handeln Brücken zwischen Menschen, die Leiden aus eigener Erfahrung kannten, und beide teilten wichtige Worte und Vorstellungen, die denen, die ihnen zuhörten, Grund zur Hoffnung gaben.

Als wir die Aufnahme angehört hatten, bedankten wir uns herzlich, und begleiteten den älteren Herrn in einen Nebenraum, wo er uns einige andere Erinnerungsstücke zeigte – darunter Schallplatten von Jazzsängern, die er sehr schätzte. Außerdem gab er uns einen Flyer, auf dem für den Abend zu einer Versammlung auf dem Pariser Platz eingeladen wurde, direkt vor der US-Botschaft. Man traf sich dort, um Spirituals zu singen, unter anderem »We Shall Overcome«, um auf diese Weise Martin Luther Kings zu gedenken und all das zu beklagen, was noch immer nicht überwunden ist.[38] »Da müssen wir unbedingt hingehen«, drängte ich meinen Mann, und später gingen wir tatsächlich mit kleinen Kerzen und Laternen zum Pariser Platz.

Ungefähr hundert Menschen versammelten sich dort an diesem Abend, und gemeinsam sangen wir, erhoben unsere Stimmen in miteinander geteilter Klage und Hoffnung. Es handelte sich nicht um eine politische Demonstration. Es waren viele verschiedene Menschen gekommen: Schwarze und Weiße, Deutsche und Amerikaner und Angehörige vieler anderer Nationen. Als wir nahe des Brandenburger Tores, mitten im vernarbten Herzen Berlins, vereint jenen Folksong sangen, der zur Hymne der amerikanischen Bürgerrechtsbewegung geworden war, musste ich daran denken, wie wenig sich die Dinge geändert haben, wie viele Grenzen noch immer überwunden werden müssen, wie weit unser Weg noch immer ist; und ich dachte, dass wir dennoch guten Grund zur Hoffnung haben.

Hannah auf ihrem Fahrrad in der Jugendverkehrsschule Berlin-Zehlendorf.

6. Kapitel

Bonhoeffer mit dem Fahrrad

Wir sollten nicht einfach in unserer Spur bleiben, wenn andere in ihrer Spur leiden.

Wie in vielen europäischen Großstädten wird auch in Berlin das Fahrradfahren ernst genommen. Die Regeln für die Radwege sind so formell wie für die Autostraßen, und als wir hierher kamen, mussten auch wir rasch lernen, Radfahrer als Verkehrsteilnehmer ernst zu nehmen. Wir kamen aus einem auf das Auto fixierten Land und neigten dazu, Radfahren als bloßes Hobby zu betrachten, das im Alltag keine große Rolle spielt. Wir waren daran gewöhnt, dass der Straßenverkehr vom Auto dominiert wird und ganz auf dieses zugeschnitten ist.

Europa ist da anders. Das Wegenetz in Westeuropa spiegelt eine größere Vielfalt der Verkehrsmittel wider, statt sich ausschließlich nach den Bedürfnissen der Autofahrer zu richten. Kraftstoff wird hier wesentlich höher besteuert, Parken ist teuer, und glücklicherweise ist es in Ballungsräumen wie Berlin durchaus möglich, ganz ohne Auto zu leben, auch wenn es nicht immer leicht ist. Wir kennen eine Menge Leute, die ausschließlich das Rad und öffentliche Verkehrsmittel nutzen – sogar Familien mit kleinen Kindern, die typischerweise schon sehr früh lernen, Fahrrad zu fahren. Für viele ist ihr Rad das wichtigste oder sogar einzige Privatfahrzeug. (Wenn man sich durch die richtige Kleidung gegen Kälte und Nässe schützt, ist es ein unglaublich vernünftiges Transportmittel und zudem gut für die körperliche Fitness, wie die Deutschen gerne erklären.)

Die Berliner Verkehrsinfrastruktur nimmt auf diese Vielfalt Rücksicht. Als verletzlichste Verkehrsteilnehmer haben Fußgänger an Kreuzungen Vorrang, signalisiert durch das beliebte grüne und rote Ampelmännchen.[1] Auch Radfahrern wird an den Ampeln ein leichter Vorsprung gewährt. Als leistungsstarke Schwergewichte der Straße müssen Autofahrer akzeptieren, dass sie als Letzte an der Reihe sind. In dieser integrierten Verkehrskultur ist alles aufeinander abgestimmt und vernetzt.

Damit ist aber nicht gesagt, dass sich alles nach den Verwundbaren richtet. Fußgänger und Radfahrer haben weiterhin mit unaufmerksamen, ungeduldigen oder einfach rüpelhaften Autofahrern zu kämpfen. Und manchmal lernen Touristen oder Neuankömmlinge – wie wir während unserer ersten Tage in Berlin – ziemlich abrupt, was ein Radweg ist. Wenn Touristen fotografierend und den Blick nach oben gerichtet durch die Gegend laufen, übersehen sie oft, dass ein Teil der breiten Bürgersteige für Radfahrer reserviert und entsprechend markiert ist. Das Verhängnis ereilt sie dann zunächst als unerklärliches Geräusch, um sogleich sichtbar zu werden: Wenn das *Ring! Ring!* der gesetzlich vorgeschriebenen Fahrradklingel die mäandernden Fußgänger nicht auseinandertreibt, folgt oft ein wütendes »ACHTUNG! ACHTUNG!«, während der Radfahrer versucht, zwischen den entgeisterteren Stadtfremden hindurchzurasen. Doch er ist im Recht. Nicht auf die markierten Radwege zu achten ist gefährlich.

Mit einem kleinen Jungen im Schlepptau lernte ich sofort, vorsichtig auf die Fahrradwege zu achten. Und diesen Respekt brachte ich auch unseren Kindern bei. Sie mussten verinnerlichen, an Radwegen genauso stehenzubleiben und nach rechts und links zu schauen wie vor dem Überqueren einer Autostraße. Die Markierung der Radwege ist unterschiedlich gestaltet: Manchmal heben sie sich durch rote Pflastersteine vom Fußgängerbereich ab; manchmal sind sie durch eine aufgemalte gestrichelte Linie von den Pkw-Fahrspuren abgetrennt. Jedenfalls lernten wir, diese Markierungen zu beachten, und gewöhnten uns an, vor dem Öffnen der Autotür auf die Radfahrer zu achten und nicht gedankenlos in den Radweg hineinzulaufen.

Während unseres ersten Jahres in Berlin schafften wir für mich ein Fahrrad mit Kindersitz an, auf dem ich unseren kleinen Sohn mitnehmen konnte. Ich benutzte es nicht so oft, wie ich gedacht hatte, und meine Entschuldigungen dafür hatten meistens mit dem Wetter zu tun: zu kalt, zu windig, zu regnerisch, zu heiß. Aber wenn ich Fahrrad fuhr – sei es, um unseren Sohn in den Kindergarten zu bringen oder sei es für kleinere Einkäufe –, war ich dankbar für die Fahrradwege und für die Regel, diese zu respektieren.

Als nach Monaten endlich auch unser Auto eintraf, haben sich meine Fahrgewohnheiten an diese Kultur angepasst. Zum Beispiel gewöhnte ich mir an, vor dem Rechtsabbiegen über die rechte Schulter zu blicken, um zu kontrollieren, ob sich von hinten ein Radfahrer näherte. Schon lange vor dem Abbiegen beobachtete ich den Radweg, um mich zu vergewissern, dass sich keine Radfahrer in der Nähe befanden.

Doch wenn ich selbst auf dem Rad saß, war ich stets darauf gefasst, von Autofahrern übersehen zu werden. Auf dem Fahrradsattel sind wir viel gefährdeter als im Auto. Ohne das Exoskelett der Autokarosserie ist der radfahrende Mensch mit all seinen weichen Körperteilen ungeschützt den Risiken der Straße ausgesetzt. Auf dem Rad empfand ich intensiv mein Körpersein, meine Grenzen, meine Verwundbarkeit in einer Welt, in der Menschen dazu neigen, abgelenkt und gedankenlos zu sein. Zwischen schnellen Autos zu Fuß oder mit dem Fahrrad unterwegs zu sein erinnert uns daran, dass wir letztlich sehr zerbrechliche Wesen sind.

Wenn ich meinen Sohn mit dem Rad in den Kindergarten brachte, genossen wir die frische Brise, hörten das Rauschen der Bäume, unter denen wir fuhren, betrachteten die Wolken und nahmen Dinge entlang der Straße wahr, die uns meistens entgehen, wenn wir im Auto sitzen – Wildblumen im Frühling, lustig aussehende Baumstumpfgesichter oder Dinge, die die Leute wegwerfen. Mein Sohn konnte natürlich freier beobachten, denn ich musste mich ja mit einer komplett neuen Landschaft voller Gefahren vertraut machen. Manchmal bewegte er sich plötzlich im Sitz – »Hast du das gesehen, Mami? Wow!« Ich wich wachsam nassem Herbstlaub, murmelähnlichen Eicheln und kleinen Schlaglöchern im Radweg aus, Hindernissen, die man beim Autofahren einfach ignorieren konnte. Auf dem Fahrrad waren diese kleinen Gefahren größer und bedrohlicher. Wir konnten sie spüren.

Aber ich will kein idyllisches Bild der Berliner Fahrradwege malen: Die gleichen Frustrationen, die Autofahrer erleben, existieren auch, wenn man auf dem Rad unterwegs ist. Manche fahren sehr schnell, andere langsam. Manche fahren so dicht an dir vorbei, dass es unangenehm ist; andere weigern sich, Platz zu machen. Die gleiche stressige Atmosphäre, die Autofahrer im Berufsverkehr gereizt und ungeduldig macht, herrscht oft auch auf den Radwegen. Menschen können sich als Radfahrer genauso gedankenlos und rüpelhaft verhalten wie hinter dem Steuer eines Autos. Auch die Radfahrer wollen pünktlich zur Arbeit kommen, Besorgungen erledigen und ihre kleinen Kinder zügig zum Abendessen nach Hause bringen. Aber unabhängig davon sind sie immer noch viel verwundbarer und exponierter.

Wenn ich zuerst Fahrrad und anschließend Auto fuhr, spürte ich, wie das Radfahren mich sensibler machte für diese verletzlicheren Verkehrsteilnehmer. Schließlich wollte ich ja selbst auch so behandelt werden, wenn ich auf dem Radweg unterwegs war. Ich wollte, dass die Autofahrer sich der Verletzlichkeit meines Körpers aus Knochen, Muskeln, Nerven und Haut voll bewusst waren. In dieser Hinsicht kann es uns auf eine sehr tiefgreifende Weise wieder menschlicher machen, wenn wir zu Fuß gehen oder Fahrrad fahren. Unsere Körper erleben dabei die Welt in geringeren Geschwindigkeit, die uns nicht atemlos macht.

Abgeschieden in den Panzern unserer Autos spüren wir unser weiches Fleisch oder den harten Boden nicht. Wir können die Welt ignorieren, während sie rasch an uns vorbeigleitet. Wir vergessen, dass wir trotzdem immer noch verwundbare Körper sind, wenn wir aufs Gaspedal treten und den großen Motor unseren Wagen beschleunigen lassen, Eicheln und Bucheckern plattwalzen, über wechselndes Straßenpflaster hinweg und an der Vielfalt der Stadtviertel vorbeibrausen. Diese Achtlosigkeit prägt unser Denken und wir neigen dazu, unseren Ausflüchten zu glauben.[2] Wir übersehen leicht die Verwundbaren um uns herum, die zu Fuß oder mit dem Rad unterwegs sind, oder lassen es ihnen gegenüber an Achtung fehlen. Wir sollten sie nicht bemitleiden; ich wollte als Radfahrerin niemals Mitleid! Aber als verletzlichere Verkehrsteilnehmerin wünschte ich mir den Respekt, der meine Menschlichkeit schützte und ehrte. Ebenso, wie ich wollte, dass die Autos in ihrer Spur blieben, war ich darauf angewiesen, dass sie mich auf meiner Spur wahrnahmen und beachteten.

Auf den Straßen des Lebens sind wir alle miteinander verbunden, auch wenn wir auf unterschiedlichen Fahrspuren reisen. Was auf einer Spur geschieht, wirkt sich unvermeidlich auch auf die anderen aus. Es ist dumm, wenn wir unsere Augen nur auf die eigene Fahrspur richten. Auf welche Art wir auch reisen, wir müssen einander sehen und aufeinander Rücksicht nehmen. Wir müssen achtsam sein und es ernst nehmen, wenn wir eine Klingel hören oder jemand von einer anderen Fahrtspur »ACHTUNG!« ruft.

* * *

»Ich werde jetzt ein längeres Zitat aus der Predigt eines Pastors vorlesen, die nach der Reichspogromnacht gehalten wurde, der Nacht vom 9. auf den 10. November 1938«, sagte ich zu der im Konferenzraum versammelten Gruppe. »Eine Woche nach dieser schrecklichen Nacht, in der intensiv kultivierter Antisemitismus und lange tolerierte, mit staatlicher Billigung stattfindende Verfolgung sich in ganz Deutschland zu Gewaltaktionen ausweiteten, die völlig straffrei blieben, sprach einer der Leiter der Bekennenden Kirche, Pfarrer Helmut Gollwitzer, diese Worte in der St.-Annen-Kirche in Berlin-Dahlem, der Kirche des inhaftierten Pastors Martin Niemöller.« Dann las ich vor:

> Wer soll denn heute noch predigen? Wer soll denn heute noch Buße predigen? Ist uns nicht allen der Mund gestopft an diesem Tage? Können wir heute noch etwas anderes als nur schweigen? Was hat nun uns und unserem Volk und unserer Kirche all das Predigen und Predigthören genützt, die ganzen Jahre und Jahrhunderte lang, als dass wir nun da angelangt sind, wo wir heute stehen, als dass wir heute haben so hereinkommen müssen, wie wir hereingekommen sind? Was muten wir Gott zu, wenn wir jetzt zu ihm kommen und singen und die Bibel lesen, beten, predigen, unsere Sünden bekennen, so, als sei damit zu rechnen, dass Er noch da ist und nicht nur ein leerer Religionsbetrieb abläuft! Ekeln muss es ihn doch vor unserer Dreistigkeit und Vermessenheit.[3]

Ich fuhr fort: »Dieses geschah, während Bonhoeffer in Hinterpommern die Sammelvikariate betreute. Er erfuhr, dass in einer benachbarten Stadt die Synagoge angezündet worden war. Und weil er wusste, wie tief der Antisemitismus in der christlichen Theologie eingewurzelt war, stellte er rasch Kriterien auf, wie das Ereignis zu bewerten sei: Dieser Akt des Terrors war keine Strafe Gottes für die Juden. Mehr noch, sagte er zu seinen Schülern: Wer bequem in einer Kirche sitze, müsse wissen, dass dann, wenn man Synagogen anzündet, als Nächstes die Kirchen angezündet werden. In seiner Bibel unterstrich er damals im 74. Psalm den Satz: ›Sie verbrennen alle Häuser Gottes im Lande.‹ Daneben schrieb er ›9.11.38‹.«[4]

Die Gruppe, die sich an diesem Morgen im Bonhoeffer-Haus versammelt hatte, war bunt gemischt. Manche gehörten zu meinen nahen Freunden, bei manchen handelte es sich um entferntere Bekannte, und auch einige neue Gesichter waren dabei. Auch ein paar Kinder waren Teil der Gruppe. Die Teilnehmer gehörten unterschiedlichen Glaubensrichtungen an, einige waren bekennende Atheisten. Aber wir alle kamen aus dem Kreis der Mitarbeiter der US-Botschaft in Berlin und deren Angehörigen. Ich fühlte mich verpflichtet, ihnen zu erzählen, wer ich bin, und zu erklären, welche moralische Verpflichtungen ich ihnen gegenüber empfand:

»Ich bin nicht nur, wie auch einige von Ihnen, mit einem Mitarbeiter des Auswärtigen Dienstes verheiratet, sondern ich bin auch Christin, und während dieses gemeinsamen Besuches werde ich mich auf Ideen und Konzepte aus der christlichen Theologie und Ethik beziehen. Aber meine Beschäftigung mit Bonhoeffers Leben hat mich daran erinnert, wie sehr wir alle miteinander verbunden sind, und dass Theologie niemals Privatsache ist. Was wir in unseren Religionsgemeinschaften glauben und lehren, wirkt sich auch auf diejenigen aus, die diesen Gemeinschaften nicht angehören. Die Art, wie ich denke, spreche und handle, wirkt sich auf die Welt aus. Dass wir nicht Teil der gleichen Religion oder Kultur sind, bedeutet nicht, dass unsere Welten getrennt existieren und sich nicht beeinflussen.

Es tut uns wirklich gut, laut über unseren Glauben und unsere moralischen Verpflichtungen nachzudenken, gerade auch in Gegenwart von Menschen, die vielleicht anderer Meinung sind oder deren Weltbild sich stark von unserem unterscheidet. Unser Glauben ist niemals privat, und er kann sich sehr stark auf andere auswirken. Wir sollten uns bewusst sein, dass unser Handeln Folgen für andere hat. In der Nazizeit ließen viele Christen hier in Deutschland und anderswo ihre jüdischen Mitmenschen im Stich und verweigerten auch anderen gesellschaftlichen Gruppen Hilfe. Sie schwiegen, als sie eigentlich ihre Stimme hätten erheben müssen; sie schauten der Verfolgung tatenlos zu, und in manchen Fällen beteiligten sie sich sogar bereitwillig an den Verbrechen. Oft benutzten sie ihre Religion, um damit Gewalt und Völkermord zu rechtfertigen. Diese schreckliche Tatsache dürfen wir nicht verdrängen. Diese Menschen erkannten nicht, wie sehr ihr eigenes Leben mit denen verbunden ist, denen Leid zugefügt wird.

In diesem Haus, einem Ort des Gedenkens und der Konfrontation mit begangenem Unrecht, appelliere ich an Sie, sich für die Einsicht zu öffnen, dass wir alle miteinander verbunden sind; wir alle bilden die menschliche Gemeinschaft. Und was an einem Ort geschieht, hat oft direkte Auswirkungen auf Menschen an anderen Orten. Wir müssen lernen, einander zuzuhören und offen miteinander zu sprechen. Und wir müssen es ernst nehmen, wenn andere uns sagen, dass unser Verhalten ihnen Angst macht oder für sie leidvoll ist.«

* * *

In seinem kleinen, 1979 erschienenen Buch *Prayer and Righteous Action in the Life of Dietrich Bonhoeffer* beklagte Eberhard Bethge, dass die Bedingungen für Hitlers Aufstieg und Machterhalt immer noch am Werk seien, auch wenn Hitler besiegt und der Nationalsozialismus auf den Müllhaufen der Geschichte geworfen wurde. In seinem Weihnachtsbrief »Nach zehn Jahren« von 1942 sprach Bonhoeffer von der Dummheit, und so sieht es auch Bethge in seinem Buch. Er weist darauf hin, dass es nicht die ungebildete Masse gewesen sei, die Hitlers Aufstieg ermöglichte. Vielmehr wurde seine Herrschaft von denjenigen ermöglicht, die sich für gebildet hielten und die über echte Macht verfügten. Die, die behaupteten, es besser zu wissen, benahmen sich wie Narren. Das waren jene Intellektuellen und Hochqualifizierten in zahlreichen gesellschaftlichen Bereichen, die glaubten, sie könnten Hitler, auch wenn sie ihn und seine Partei für anrüchig und unappetitlich hielten, unter Kontrolle halten und für ihre Zwecke einspannen, damit er die Veränderungen durchsetzte, die sie sich wünschten.

Sie »blieben in ihrer Spur«, wie Bethge sagte, und kümmerten sich nicht um die Welt außerhalb ihrer eigenen engstirnigen Interessen. Sie fühlten sich verantwortlich nur »innerhalb der Grenzen ihrer eigenen Arbeit« und für die Politik, die sie umgesetzt sehen wollten.[5] Viele dieser Menschen in hohen Führungspositionen betrachteten sich selbst als unpolitisch und ließen es deshalb geschehen, dass Hitler und seinesgleichen das kulturelle und politische Vakuum füllten und ungestraft ihre Verbrechen begehen konnten. Ebenso wollte die Kirche einfach nur das Lied mit dem Refrain »Lasst die Kirche die Kirche sein« singen und verschloss damit die Augen vor der Tatsache, dass sie sich damit zum nützlichen Helfer der Nazis machte. Die Kirche stellte somit *keine wirkliche Gefahr* für die Nazi-Machthaber dar. Statt, wie Bonhoeffer es forderte, harte und pointierte

Fragen an den Staat zu stellen, beschäftigte sich die Kirche ausschließlich mit ihrem eigenen Überleben oder begab sich sogar enthusiastisch in die arische Gefangenschaft. Für diese Selbstaufgabe und Selbstverleugnung zahlte sie einen hohen Preis. Je länger der Widerstand hinausgezögert wurde, desto teurer wurde er am Ende, meinte Bethge.[6] Geschäfte mit dem Teufel enden garantiert in der Hölle.

* * *

Es war vor der Wintersonnenwende, am kürzesten Tag des Jahres 2018. Ich sollte kurzfristig eine Führung übernehmen. Weil ich wusste, dass am Bonhoeffer-Haus neue Schlösser eingebaut worden waren, sprach ich mich mit Martin ab, um sicherzustellen, dass ich bereits ins Haus konnte, bevor mir mein neuer Schlüssel ausgehändigt wurde. Als wir vor dem Haus standen und er mir die Prozedur erklärte, mit der ich hineingelangen konnte, fragte ich ihn, warum sie überhaupt neue Schlösser benötigten.

»Es hat hier in der Nachbarschaft in letzter Zeit mehrere Einbrüche gegeben«, sagte er.

»Oh, wie furchtbar, Martin. Das tut mir leid.«

»Nun, es ist dunkler geworden«, sagte er. Ich nickte ernst, als wäre die Dunkelheit eine Metapher dafür, dass unsere Welt dunkel und fremd wird, alte Bündnisse zerbrechen, sogar alte Nationalismen wieder zum Vorschein kommen. Doch noch während ich diesen dramatischen Gedanken nachhing, erkannte ich, dass er einfach nur den Winter meinte; die Tage waren kürzer, es war viel länger dunkel. Vielleicht hatte ich an diesem Morgen zu viel Kaffee getrunken, jedenfalls war ich nervöser, ängstlicher als sonst. Die Tage fühlten sich tatsächlich dunkler an, und es lag nicht nur am Winter.

Als ich wieder zu Hause angekommen war, habe ich mich daran gemacht, etwas für die Weihnachtstage zu backen. Ich wollte ein paar süße Geschenke für die Lehrer unserer Kinder zubereiten, vor allem ein Rezept für einen Cranberry-Kuchen mit frischen Beeren. Ich hatte tiefgekühlte Cranberries gehortet, die vor Thanksgiving für kurze Zeit in den Supermärkten auftauchten, als geschäftstüchtiger Gruß an die vielen Amerikaner, die hier in diesem Viertel wohnten. Die lange Backzeit des Kuchens wollte ich nutzen, um mit dem Fahrrad ein paar Orte zu erkunden, die für Bonhoeffers Leben wichtig waren. Ich wollte sehen, wie sie miteinander verbunden waren, und sagte mir, dass sich das per Rad besser nachvollziehen ließ.

Schon Monate zuvor hatte ich auf meinen regelmäßigen Spaziergängen versucht, einige dieser Orte zu Fuß zu besuchen, aber ich habe mich in diesem Teil des Grunewaldviertels oft verlaufen. Die unmittelbare Umgebung unseres Hauses kannte ich inzwischen gut, und Bonhoeffers ehemalige Wohngegend lag nicht weit davon entfernt. Eine Erkundung mit dem Fahrrad würde mir eine neue Chance geben, diese Orte persönlich kennenzulernen, und zwar etwas weniger zeitaufwendig als zu Fuß. Als ich den Kuchen in den Backofen geschoben hatte, setzte ich mir meinen Helm auf und radelte die Straße hinunter, die großen Kiefern des Grunewalds zu meiner Linken.

Ich bog nach links in eine schmale, kopfsteingepflasterte Straße ein, die am Eingang eines 1899 gegründeten Sportklubs vorbeiführte. Mit dem Auto war ich schon oft daran vorbeigefahren. Ich fragte mich, ob die Bonhoeffers wohl Mitglieder dieses Klubs gewesen waren. Als er sich auf seine Stelle in Barcelona vorbereitete, schrieb Dietrich an den überarbeiteten dortigen Pastor und erkundigte sich nach der angemessenen Garderobe für auswärtige Abendessen und Tennissport. Sei zum Dinner der Frack üblich und welche Kleidung wurde in den Sportklubs erwartet? Ich fand diese Korrespondenz, in der sich Bonhoeffers aristokratische Herkunft offenbarte, immer etwas snobistisch. Bei meinen vielen Autofahrten am Gelände dieser teuren Sportanlage vorbei, sah ich die Klientel aus makellosen schwarzen Mercedes, Audis und Land Rovern steigen, ganz in Weiß, Tennisschläger über der Schulter hängend – ein perfektes Bild der Welt von Berlin-Grunewald, die sich seit Bonhoeffers Tagen kaum verändert hatte. Als ich in meinem rosafarbenen Old-Navy-Mantel schnaufend dort vorbeiradelte, dürfte für Beobachter außer Frage gestanden haben, dass ich nicht zu dieser Welt gehörte.

Nun ging es nach rechts in den Wildpfad. An dieser kopfsteingepflasterten Straße befindet sich der Wohnsitz des niederländischen Botschafters. Diplomatische Residenzen und Botschaftseinrichtungen sind in unserem Viertel recht häufig. Dazu zählt auch die Residenz des schwedischen Botschafters, mit den typischen Fahnen und einer am Tor angebrachten Tafel, die über die Geschichte des Hauses informiert. 1966 fanden hier Gespräche zwischen dem Regierenden Bürgermeister Willy Brandt und dem in Ostberlin residierenden russischen Botschafter statt. Das war der Beginn einer von Brandt als »Ostpolitik« bezeichneten Entspannungsphase zwischen der Bundesrepublik und der Sowjetunion, die bei den Vereinigten Staaten Missfallen erregte. Anders als die niederländische Botschaft mit dieser gebieterischen Grande Dame von einem Haus, wohnt der schwedische Botschafter in einem schlichten, modernen Gebäude. Ich bog nach links in die Hagenstraße ab, dann nach rechts in die Richard-Strauß-Straße und von dort nach links in die Furtwänglerstraße. Nun befand ich mich in Bonhoeffers Welt, dem Herzen des Grunewald-Viertels.

Lange Boulevards, diagonale Straßen, verschiedene Straßennamen und Kreisverkehre erschweren dort die Orientierung. Da mir eine solide Vogelperspektive des Straßennetzes fehlte, fiel mir die Orientierung in diesem Viertel schon öfter schwer. Nun, da ich nicht mehr hinter dem Lenkrad meines Autos eingeschlossen war, wollte ich, dass mein Körper das Gebiet kennenlernte.

Weiter geradeaus sah ich den Turm der Grunewaldkirche. Das war die Gemeinde der Familie Bonhoeffer gewesen, deren Gottesdienste sie gelegentlich besuchten. Dietrich und seine Zwillingsschwester Sabine wurden dort im Alter von vierzehn Jahren für den Konfirmandenunterricht angemeldet, und als Dietrich 1921 konfirmiert wurde, bekam er die Bibel seines verstorbenen Bruders Walter, die er dann sein ganzes Leben lang verwendete.[7] Während seiner Jahre theologischen Studierens und Schreibens in Berlin leitete Dietrich eine Kindergottesdienstgruppe an der Grunewaldkirche, und seine ausgesprochene Begabung im Umgang mit Kindern zeigte sich daran, dass die Gruppe rasch Zulauf erhielt.[8] An der Grunewaldkirche rang er vermutlich mit der Frage, ob er Pfarrer werden sollte, was seiner Freude am Umgang mit Menschen, vor allem mit jungen Menschen, entgegengekommen wäre, oder ob er die Laufbahn eines akademischen Theologen einschlagen sollte. Dafür sprachen sein agiler Verstand und sein Geschick im Umgang mit Worten und Ideen. Am Ende seines Lebens hatte er beide Berufungen voll und ganz für sich angenommen und er ging ihnen mit ganzem Herzen nach, wo immer er war.

Vor der Kirche stieg ich vom Rad und ging zur Eingangstür, unter einer Art Torbogen aus dicht verschlungenem Wilden Wein hindurch. Wie schon bei meinen früheren Spaziergängen war die Tür verschlossen, aber ich las mir die Terminankündigungen für die Weihnachtswoche und anstehende Konzerte durch.

Mein nächster Halt war Bonhoeffers Schule, die damals Grunewald-Gymnasium hieß und heute den Namen Walter-Rathenau-Gymnasium trägt. Selbst bei der Namensänderung gibt es einen Bezug zu Bonhoeffer, denn es heißt, er hätte die Schüsse gehört, als Walter Rathenau, deutscher Außenminister in den unruhigen Zeiten der Weimarer Republik und jüdischen Glaubens, Opfer eines Attentats wurde. Am 24. Juni 1922 wurde Rathenau in der Nähe seines Wohnhauses in der benachbarten Koenigsallee auf offener Straße erschossen, als er in seinem von einem Chauffeur gelenkten Wagen zum Dienst fahren wollte. Die Ermittlungen ergaben, dass es sich bei den Mördern um Mitglieder der Organisation Consul handelte, einer rechtsextremen Gruppierung, die sich dem Kampf gegen »Internationalismus, Sozialdemokratie und Judentum« verschrieben hatte.[9] Heute steht am Tatort ein Gedenkstein für Rathenau.

Anders als das Viertel, in dem das Bonhoeffer-Haus steht, geht das Grunewald-Viertel auf Vorstellungen Otto von Bismarcks zurück, gedacht für die Eliten und Wohlhabenden. An diesen schön angelegten Boulevards wohnten Führungspersönlichkeiten aus Wissenschaft und Politik (wie Rathenau), »Finanziers und Industrielle«[10], Gelehrte (unter anderem der Historiker Hans Delbrück und der evangelische Theologe Adolf von Harnack), »Filmproduzenten und Filmstars«[11] und auch die Bonhoeffers. Nach seinem ersten Studienjahr in Tübingen kehrte er hierhin in sein Elternhaus zurück. Mit Adolf von Harnack, seinem Theologieprofessor und Nachbar, fuhr er zusammen vom Bahnhof Halensee zur Universität in der Innenstadt. Dem pensionierten Professor, der weiterhin Vorlesungen hielt und für besondere Studenten, zu denen Bonhoeffer gehörte, Seminare durchführte, soll dieses gemeinsame Ritual Freude gemacht haben.[12]

Auf meinem Weg zum Gymnasium bog ich falsch ab. Ich drehte eine lächerlich orientierungslose (oder, genauer gesagt, gedankenlos der Google-Maps-Stimme gehorchende) Runde, bei der ich zweimal an denselben parkenden Autos vorbeikam, was zeigte, wie sehr ich mich verfahren hatte. Ich beschloss, aus meinem gedankenlosen GPS-Gehorsam auszubrechen und mich absichtlich und bewusst zu verirren, wodurch ich dann letztlich doch am Gymnasium ankam. Ich fuhr langsam an dem cremefarbenen Gebäude vorbei und hielt nach der Gedenktafel Ausschau, die an jene ehemaligen Schüler erinnert, die im Widerstand gegen die Nazis gekämpft hatten. Eine Kollegin aus dem Bonhoeffer-Haus arbeitete als Lehrerin an dieser Schule. Die Gedenktafel an der Schule regte sie dazu an, mehr über Bonhoeffer zu erfahren. Kurze Zeit später besuchte sie das Bonhoeffer-Haus und engagiert sich dort seitdem als ehrenamtliche Helferin.

Auf den Stufen vor dem Eingang saß ein Schüler und scrollte auf einem Smartphone. Hinter ihm, an der Außenwand des Schulgebäudes, entdeckte ich drei Statuen zwischen den Fensterreihen. Die drei männlichen Figuren sehen seltsam kreuzförmig aus, obwohl sie Tugenden verkörpern sollen. Später fand ich heraus, dass auf der Gedenktafel des Gymnasiums für seine im Widerstand gegen die Nazis ermordeten Schüler vier Namen genannt sind: Dietrich Bonhoeffer, Justus Delbrück, Hans von Dohnanyi und Bernhard Klamroth. Angebracht wurde die Tafel fünfzig Jahre nach dem fehlgeschlagenen Attentat vom 20. Juli 1944.

Von dort radelte ich zu Dietrichs Elternhaus, Wangenheimstraße Nr. 14. In der dreigeschossigen, bernsteinfarbenen Villa an einer schmalen, kopfsteingepflasterten Straße[13] sind heute Apartments und Büros untergebracht. Ich stieg ab und machte, im Gegensatz zu meinen früheren Besuchen, ein paar Fotos. Die von der Stadt angebrachte Gedenktafel, die darauf hinweist, dass dies einst das Wohnhaus von Dr. Karl und Dietrich Bonhoeffer war, gleicht jener am Bonhoeffer-Haus. Das gab mir eine gewisse Rechtfertigung für mein Fotografieren, aber zu lange hielt ich mich trotzdem nicht auf.

Vor der Rückfahrt schaute ich mir die Straßenkarte auf meinem Smartphone gleich zweimal an und trotzdem schaffte ich es, auf der Wangenheimstraße falsch abzubiegen. Die Stimme meiner Handynavigation drängte mich wiederholt umzudrehen, aber ich ignorierte sie. Ich sah, dass die Straße vor mir eine scharfe Linkskurve machte, und als ich mich der Kurve näherte, schwoll der Verkehrslärm an. Ah, ja! Berlins Stadtautobahn, die A100, führt mitten durch dieses Viertel. Als ich um die Kurve fuhr, sah ich links eine Fußgängerbrücke, die über die A100 führte. Auf der anderen Seite erkannte ich die vertrauten Geschäfte des Kurfürstendamms, der dieses »Slum für Millionäre« mit dem Herzen der Stadt verbindet. Nun wurde mir klar, wie nah der S-Bahnhof Halensee lag, von dem aus Harnack und Bonhoeffer einst zur Universität pendelten. Zwar war ich dort schon mit dem Auto vorbeigefahren, um herauszufinden, warum Bonhoeffer diesen Bahnhof benutzt hatte, aber vom Auto aus hatte ich nicht gesehen, wie gut die Anbindung war. Vom Fahrrad aus erkannte ich das nun. Da meine Strategie, mich bewusst zu verfahren, so gut funktionierte, beschloss ich, so weiterzumachen und zu schauen, was dabei noch zutage trat. Also fuhr ich über die Brücke.

In der Mitte hielt ich an. Unter mir brausten die Autos dahin wie rauschendes Wasser. Mit dem Auto war ich schon hundertmal unter dieser Brücke hergefahren, ohne sie zu bemerken. Ich radelte weiter, und auf der anderen Seite der Brücke folgte ich der Straße, die in einer Kurve in die Auguste-Viktoria-Straße einmündete. Ich staunte darüber, wie diese Viertel und Straßen miteinander verbunden waren, wie nah und doch unbekannt sie meinem Leben waren. Die Radtour half mir, die Verkehrsadern dieses Teils der Stadt in einer Weise kennenzulernen, wie es mit dem Auto unmöglich war.

Nachdem ich in die Paulsborner Straße eingebogen war, kam ich an einer italienischen Trattoria vorbei und fuhr dann links in die Hubertusallee. Wie eines von C.S. Lewis' Pevensie-Kindern, das aus dem Kleiderschrank gerade wieder aus Narnia ins gute, alte, regnerische und umkämpfte England ausgespuckt wurde, war ich von Bonhoeffers Lebenspfaden wieder zurück auf meinen eigenen gelangt. Meine improvisierte Erkundungsfahrt hatte mir geholfen, für sein Leben wichtige Orte gedanklich besser kartografieren zu können: die Kirche seines Viertels, auf deren graue Steinsilhouette mehrere Straßen zuliefen; sein Gymnasium, ein gewöhnliches Gebäude mit bemerkenswerten Ehemaligen; sein Elternhaus, gut ausgestattet, aber keineswegs außergewöhnlich inmitten der anderen gut ausgestatteten Häuser an dieser schmalen Wohnstraße; der in der Nähe gelegene Bahnhof. Das lag alles so nah beieinander und war durch Bonhoeffers Leben verbunden. Ich schaute auf die Uhr. Der Kuchen war nun bald fertiggebacken, also fuhr ich, nun wieder fest in meinem Leben verankert, zurück nach Hause.

Am nächsten Tag kehrte ich wieder in Bonhoeffers Welt zurück und führte eine Gruppe durch das Bonhoeffer-Haus. Ich fuhr mit dem Auto genau über diesen Abschnitt der A100, und diesmal rauschte ich nicht achtlos unter der Fußgängerbrücke hindurch, die ich am Tag zuvor überquert hatte. Stattdessen spähte ich nach oben, solange ich die Verbindungslinie aus diesem anderen Blickwinkel sehen konnte. An der Brücke war eine Hinweistafel angebracht. Ich las: *Bei Stau, Rettungsgasse!*

Die Rettungsgasse gehört zu den beeindruckenden Aspekten des deutschen Straßenverkehrs. In dichtem Verkehr oder bei Stau sind die Autofahrer verpflichtet, eine Gasse für Krankenwagen und die Feuerwehr zu bilden. Auf einer sechsspurigen Autobahn wird auf der linken Spur dicht entlang der Leitplanke über den Randstreifen gefahren. Auf der mittleren und der rechten Fahrspur fährt man weit rechts. Die Fahrer tun das immer, wenn der Verkehr dicht wird, auch wenn sich gar kein Krankenwagen nähert. Dass eine solche Rettungsgasse gebildet wird, ist nicht nur liebenswert; es beruhigt. Es ist ganz sicher besser als Autofahrer, die wutschnaubend hinter dem Steuer sitzen und versuchen, ihr Territorium zu verteidigen, während der Verkehr vorwärtskriecht.

Diese Warntafel auf meinem Weg zum Bonhoeffer-Haus machte mich nachdenklich. Staus sind ein Phänomen, dem wir fast immer ohnmächtig ausgeliefert sind. Etwas geht schief, Unfälle geschehen und der bislang reibungslos fließende Verkehr schleppt sich plötzlich in zähem Stop-and-Go dahin. Ein Unfall, der sich früh am Morgen ereignet, kann noch lange, nachdem die Fahrbahn freigeräumt wurde, weiterwirken. Und die Stockung im Verkehr breitet sich von den Hauptarterien auf die Nebenstraßen aus, auf denen die Autofahrer versuchen, dem Stau auszuweichen.

Im Stau entdecken wir Autofahrerinnen und -fahrer wieder, wie eng wir alle miteinander verbunden sind. Wenn der Verkehr ungehindert fließt, müssen wir weder viel über die anderen Verkehrsteilnehmer nachdenken, noch haben wir das Gefühl, dass ihre Gegenwart sich auf uns auswirkt. Doch wenn der Stau des Lebens sich in unserer verbundenen Welt ausbreitet, nehmen wir unvermeidlich ein dicht verflochtenes Durcheinander wahr, frustriert darüber, dass unsere Pläne durch Einflüsse durchkreuzt werden, über die wir keine Kontrolle haben. Nur indem wir Geduld und Ruhe bewahren und sogar bereit sind, anderen den Vortritt zu lassen, statt mit Wut auf sie zu reagieren, können wir dazu beitragen, dass der Verkehr sich wieder entwirrt.

Und wenn wir im Stau feststecken, können wir eine Rettungsgasse bilden. Mein Deutsch ist schlecht, aber mein kirchenbezogener Wortschatz wird in unserer zweisprachigen Berliner Kirche regelmäßig trainiert. Das Wort »Retter« höre ich in der Kirche oft; wir nennen Jesus »unseren Retter«, und mit Rettung ist Erlösung gemeint. Vielleicht sind wir nicht in der Lage, uns aus eigener Kraft aus dem Stau des Lebens zu befreien, aber wir können lernen, eine Rettungsgasse zu bilden. So schaffen wir Platz für das Gute. Statt nur auf unseren eigenen Vorteil bedacht zu sein, ermöglichen wir, dass das Gute ungehindert zu denen strömen kann, die es gerade benötigen.

Bonhoeffer wusste: Wer von sich behauptet, Jesus, dem Retter, nachfolgen zu wollen, muss auch für das Wohlergehen der Menschen auf den anderen Fahrspuren Sorge tragen. Die Kirche darf sich nicht nur um »ihre eigene Spur« kümmern, wenn auf den anderen Spuren Menschen in Not geraten – doch überwiegend verhielt sie sich leider genau so. Aber da waren auch jene, die dem von den Nazis aufgebauten Druck widerstanden, einen klaren Kopf behielten und eine Rettungsgasse bildeten.

* * *

Im Regal der Leihbibliothek für die Mitarbeiter unserer Botschaft und deren Angehörige fiel mein Blick auf das Buch *Frauen: German Women recall the Third Reich* von Alison Owings (Titel der deutschen Ausgabe: *Eine andere Erinnerung. Frauen erzählen von ihrem Leben im Dritten Reich*). In der zweiten Hälfte der 1980er-Jahre, also ungefähr zu der Zeit, als das Bonhoeffer-Haus eröffnet wurde, führte Owings, eine junge amerikanische Autorin, Interviews mit deutschen Frauen über ihre Erfahrungen in der Zeit der Nazi-Diktatur. Das Buch erschien 1993 (deutsch 1999) und wurde von der Kritik hochgelobt. Es enthielt, wie es in manchen Rezensionen hieß, intime Porträts eines Feindes. Owings hatte den Eindruck, dass trotz der umfassenden Forschungen über Nazi-Deutschland viel zu wenig über die Rolle und die Erfahrungen von deutschen Frauen in jener Zeit berichtet wurde – »durchschnittlichen« Frauen, deren Beitrag zum zivilen und politischen Leben von der offiziellen Geschichtsforschung allzu oft übersehen wird. Bewaffnet mit einem Kassettenrekorder, traf sich diese junge, unabhängige Journalistin mit möglichst vielen dieser Frauen und nahm auf, was sie ihr von damals erzählten. Als sie die Fühler nach möglichen Zeitzeuginnen ausstreckte, wusste sie nicht, ob überhaupt jemand antworten würde.

Doch es meldeten sich zahlreiche Frauen – mit im Hinblick auf die Nazizeit recht unterschiedlichen Einstellungen und Erfahrungen. Manche waren antisemitisch eingestellt (und behielten diese Einstellung bei!) und glaubten an die Nazi-Ideologie; andere schlugen sich einfach durch und taten, was für das eigene Überleben nötig war; wieder andere gingen persönliche Risiken ein und widersetzten sich den Eingriffen der Nazis in das Alltagsleben. Manche beteiligten sich sogar aktiv am Widerstand. Owings war überrascht, wie viele Frauen bereit waren, sich interviewen zu lassen: »Es schien, als hätten sie seit Jahrzehnten darauf gewartet, dass jemand kam und ihnen Fragen stellte.«[14] Sie bereitete ein paar Fragen vor, aber überwiegend hörte sie den Frauen einfach zu und ließ sie von sich aus erzählen. Gelegentlich hakte sie nach, um besser nachvollziehen zu können, was sie während dieser kurzen und endlosen zwölf Jahre geistiger und politischer Finsternis gedacht und getan hatten.[15] Owings betonte, dass die Interviews nicht dazu gedacht waren, einen bestimmten Teil der Bevölkerung zu repräsentieren, sondern dass sie zeigen wollte, wie einzelne Menschen diese Zeit überstanden hatten. Ihr Buch ist ein vielschichtiges Zeugnis, eine Chronik menschlichen Lebens und Denkens.

Ich fand diese Chronik unter anderem deshalb so faszinierend, weil ich selbst in die Kategorie passe, die sie interviewte. Ich gehöre zu jenen Menschen, die von Historikern und Journalisten normalerweise nicht interviewt werden; mein Leben ist historisch unbedeutend. Ich bin eine amerikanische Hausfrau, deren Alltag für Twitter-Erregung, Schlagzeilen oder Experteninterviews irrelevant ist. Man könnte leicht glauben, meine kleinen Handlungen spielten für das große Bild der Menschheitsgeschichte keine Rolle. Nur sehr selten betrachte ich mein Leben aus der Vogelperspektive, denke über sein Wegenetz nach oder ordne es in die größeren gesellschaftlichen und politischen Zusammenhänge ein. Ich betrachte mich nicht als Akteurin auf der großen Bühne des Weltgeschehens, und noch weniger sehe ich mich als Person, die Veränderungen bewirken, Sand ins Getriebe streuen oder in größerem Maßstab Gutes bewirken kann. Und ich vermute, viele der Frauen, die Owings interviewte, dachten von sich genauso. Doch als ihre Kinder erwachsen wurden und zu verstehen versuchten, was in der Nazizeit geschehen war, wurde vielen dieser Frauen klar, dass sie ein Alibi brauchten – eine Erklärung, vielleicht sogar einen Beweis – für ihr Handeln oder Nichthandeln. Ich selbst halte es kaum für möglich, dass ich einmal in die Lage kommen könnte, mich historisch rechtfertigen zu müssen; ich glaube einfach nicht, dass ich dafür wichtig genug bin.

Die Interviews sind so schockierend und sonderbar wie das Leben in Nazi-Deutschland; sie entziehen sich einem einfachen Urteil. Und Owings weigerte sich zu Recht, gefällige Schlüsse aus ihnen zu ziehen. Sie ließ jede Frau frei sprechen und in ihrer Menschlichkeit sichtbar werden. Wir hören die Stimmen der Heldinnen, der Pathetischen, der Unverbesserlichen und Gleichgültigen und die der wenigen Mutigen, die trotz allem, was sie getan haben, bedauern, dass es zu wenig war.

Wie Kristen Monroe, auf deren Arbeit ich im 3. Kapitel eingegangen bin, fragte Owings auf ihre Weise, wie deutsche Frauen auf die Prüfung reagierten, die das Dritte Reich für Charakter und Menschlichkeit bedeutete, und gelangte aus ihrem Blickwinkel zu der Einschätzung: »Die meisten fielen [bei dieser Prüfung] durch.« Darüber hinaus stellte sie fest, dass »deutsche Frauen ... einen großen Beitrag zum grausigen Erfolg des Dritten Reiches leisteten«, indem sie es zuließen, dass Männer alle Arten von Grausamkeiten begingen, und indem sie selbst dazu beitrugen, dass das Land immer mehr in gesellschaftlicher Kriminalität versank.[16]

Owings fragt sich auch, wie amerikanische Frauen mit dieser Prüfung fertig geworden wären, und vor allem fragte sie sich, wie sie selbst sich in der Nazizeit verhalten hätte.[17] Und dann beschreibt sie ein Gefühl, das ich während unseres Berlin-Aufenthalts viele Male erlebt habe: »In Deutschland fühlte ich mich einer solchen Prüfung näher. Manchmal gab mir ein bestimmter Anblick oder ein Geräusch oder der Eindruck einer alten Straße das Gefühl, ich sei *dort*, und ich spürte eine furchtbare Macht.«[18] In Berlin fühlt man sich der Prüfung näher, weil diese Kulisse die Fantasie anregt, aber in Wahrheit können wir überall mit dieser Prüfung konfrontiert werden.

Zwar war Owings zurückhaltend, was Rückschlüsse aus ihren faszinierenden Zeitzeugenberichten angeht, aber ihr Fazit in *Eine andere Erinnerung* verdient es, hier wiederholt zu werden:

> Schließlich legen die Worte der deutschen Frauen meiner Meinung nach eine vielgestaltige Warnung nahe. Sie mag simpel sein, ist aber nichtsdestotrotz eine Warnung. Sie lautet, dass wir gut beraten sind, unsere auf den Frieden und das Lernen abzielenden Freiheiten ernst zu nehmen und zu pflegen – besonders das staatliche Bildungswesen

und die freie Presse. Sie lautet, dass niemand, der guten Willens ist, sich nur auf sein Privatleben beschränken kann, sondern wachsam und mutig genug sein muss, sich schon bei ersten Anzeichen von Ungerechtigkeit und Intoleranz – ganz zu schweigen von Despotismus – nachdrücklich einzumischen. Die Warnung lautet, dass Ignoranz, Untätigkeit und Stereotype jeglicher Art zweifellos Zeit sparen, doch auf lange Sicht zusammenbrechen und schlichte menschliche Wesen hervortreten lassen, die als solche weit mehr gemeinsam haben denn als Mitglieder einer bestimmten Gruppe, weil sie es sich ja nicht ausgesucht haben, wo, wann und von welchen Eltern sie geboren wurden. Sie lautet, dass wir oberflächliche Grenzen überschreiten, uns gegenseitig als menschliche Wesen kennenlernen und *uns stets daran erinnern müssen, dass wir als Einzelne miteinander verbunden sind.*[19]

* * *

Die sechs Besuche in der Jugendverkehrsschule waren Pflicht. Der Lehrer meiner Tochter Hannah händigte uns ein Formular aus, das wir mitbringen mussten. Dann musste Hannah auf dem Fahrrad durch den verkleinerten Nachbau eines städtischen Straßennetzes fahren, bis ein Ausbilder sagte, dass es genug sei. Das Formular wurde abgestempelt und unterschrieben, bürokratischer Beweis dafür, dass sie die vorgeschriebene Zeit auf dem Übungsgelände verbracht hatte. Hannah ging in Deutschland in die vierte Klasse und kam daher um die Jungendverkehrsschule nicht herum.

In Deutschland müssen alle Viertklässler ein solches Radfahrtrainung absolvieren, das auch theoretischen Unterricht, einen schriftlichen Test und eine abschließende praktische Prüfung umfasst. Dreimal im Herbst und dann dreimal im Frühling fuhr ich mit ihr zu einer dieser Jugendverkehrsschulen. Dort konnte sie auf einem Parcours üben, der aus verkleinerten Straßen, Bürgersteigen und Fußgängerüberwegen bestand. Es gab funktionierende Ampeln, Stopp- und Vorfahrtsschilder und sogar Baustellen-Attrappen mit Kegeln und Absperrungen – alles, was Radfahrern auch im realen Straßenverkehr begegnet.

Als wir das erste Mal dort waren, stellten wir uns hinter den anderen Viertklässlern an und legten im Büro unsere Unterlagen vor. Meiner Tochter wurde eine gelbe Warnweste mit Nummer ausgehändigt. Sie wurde gebeten, draußen zu warten, bis eines der Leihräder frei wurde; jedenfalls übersetzte Hannah mir das so. Wegen meiner schlechten Deutschkenntnisse verstand ich von dem, was die Person im Büro zu meiner Tochter sagte, nicht mehr als das, was ein Hund von den Befehlen seines Herrchens versteht. Mit anderen Worten, ich konnte vielleicht einem ausgestreckten Finger folgen, vielleicht einem geworfenen Ball nachlaufen oder das oft wiederholte Wort *Fahrrad* aufschnappen; auch lautes Rufen bedeutete für mich etwas. Zum Glück verstand Hannah den Ausbilder, und schon ging sie los, mit dem Helm auf dem Kopf, um sich den anderen Viertklässlern anzuschließen.

Das größte Hindernis, dem Hannah sich gegenübersah, war eines, bei dem ich ihr nicht helfen konnte. Ausbilder in gelben Warnwesten standen über das Gelände verteilt und deren Aufgabe während der dreißig Minuten dauernden Übungseinheiten bestand darin, die herumfahrenden Kinder zu beobachten. Wenn ein Kind gegen eine Regel verstieß, sprachen sie es an, riefen manchmal in rauem Ton Anweisungen, hielten das Kind an und fragten nach den Regeln oder ließen es ein Fahrmanöver wiederholen. Doch einige dieser Ausbilder – überwiegend Männer – hatten offensichtlich mehr Spaß daran, den Kindern gegenüber ihre Macht auszuspielen, statt sie vernünftig einzuweisen.

Sie pickten sich eines der Kinder heraus, und wenn es einen eigentlich kleinen Fehler machte, schrien sie es an, um es zu verunsichern.

Als Hannah auf das nächste freie Fahrrad stieg, flüsterte ich ihr leise zu: »Kleines, tu, was sie dir sagen, bleib cool und mache deine Sache so gut, wie du kannst.« Sie hatte den »Fahrradparkplatz« noch nicht einmal verlassen, da stürmte schon ein Ausbilder auf sie zu. Mir war unverständlich, was sie, wenn überhaupt, falsch gemacht hatte. Jedenfalls schnauzte er sie an. Sie stieg ab und wieder auf, was sie auf seinen Befehl hin noch ein paarmal wiederholen musste. Ich konnte mir nicht erklären, gegen welche Regel sie verstoßen hatte.[20] Mit einem letzten Rüffel entließ er sie aufs Übungsgelände. Ihr Selbstvertrauen hatte sichtlich gelitten, was ich daran sehen konnte, dass sie nur sehr zögerlich in die Pedale trat.

Hilflos zusehen zu müssen, wie meine Tochter versuchte, dem Ausbilder zu gehorchen, und tapfer seine übertriebene Maßregelung über sich ergehen ließ, war hart für mich. Umso frustrierender, dass ich nicht verstand, was dieser Mann zu meinem Kind sagte, und ich nicht in der Lage war, Hannah beizuspringen und ihm meine Meinung zu sagen. Ich fühlte mich klein und hilflos – vollkommen unfähig, auf die Situation einzuwirken. Allerdings hätte es die Sache für meine Tochter wohl kaum leichter gemacht, hätte ich mich eingemischt. Rückblickend erschreckte mich noch mehr, dass meine moralische Anweisung an sie im Kern besagte: »Füge dich, Kind. Das ist der Weg, diese Sache zu überstehen.« Selbst wenn Hannah die Anweisungen der Ausbilder exakt befolgte, bekam sie von diesem machtbesessenen Herren in gelber Weste trotzdem pedantische Standpauken zu hören. Jedes Mal, wenn wir dorthin fuhren, wünschten wir uns, dass die halbe Stunde so schnell wie möglich vorbeiging, wir den Stempel bekommen und uns aus dem Staub machen konnten.

Als die Bürokraft nach dem sechsten Fahrtraining den letzten Stempel auf Hannahs Formular knallte, atmete ich erleichtert auf. Hannah hatte zwar gelernt, mit den Ausbildern besser klarzukommen, aber ich musste immer wieder daran denken, dass ich schon bei einer so leichten Anspannung wie in diesem Radfahrtraining einem Konflikt instinktiv ausgewichen war. Dieser Stresstest verriet mir eine Menge. Und was ich sah, fand ich verstörend. Es war leicht zu erkennen, wie schnell der Überlebenstrieb die Kontrolle übernahm. Und in Gesellschaften, in denen das bürgerliche Leben vertrocknet, das Vertrauen in die Politik zerbricht und Freiheiten immer mehr eingeschränkt werden, *fühlt* es sich einfacher – und sogar klüger – an, nicht aufzufallen und mit gesenktem Kopf in der Herde mitzulaufen, um nicht in Gefahr zu geraten. Mit dieser Überlebensstrategie schwächen und entmutigen wir uns selbst. In der Jugendverkehrsschule fühlte ich mich hilflos, und genau diese Überlebensstrategie brachte ich meiner Tochter bei.

* * *

Ich fuhr zu schnell über den Bordstein, was meinem Körper und dem Fahrrad einen schweren Stoß versetzte. Der Scheinwerfer vorne löste sich aus der Halterung und fiel auf den Bürgersteig. Ich bremste heftig und machte schnell die Fahrradspur frei. Als ich in die Hocke ging, um den Schaden zu betrachten, während ich mit einer Hand den Lenker hielt, kippte das Rad um wie ein neugeborenes Fohlen. Ich stellte es wieder auf und vergewisserte mich, dass kein größerer Schaden entstanden war. Etwas Plastik war von der Halterung des Scheinwerfers abgesplittert. Ich bemühte mich, die Lampe wieder zu befestigen. Nach ein paar fehlgeschlagenen Versuchen klickte es und sie saß wieder fest in der Halterung.

Erleichtert, dass das Licht noch funktionierte, radelte ich weiter. Es hätte viel schlimmer ausgehen können, dachte ich, und konzentrierte mich auf den Weg vor mir, nun viel wachsamer gegenüber möglichen Hindernissen – ein herabgefallener Ast, ein von jemandem beiseitegetretener Stein. Welchen Sturzgefahren ich wohl bisher nur knapp entgangen bin? Zu meiner Erleichterung hatte unser Sohn nicht hinten im Kindersitz gesessen. Aber meine Angst galoppierte davon. Ich dachte darüber nach, was sich alles in Fahrradspeichen verfangen könnte. Ich stellte mir einen Sturz vor und, schlimmer noch, meinen Sohn, wie er auf den Bürgersteig geschleudert wurde. Meine Angst ließ sich kaum noch einfangen.

Beginnt in mir die Furcht einmal zu wachsen, bin ich versucht, mein Leben und meine Familie in mentale Luftpolsterfolie einzuwickeln, um die Sorgen abzuwehren. Vor lauter Vorsicht will ich mich in einen Kokon zurückziehen und nach innen schauen, statt nach außen. Ich denke dann gerne, dass ich die Gefahren antizipiere und dadurch meine Kinder beschütze, aber in Wahrheit bringe ich ihnen nur bei, Angst zu haben und Vermeidungshaltungen zu entwickeln. Sie lernen, wie man sich heraushält und wie man überlebt, mehr nicht.

In Berlin Fahrrad zu fahren erinnert mich daran, dass wir in dieser Welt alle miteinander verbunden sind. Die Straßen, auf denen ich radele, sind mit anderen verbunden, und was auf meiner Straße und in meiner Nachbarschaft geschieht, kann sich auf andere Straßen und Stadtviertel auswirken. Es gibt ein Netzwerk, das unser Leben mit dem anderer Menschen verbindet, und diese Straßen zeugen davon. Wenn Sorgen in mir hochsteigen, während ich mit dem Rad unterwegs bin, ist das eine Gelegenheit, mich meinen Ängsten zu stellen und auf sie zu antworten, indem ich neugierig, wach und kreativ bleibe und bereit bin, mutig zu improvisieren, egal, wo ich bin.

Auch Bonhoeffer dachte über die Speichen des Rades nach. Er sah das verbindende Gewebe des gesellschaftlichen Lebens seiner Zeit auf eine Weise, vor der viele Menschen damals lieber die Augen verschlossen. In seinem Aufsatz »Die Kirche vor der Judenfrage«, den er während der ersten Monate der Hitler-Tyrannei verfasste, schrieb Bonhoeffer schmerzhaft klar, dass der Staat das Gewebe der Gesellschaft bedrohe und insbesondere zur Gefahr für seine jüdischen Bürger werde. Was einen Bürger bedrohe, sei immer auch eine potenzielle Gefahr für andere.[21] Bonhoeffer benannte drei Aufgaben der Kirche gegenüber dem Staat, wobei für ihn, abweichend von der lutherischen Tradition, die dritte Aufgabe darin bestand, dem Rad des Staates in die Speichen zu fallen und sein erbarmungslos zermalmendes Rollen zu stoppen.[22]

Dem Rad in die Speichen fallen, es blockieren. Für Bonhoeffer ist die Kirche verpflichtet, diese blockierende Kraft zu werden. Die Kirche sollte selbst aktiv werden – sie sollte der Ast, der Stein, dasjenige sein, das dem Staat Einhalt gebot. Dem Rad in die Speichen zu fallen ist ein Akt gewaltloser Selbstaufopferung, von religiösem Fanatismus so weit entfernt, wie man es sich nur vorstellen kann. Dazu braucht es einen scharfen Blick auf das, was anderen widerfährt, eine Bereitschaft, nicht nur auf die eigene Fahrspur zu starren, nicht auf dem sicheren Pfad der Routine zu bleiben, sich nicht nur um das eigene Überleben zu kümmern, sondern sich des Leidens anderer bewusst zu werden und helfend einzugreifen. In voller Klarheit über die möglichen Gefahren vertrat Bonhoeffer die Auffassung, dass wir nicht in unserer Fahrspur bleiben sollten, wenn anderen in ihrer Spur Leid zugefügt wird.

Gedenktafel am Bendlerblock in Berlin für die Widerstandskämpfer des 20. Juli 1944, die dort nach dem gescheiterten Attentat hingerichtet wurden.

7. Kapitel

Leben als Ars moriendi

Das Leben gelingt denen
am besten, die auch die Kunst
des Sterbens beherrschen.

Benjamin und Brigitte blieben länger im Zimmer als die anderen Mitglieder der Gruppe, die bereits wieder nach unten gegangen waren. Ich wartete auf dem Treppenabsatz vor Bonhoeffers Zimmer und gab ihnen den Raum, ihren Gedanken und Gefühlen nachzugehen. Schließlich kamen sie zu mir heraus.

»Ich freue mich, dass ihr heute dabei seid«, sagte ich, bemüht, sie mit Smalltalk aus ihrer Nachdenklichkeit herauszulocken. Benjamin wendete sich mir zu und versuchte, meine Nettigkeit zu erwidern, aber seine Augen zeigten, wie sehr Bonhoeffers Geschichte ihn bewegte.

»Ja«, sagte er, und seine Augen füllten sich mit Tränen. »Was für eine Ehre, dieses Haus zu besuchen.« Er und seine Frau Brigitte waren Teil einer Besuchergruppe aus unserer zweisprachigen Berliner Kirchengemeinde. Daher kannte ich die beiden von vielen Sonntagsgottesdiensten. Benjamin ist einer der Übersetzer unserer Gemeinde. Er dolmetscht fließend zwischen Englisch und Deutsch. Seine Fähigkeit, zwischen diesen Sprachwelten Brücken zu bauen, ist bemerkenswert.

Ich unterdrückte meinen Impuls, noch weiter oberflächlich daherzureden, und entgegnete nur: »Ja, das ist wahr.«

Nach einer langen Pause fuhr er fort: »Weißt du …«, und dann verstummte er wieder, rang mühsam um Fassung. »Sein Leben war so aristokratisch, so angenehm und privilegiert. Mir war nicht bewusst, in welchen Kreisen er aufwuchs. Er hätte wirklich ein viel leichteres Leben führen können, ein viel sichereres Leben. Das ist wirklich erstaunlich: Sein Glaube an Gott forderte von ihm, auf diese Privilegien zu verzichten, und überhaupt auf so viel. Auf alles.« Hier schluckte Benjamin heftig, und jetzt rannen ihm Tränen über die Wangen. »*Alles* wurde ihm genommen. Er gab sogar sein Leben.«

Ich nickte langsam und schloss ernst und zustimmend meine Augen, ohne etwas zu sagen.

Schließlich fügte Benjamin hinzu: »Wir selbst denken nicht oft in solchen Begriffen, nicht wahr?«

Ich öffnete die Augen und sagte: »Ja, das stimmt.«

* * *

Der gleiche Gedanke kam mir während einer Führung gut ein Jahr vor dem Gespräch mit Benjamin und Brigitte. Ich erlaubte mir, ihn auszusprechen, warnte aber die mir unbekannten Besucher, dass es sich um bloße Spekulationen meinerseits handelte. Aber die Wahrheit schien so offensichtlich, dass ich den starken Wunsch verspürte, sie auszusprechen.

Ich hatte sie auf Tafel 6 aufmerksam gemacht, auf der Fotografien der führenden Köpfe der Bekennenden Kirche und aus Finkenwalde zu sehen waren, wo Bonhoeffer von 1935 bis 1937 das illegale Predigerseminar leitete. Diese Schautafel bereitete mir bei den Führungen neuerdings Probleme, hauptsächlich weil ich mich zu wenig mit ihr beschäftigt hatte. Wenn ich versuchte, Gesichter und Namen dieser Schlüsselfiguren der Bekennenden Kirche zusammenzubringen, ließ mich mein Gedächtnis immer wieder im Stich. Viele von ihnen sind außerhalb Deutschlands wenig bekannt, jedenfalls unter Nichtfachleuten wie mir. Martin Niemöller war mir ein Begriff, weil ich täglich an der Kirche vorbeikam, deren Pfarrer Niemöller gewesen war, wenn ich meinen Sohn in den Kindergarten brachte. Ich hatte mir den Namen der einzigen Frau auf dem Filmstreifen eingeprägt: Gertrud Staewen. Sie war Mitglied in Niemöllers Gemeinde und half Juden mit gefälschten Lebensmittelkarten und indem sie diejenigen versteckte, die aus Deutschland fliehen wollten.[1] Vor dieser Führung hatte ich nun die Schautafel 6 eingehender studiert, daher waren die Informationen für mich frisch und präsent. Ich war bereit, Neues zu entdecken.

Ich vertiefte mich darin, das Finkenwalder Predigerseminar zu beschreiben – eines der insgesamt fünf, die von der Bekennenden Kirche gegründet worden waren –, einschließlich seiner primitiven Anfänge, während derer man auf Material- und Möbelspenden der örtlichen Bevölkerung angewiesen war. Während ich sprach, wurde ich plötzlich von meinen Gefühlen überwältigt. Ich hatte mich auf die Fakten zu diesem von Bonhoeffer geleiteten Experiment eines »neuen Mönchtums« konzentriert. Doch nun, während ich bei der Führung darüber sprach, sah ich es plötzlich durch eine andere Brille.

Ich hatte mir die Bekennende Kirche lange als institutionelles Gegenwicht zu den Deutschen Christen vorgestellt. Und zu Beginn der Nazi-Herrschaft trifft dieses Bild auch einigermaßen zu. Die Anhängerschaft dieser beiden Pole in der evangelische Kirche, glühende Nazi-Unterstützer auf der einen und ebenso leidenschaftlich Gegner der Nazis auf der anderen Seite, war ungefähr gleich groß, während ein großer Teil der Kirchenmitglieder irgendwo in der ambivalenten Mitte stand. Nach meiner Vorstellung handelte es sich bei der Bekennenden Kirche um eine solide aufgebaute Institution, die in einem sich vollziehenden Schicksal die

Flamme der Moral hochhielt und die sich klar im Recht befand. Weil aber die Deutschen Christen die politische Unterstützung der Nationalsozialisten genossen, wuchs ihr Einfluss in der Kirche parallel zu deren wachsender politischer Stärke. Und in gleichem Ausmaß wurde die Bekennende Kirche zusehends schwächer.

Nie hatte ich mir die Bekennende Kirche als bunt zusammengewürfelte Reaktion oder als Notbehelf vorgestellt, als fragile Zusammenarbeit unterschiedlicher Fraktionen in der Kirche, die versuchten, das spirituelle Ausbluten abzuschwächen, das durch den Angriff der Nazis auf die Kirche verursacht wurde – einen Angriff, den die Deutschen Christen enthusiastisch begrüßten. Tatsächlich war die Bekennende Kirche ein Konglomerat von Menschen mit sehr unterschiedlichen Positionen; viele waren nationalistisch, viele antisemitisch, manche waren ziemlich aufgeschlossen für Kompromisse mit den Nazis, während andere ihr Leben im Widerstand gegen die Diktatur riskierten. »Das Einzige, was alle Bekennenden Christen einte, war ihre Opposition gegen die absoluten Forderungen der Nazi-Ideologie gegenüber der Kirche«, beschrieb es Victoria Barnett.[2] Jenseits dieser einen Gemeinsamkeit herrschte große Uneinigkeit darüber, wie die Kirche mit dem Staat und den Opfern dieses Staates umgehen sollte. Das in dieser Hinsicht Richtige und Gute war nicht für alle einfach offensichtlich, und vielerlei menschliche Emotionen und Schwächen verdüsterten und erschwerten die Entscheidungen, während moralisches und bürgerliches Chaos und politische Furcht die Gesellschaft immer mehr erstarren ließen.

Das von Bonhoeffer geleitete Predigerseminar der Bekennenden Kirche war ein innovatives Experiment, gekennzeichnet durch seine Kürze und Intensität – Worte, die man normalerweise benutzt, um etwas zu beschreiben, das dem Untergang geweiht und vergeblich ist. Tatsächlich charakterisieren seine kurze und verhältnismäßig improvisierte Existenz und die Abgelegenheit des Ortes, wo es stattfand, weit weg von den Zentren der Macht, es im Großen und Ganzen als Fehlschlag – jedenfalls nach den Maßstäben, die ich kenne. Es war kein Trainingscamp für Kulturkrieger oder politische Agitatoren; es verkündete keine bahnbrechende gesellschaftliche Transformation und trieb diese voran. In Wirklichkeit kann man es kaum als Institution bezeichnen, und es blühte nur für ein paar kostbare Tage, weit abgelegen, so dass die Teilnehmer sich wie am Rand des Zeitgeschehens vorgekommen sein müssen, mehr Wildblume als starke Eiche. Nach allen heute gebräuchlichen Maßstäben war es nicht mehr als ein folgenloser Dunst im heißen Wind der damaligen Ära.

Als ich vor der Gruppe über das Seminar sprach, wurde mir seine kurzlebige und fragile Natur erst so richtig bewusst. Während ich mir Bonhoeffer und seine Schüler dort vorstellte, überkam mich eine Woge des Mitleids. Alle diese jungen Männer standen am Beginn ihrer Karriere und hätten eigentlich ein blühendes Erwachsenenleben vor sich haben sollen, aber sie waren bereits dazu gezwungen, viel größere Entscheidungen zu treffen, als ich sie in ihrem Alter oder jemals danach treffen musste. Und da war Bonhoeffer, ein junger, vielversprechender und bereits sehr versierter Theologe, ein energiegeladener Menschenfreund, dessen familiärer Hintergrund und privilegierte Stellung ihm in normalen Zeiten eine komfortable akademische und pastorale Karriere ermöglicht hätten, verbunden mit viel Lob und öffentlicher Anerkennung. Diese jungen Männer kamen dorthin, um bei ihm zu studieren. Sie lebten abgeschieden an einer unruhigen See und versuchten, etwas aufzubauen, das sie an ein sicheres Ufer bringen konnte. Bald sollte sich herausstellen, dass dies für viele von ihnen die Gestade des Himmels sein würden. Nachdem die Gestapo das Seminar nur zwei Jahre nach seiner Gründung schloss, setzten sie ihr prägendes Werk in Sammelvikariaten fort, wo sie bei einem Pastor der Bekennenden Kirche ausgebildet und in zwei wöchentlichen Gruppen von Bonhoeffer unterrichtet wurden. Als die Nazis zum Angriffskrieg übergingen, um ihren Größenwahn zu verwirklichen, wurden die meisten dieser jungen Pastoren zum Wehrdienst eingezogen. Sie starben so für eine Sache, an die keiner von ihnen glaubte.

Dass sie an einem Predigerseminar der Bekennenden Kirche teilnahmen, offenbart, wie sie die Zeiten interpretierten, in denen sie lebten, zumindest was ihren kirchlichen Dienst anging.[3] Unter diesen Studenten war Eberhard Bethge, der sich 1933 gegen die Nazifizierung der Kirche wandte und sich der Jungreformatorischen Bewegung anschloss, einer frühen Vorläuferin der Bekennenden Kirche.[4] Zusammen mit vierzehn anderen Kandidaten ergriff Bethge im Oktober 1934 am berühmten Predigerseminar in Wittenberg, Martin Luthers altem Seminar, öffentlich Partei für die Bekennende Kirche. Die Seminarleitung reagierte in Abstimmung mit der Reichskirchenregierung in Berlin prompt und schloss Bethge und die anderen Mitglieder dieser Gruppe aus dem Seminar aus. Als er 1935 in das neu gegründete Seminar nach Finkenwalde kam, hatte er also schon am eigenen Leib erfahren, welche Folgen öffentlicher Bekennermut haben konnte.

Weder für diese Männer, noch für das Seminar in Finkenwalde, noch für Bonhoeffer hatte ich bisher Mitleid empfunden – ich hatte keinen Gedanken auf diese kleineren Formen des Leidens verschwendet, die sie aushalten mussten. Und ich fragte mich, was mein plötzliches Mitleid für Bonhoeffer zu bedeuten hatte, denn es schien mir sonderbar und weltlich. Ich wollte kein Pathos auf ihn projizieren und ihn auch nicht als privilegierten Menschen betrachten, der Anspruch auf einen Lebensstandard gehabt hätte, der den meisten verwehrt ist. Unter meinem Mitleid entdeckte ich jedoch eine Form von Schmerz, eine ehrliche Trauer darüber, wie das Nazi-Regime alle und alles tragisch vergeudete und vernichtete. Leben, die es verdient hätten, gelebt zu werden, Träume, die es verdient hätten, atmen und wachsen zu dürfen. Im Vergleich zu dem gefräßigen Moloch des Regimes und der mit den Nazis kooperierenden Kirche, die sich diesem mit ekelerregendem Gehorsam unterwarf, wirkte Bonhoeffers Seminar in diesem wachsenden Feld der Zerstörung winzig und ohnmächtig wie eine Wildblume.

Bei dieser Führung verband ich Bonhoeffers Namen zum ersten Mal mit dem Scheitern. Das war eine neue und unbehagliche Perspektive, denn ihn sich als den moralischen Sieger vorzustellen fiel deutlich leichter. Wenn ich ihn aber als Menschen sah, dem ein Leben verwehrt wurde, das ihm zu anderer Zeit offengestanden hätte, dessen Lebenspläne immer wieder durchkreuzt wurden, dessen Weg ihn in eine Außenseiterrolle zwang, in tiefe Erschöpfung und in das Gefühl, wie instabil alles geworden war, weckte das in mir Mitleid und Kummer. Für einen Moment kämpfte ich mit den Tränen. Plötzlich wurde mir klar, dass ich ihn unbewusst zu einem erfolgreichen Helden geformt hatte. Dabei hatte ich völlig außer Acht gelassen, wie viel ihm genommen wurde, wie oft er sich dafür entschied, privates Leid und Verzicht in Kauf zu nehmen, lange bevor die Nazis ihn 1945 ermordeten.

Ich fuhr mit meinem Vortrag fort und dachte weiter laut nach: »Offensichtlich schloss Bonhoeffer Frieden mit diesem schweren Weg. Der ›normale Lauf des Lebens‹ kam für ihn nicht in Frage. In der Nazi-Zeit konnte es diese Normalität nicht geben, für niemanden. In den damaligen politischen und gesellschaftlichen Verhältnissen konnte nur Karriere machen, wer moralisch zutiefst korrupt war, an ethischer Atrophie litt. Es ist richtig, Bonhoeffer zu ehren, und das tue ich, aber besser ist es, an ihn nicht die Maßstäbe von Heldentum und Erfolg anzulegen – noch nicht einmal moralischen Erfolg –, sondern sein Leben als Meisterwerk in der Kunst des Sterbens zu betrachten, eine voll ausgelebte Studie in der *Ars moriendi.*«

Ars moriendi, die Kunst des Sterbens. Katholische Freunde in Washington, D.C., machten mich vor Jahren mit diesem Begriff bekannt. Und er begegnete mir wieder, als wir die Marienkirche in der Nähe des Alexanderplatzes besuchten. Sie steht nicht weit von Berlins Fernsehturm, der von der ostdeutschen Regierung 1969 als Teil eines massiven Bauprogramms fertiggestellt wurde, mit dem die Größe des Kommunismus dadurch untermauert werden sollte, dass man Bauwerke errichtete, die hoch über den vielen Berliner Kirchen aufragten: dem Berliner Dom, der größten Berliner Kirche, einem protestantischen Gotteshaus von nationaler Bedeutung; der Nikolaikirche; und der römisch-katholischen St.-Hedwigs-Kathedrale. Doch auf der wie ein Discoball aussehenden Turmkugel erscheint an sonnigen Tagen eine Lichtreflexion in Form eines Kreuzes; ein Effekt, den die kommunistische Regierung weder vorhergesehen noch beabsichtigt hatte. Bald sprach der Volksmund von »der Rache des Papstes« dafür, dass die Kommunisten aus vielen Kirchen die Kreuze entfernt hatten.

Die vergleichsweise kleine Marienkirche vermag sich neben dem riesig aufragenden Turm durchaus zu behaupten. Zusammen mit der nicht weit entfernten Nikolaikirche gehört sie zu den ältesten Kirchen Berlins. Der Bau begann im Jahr 1270, als Berlin noch eine sehr junge Stadt war. Das Gebäude spiegelt die Schichten der Geschichte wider. Ein Teil des Mauerwerks besteht aus Granit, aber überwiegend sind es Backsteine. Links neben dem Eingang befindet sich ein zwei Meter hohes und zweiundzwanzig Meter langes großes Fresko hinter einer dicken Glasscheibe, die es vor den Elementen und den vielen Touristen schützt. Das Fresko wird zur Zeit restauriert, aber es ist erstaunlich, dass es überhaupt etwas zu restaurieren gibt. Es wurde zwischen 1470 und 1485 gemalt und war von dicken Putzschichten bedeckt und in Vergessenheit geraten, bis es 1860 von einem Architekten wiederentdeckt wurde. Dieser *Totentanz* zeigt Menschen jeden Alters und aus allen gesellschaftlichen Ständen – männlich und weiblich, jung und alt, reich und arm, bedeutend und vergessen. Sie fassen in Leichentücher gehüllte Skelette bei den Händen, die zwischen den Lebenden stehen, als würden sie alle zusammen den Reigen tanzen. Unter den Bildern befinden sich Gedichtverse, unter anderem die Psalmworte: »Lehre uns bedenken, dass wir sterben müssen, auf dass wir weise werden.« (Psalm 90,12)[5] Es gehört seit Langem zur biblischen Tradition, Weisheit zu erlangen, indem wir über den Tod meditieren. Das gibt es in Judentum und Christentum, und es ist Bestandteil von Liturgien, etwa am Aschermittwoch. Der Priester malt den Gläubigen ein Aschenkreuz auf die Stirn und spricht Worte aus Genesis 3: »Bedenke, Mensch, dass du Staub bist und wieder zum Staub zurückkehren wirst.« Das Motiv des *Memento mori* – aus dem Lateinischen übersetzt: »Bedenke, dass du sterben wirst« – findet sich in mehreren religiösen und säkularen Weisheitstraditionen. Eine besonders lebendige Form nahm es im mittelalterlichen Europa an, als die Pest, die der Schwarze Tod genannt wurde, den Kontinent heimsuchte. Ihr fiel zwischen einem Drittel und der Hälfte der damaligen europäischen Bevölkerung zum Opfer.[6]

In den Generationen danach wurde der Schrecken in diversen Kunstwerken verewigt, aber auch die von Hoffnung getragene Mahnung verbreitet, dass man, indem man über den unvermeidlichen Tod meditiert, Weisheit für das Leben erlangen kann. Das Totentanz-Fresko in Berlin ist ein Beispiel; in Kirchen überall in Europa gibt es weitere Gemälde dieses Genres. Im 15. Jahrhundert fanden außerdem Erbauungsbücher, die mit Holzschnitten illustriert waren, weite Verbreitung. Die Illustrationen zeigen Menschen, die auf dem Totenbett liegen und von personifizierten Versuchungen und Dämonen gequält werden. Die dazugehörigen Texte erklärten, was es zu beachten gilt, wenn der Mensch auf gute Weise sterben will. Diese Handbücher zur Ars moriendi waren in Europa sehr weit verbreitet und besonders für Laien hilfreich, wenn Sterbende nicht mehr rechtzeitig priesterlichen Beistand empfangen konnten.[7] Sie schenkten ihnen die Hoffnung, dass auch durch das Tal des Todes ein Weg des Lebens führt.

* * *

»Bonhoeffer ist einer meiner Helden«, sagte eine neue Bekannte strahlend, als ich ihr von meiner ehrenamtlichen Arbeit im Bonhoeffer-Haus erzählte. Es wäre kleinlich gewesen, ihre Meinung kritisch zu hinterfragen. Ich wusste, was sie meinte, denn ich hatte das auch schon so gesagt und gemeint. Es war religiöser Smalltalk, das Hin und Her eines leichten Gesprächs: Welche Musik hörst du gern? Was ist dein Lieblingsessen? Wer sind deine Helden oder Idole? Ohne Frage *ist* Bonhoeffer ein Held. Doch wenn man seine Lebensgeschichte auf eine Weise erzählt, bei der gezielt Spannung und Dramatik erzeugt werden – auch wenn sie teilweise wirklich spannend und dramatisch war –, blendet man leicht die vielen kleinen Tode und Leidenserfahrungen aus, die er erlebte.

Wenn ich Bonhoeffer als meinen Helden beschrieb, meinte ich damit, dass er jemand ist, mit dem ich mich verbunden fühle und dessen Verhalten ich nachahmenswert finde. Würde aber jemand genauer nachfragen, wie ich in meinem Leben konkret Bonhoeffer nachahmen wolle, fiele mir die Antwort schwer. Ich würde in schweren Zeiten das Richtige tun wollen, wie er es tat, aber das meiste von dem, was ich in meinem Leben schwierig finde, ist klein und kaum der Rede wert im Vergleich zu den Heimsuchungen während der Nazi-Ära. Auch ich möchte gute Entscheidungen treffen und ungehorsam sein gegenüber mächtigen Heuchlern, die danach trachten, die Gesellschaft gemäß den eigenen korrumpierenden Absichten zu formen, aber am Ende des Tages bin ich meistens müde, der Abwasch muss erledigt werden, und ich ziehe es vor, nicht noch mehr Entscheidungen treffen zu müssen, ganz zu schweigen davon, den Kampf gegen mächtige Institutionen aufzunehmen. Ich bin keine Heldin. Wenn ich die Details von Bonhoeffers Leben betrachte, zucke ich innerlich zusammen bei dem Gedanken, welchen hohen Preis er für seinen Kampf gegen die Nazis bezahlte: all die vielen Unannehmlichkeiten und Unsicherheiten, die er schon lange vor seiner zweijährigen Haft in verschiedenen Gefängnissen und seinem Tod im Konzentrationslager Flossenbürg ertragen musste. Mir scheint, er lebte mit dem Tod als ständigem Begleiter – etwas, was ich jeden Tag zu vermeiden versuche. Außerdem entsteht der Eindruck, er hätte in der kurzen Zeitspanne von neununddreißig Jahren neun Leben gelebt.

Bonhoeffer und seine Familie wurden früh mit dem Tod konfrontiert. Er war zwölf, als 1918 die Nachricht eintraf, dass sein älterer Bruder Walter als Soldat im Ersten Weltkrieg an einer schweren Verwundung durch Granatsplitter gestorben war. Doch bereits davor beschäftigte sich Bonhoeffer mit dem Tod und dachte über die Ewigkeit nach. Er stellte sich vor, dass er auf dem Totenbett lag, und überlegte sich seine letzten Worte, die er gelegentlich laut übte. Die Vorstellung, der Tod könne in genau dieser Nacht kommen, erfüllte ihn zur Schlafenszeit mit solcher Faszination und Furcht, dass ihm davon schwindelig wurde.[8] Er biss sich auf die Zunge, um sich durch den Schmerz aus diesem schwarzen Loch in seinem Denken herauszureißen, und fand Trost in der Vorstellung, dass Engel an seinem Bett wachten. Trotz der Ängste, die das bei ihm auslöste, dachte er weiter über den Tod nach, übte das Sterben geradezu.[9]

Der Tod mit seiner klärenden Macht beschäftigte ihn immer noch, als er Weihnachten 1942 im Bonhoeffer-Haus seinen großartigen Essay »Nach zehn Jahren« schrieb und seinen Mitverschwörern Hans Oster, Hans von Dohnanyi und Eberhard Bethge schenkte. Ein weiteres Exemplar versteckte er im Haus. In diesem Aufsatz reflektiert Bonhoeffer darüber, was es heißt, in tödlichen, entmenschlichenden Zeiten Mensch zu sein und menschlich zu bleiben, Christ zu sein und christlich zu bleiben.

»Verloren wäre die Zeit, in der wir nicht als Menschen gelebt ... hätten. ... Vieles, Unermessliches haben wir verloren, aber die Zeit war nicht verloren«, beginnt er. Der Essay geht auf viele Aspekte ein, die Einschränkungen, die seine Mitverschwörer in Kauf nehmen müssen, und die Hoffnung, dass eine neue adlige Haltung entstehen wird, eine neue Klasse adliger Menschen, die Eitelkeit und Privilegien zugunsten von Qualität und Freiheit aufgeben. Er prangert Dummheit an, die er als einen gefährlicheren Feind des Guten ansah als Bosheit. Und dann schreibt er über den Tod:

> Der Gedanke an den Tod ist uns in den letzten Jahren immer vertrauter geworden. Wir wundern uns selbst über die Gelassenheit, mit der wir Nachrichten von dem Tode unserer Altersgenossen aufnehmen. ... Im Grunde empfinden wir wohl, dass wir ihm [dem Tod] schon gehören und dass jeder neue Tag ein Wunder ist. Es wäre wohl nicht richtig zu sagen, dass wir gern sterben – obwohl keinem jene Müdigkeit unbekannt ist, die man doch unter keinen Umständen aufkommen lassen darf. ... Wir heroisieren den Tod auch nicht, dazu ist uns das

Leben zu groß und teuer. ... [Wir] wissen ... zuviel von den Gütern des Lebens, dafür kennen wir auch die Angst um das Leben zu gut und all die anderen zerstörenden Wirkungen einer dauernden Gefährdung des Lebens. Noch lieben wir das Leben, aber ich glaube, der Tod kann uns nicht mehr sehr überraschen. Unseren Wunsch, er möchte uns nicht zufällig, jäh, abseits vom Wesentlichen, sondern in der Fülle des Lebens und in der Ganzheit des Einsatzes treffen, wagen wir uns seit den Erfahrungen des Krieges kaum mehr einzugestehen. Nicht die äußeren Umstände, sondern wir selbst werden es sein, die unseren Tod zu dem machen, was er sein kann, zum Tod in freier Einwilligung.[10]

Als Bonhoeffer diesen Essay schrieb, hatte er akzeptiert, dass sein christliches Leben, in treuem Glauben gelebt, dazu führen konnte, dass er »seine berufliche Reputation in Kirche und Theologie« opferte. Vermutlich war das der schwierigste der kleinen Tode vor seinem eigentlichen Tod.[11] Sein Verantwortungsgefühl veranlasste ihn, sich in das verschmutzte Wasser der Welt zu begeben, sogar in die Sünde, und dadurch umso mehr auf die Gnade und Gerechtigkeit Jesu Christi zu vertrauen. Die Moral der damaligen Zeit bot keine sündenfreien Handlungsoptionen, und Verantwortung hieß für Bonhoeffer, nicht tatenlos zusehen zu können, wie das Land immer tiefer im Wahnsinn versank. Dafür nahm er in Kauf, missverstanden, verurteilt oder gar verspottet zu werden. Der Weg, den er einschlug, war der höchste und verantwortungsbewussteste Ausdruck seines christlichen Glaubens.

* * *

Bei meinen ersten Besuchen im Bonhoeffer-Haus, bevor ich dort selbst Führungen anbot, schockierte mich besonders, dass die Deutschen Bonhoeffer und die anderen Verschwörer des fehlgeschlagenen Attentats und Umsturzversuches vom 20. Juli 1944 noch lange Zeit zwiespältig, ja sogar als Verräter betrachtet hatten. Von den meisten wurden sie nicht als Helden gefeiert, und es dauerte fast eine Generation, bis ihr Handeln in einem positiveren Licht gesehen wurde.[12] Ebenso lange dauerte es, bevor man überhaupt anfing, über das Geschehene zu sprechen und die Wahrheit über diese Zeit zu erforschen. Als ich einen der anderen Fremdenführer im Haus das sagen hörte, konnte ich es anfangs gar nicht begreifen. Schließlich hatte ich mir den Zweiten Weltkrieg als eine große moralische Erzählung vorgestellt, in der die Guten siegten, weil sie die Moral auf ihrer Seite hatten.

Der am 20. Juli 1944 von Oberst Claus Schenk Graf von Stauffenberg ausgeführte Anschlag auf Adolf Hitler war der letzte von vielen ernsthaften Versuchen, das Nazi-Rad zum Stillstand zu bringen und der Welt zu zeigen, dass nicht ganz Deutschland so verrückt war wie sein *Führer*. Der Film *Operation Walküre* aus dem Jahr 2008 erzählt die Ereignisse nach.[13] Stauffenberg war zwar noch relativ neu im größeren Kreis der Verschwörung, an der unter anderem Teile des Militärgeheimdienstes, der sogenannten *Abwehr*, mitwirkten, aber Bonhoeffers Schwager Hans von Dohnanyi und dessen Mitwirkung an der Vorbereitung des Anschlags war ihm wohlbekannt.[14] Bonhoeffer saß bereits in Haft, als der Putschversuch fehlschlug, und seine Verbindung zu diesem größeren Verschwörerkreis war noch unentdeckt. Bis zu diesem schicksalhaften Datum hatte Bonhoeffer seine Entlassung aus der Haft noch für möglich gehalten.[15]

Stauffenberg war zutiefst überzeugt, dass Hitler beseitigt werden musste. Er erklärte sich bereit, eine Bombe im Führerhauptquartier in Ostpreußen zu platzieren, der sogenannten Wolfsschanze, wo eine Lagebesprechung Hitlers mit seinen Offizieren stattfand. Stauffenberg ging unter einem Vorwand ins Freie, und während er das Gelände verließ, sah er den Sprengsatz explodieren. Im Glauben, das Attentat sei erfolgreich verlaufen, flog er zurück nach Berlin, wo er und andere, die an der Verschwörung beteiligt waren, den geplanten Staatsstreich begannen, um das Militär und die Sicherheitskräfte unter ihre Kontrolle zu bringen. Doch innerhalb weniger Stunden kam es zu einer Reihe von Kommunikationspannen und die Aktion geriet ins Stocken. Es stellte sich heraus, dass Hitler den Anschlag überlebt hatte. Das bewies der Führer durch eine Radioansprache, in der er die Verschwörer verhöhnte. Einer der bei der Lagebesprechung Anwesenden hatte die Aktentasche mit der Bombe, die Stauffenberg in der Nähe Hitlers unter dem Tisch platziert hatte, neben das Bein des massiven Tischs verschoben, so dass Hitler recht gut gegen die Explosion abgeschirmt war. Stauffenberg und seine Mitverschwörer wurden noch am Abend verhaftet. Einem von ihnen wurde die Gelegenheit zum Suizid eingeräumt, die anderen wurden unverzüglich im Hof des Bendlerblocks, dem Sitz des Allgemeinen Heeresamtes und des Befehlshabers des Ersatzheeres, von einem Erschießungskommando exekutiert.[16]

Es war ein entscheidender Fehlschlag. In der Folge wurden über sechshundert der Mitwirkung Verdächtige verhaftet. Über einhundert von ihnen wurden hingerichtet, viele von ihnen aufgrund sehr fadenscheiniger Beweise.[17] Da Bonhoeffer Mitglied des großen Netzwerkes der Verschwörung war, dürfte er sich von da an sicher gewesen sein, was ihm bevorstand. Obendrein wurden im September 1944 in einer Außenstelle der Abwehr in Zossen Geheimakten entdeckt, in denen auch Bonhoeffers Name und seine Rolle dokumentiert war. Der Fund enthüllte sehr viel von dem, was man bislang erfolgreich vor der Gestapo verborgen hatte. Daraufhin wurde Bonhoeffer vom Militärgefängnis Tegel in das Kellergefängnis des Reichssicherheitshauptamtes überführt. Es war für ihn eine Wende zum Schlimmeren.[18] Nach Monaten in diesem gefürchteten Foltergefängnis hielt man ihn, während die Alliierten immer weiter auf Berlin vorrückten, an wechselnden Orten gefangen, bis er schließlich am 9. April 1945 im Konzentrationslager Flossenbürg erhängt wurde. Hitler selbst hatte den Mord am 5. April befohlen.[19]

Manche bezeichneten Bonhoeffer sofort als Märtyrer, aber in Deutschland teilten nur wenige diese Ansicht. Ebenso betrachteten viele Deutsche die Verschwörer nicht als ehrenwerte Helden, sondern als Verräter zweifelhaften Charakters.[20] Viele Mitwirkende der Verschwörung stammten aus dem deutschen Adel und vertraten konservative politische Anschauungen. Ihre Pläne für eine neue Regierung nach dem Putsch orientierten sich mehr an der verlorenen Welt vor 1914, also der Zeit vor der liberalen Demokratie der Weimarer Republik, die unter keinem guten Stern stand, und vor dem Ersten Weltkrieg. Jenseits ihrer unrealistischen politischen Pläne blieb eine deprimierende Realität bestehen: Selbst wenn es gelungen wäre, Hitler zu ermorden, hätte die deutsche Bevölkerung den Staatsstreich wohl kaum als Befreiung von der Tyrannei gefeiert. Wohl eher hätte der Tod des Führers ihn zum Märtyrer werden lassen, denn die breite Öffentlichkeit verehrte ihn immer noch – auch wenn diese Verehrung mit Furcht gemischt war.[21]

Es brauchte viel Zeit und Anstrengung, bis das Scheitern der Verschwörer als moralischer Sieg gefeiert wurde. Die Historikerin Alexandra Richie weist darauf hin, dass viele im Westen mit der Vorstellung aufwuchsen, diese Verschwörer seien »die guten Deutschen« gewesen, die moralischen Helden der Geschichte, die posthum rehabilitiert wurden.[22] Dabei wird jedoch die Tatsache übersehen, dass noch Jahre nach dem Krieg der Führer bei vielen

Deutschen als »ein Hoffnungsträger« galt. Bei einer 1952 durchgeführten Meinungsumfrage bewertete ein Viertel der Westdeutschen Hitler positiv und jeder Zehnte setzte ihn auf der Liste der größten deutschen Staatsmänner gleich hinter Bismarck auf Platz zwei.[23]

Wie Owings, die in den späten 1980er-Jahren deutsche Frauen interviewte, reiste auch Richie nach Deutschland. Zu Beginn des Jahrzehnts sprach sie mit Deutschen, die noch immer die Verschwörer des 20. Juli als Verräter ansahen. Mit anderen Worten, die moralische Erzählung war auch nach so langer Zeit noch nicht wirklich geschrieben. Als die moralischen Trümmer gesichtet und sortiert wurden, trat die Uneinigkeit über die Beurteilung der Verschwörer deutlich zutage, was wiederum eine eigene Geschichte des fortdauernden Scheiterns bei dem Versuch ist, aus einer so erbärmlichen Zeit vernünftige Schlüsse zu ziehen.

Diese Arbeit geht weiter: das Ringen mit Ereignissen und ihrer Deutung, das langsame Abklopfen von persönlichen Geschichten im Licht der Fakten, auf der Suche nach der zu schützenden Wahrheit, die es an künftige Generationen weiterzugeben gilt. Das ist die Arbeit von Historikern und Theologen.[24] Und auch im Bonhoeffer-Haus findet sie statt, getragen von sachkundigen Museumsführern und leidenschaftlichen Besuchern. Wenn man wahrheitsgemäß erzählen will, ist es notwendig, Menschen und ihre Erfahrungen aus neuen Blinkwinkeln zu betrachten und möglichst viele Zeitzeugen anzuhören. Man sollte sich jenseits des Bekannten auf die Suche begeben und bereit sein, sich mit der Vergangenheit kritisch auseinanderzusetzen. Zugunsten dieses langwierigen Prozesses ist es notwendig, bestimmte Instinkte im Zaum zu halten: Selbstrechtfertigung, Selbstschutz und subtile Formen der Distanzierung, Rationalisierung und persönliche Entlastung. Sich von diesen eingefahrenen Gewohnheiten zu lösen kann bedeuten, offen von moralischem Versagen, Verzicht und Fehlverhalten zu berichten. Es ist schlicht demütigend und ebenfalls eine Form der *Ars moriendi*. Meine deutschen Kollegen am Bonhoeffer-Haus gaben mir ein Beispiel dafür, indem sie die schmerzhaften Wahrheiten über eine Vergangenheit, die sie geerbt hatten, offen aussprachen. Sie hatten gelernt, sich mit der schuldbeladenen Vergangenheit in der Gegenwart wachsam auseinanderzusetzen, um dadurch für eine hoffnungsvollere Zukunft zu sorgen.

* * *

Die unerwarteten Führungen erwiesen sich für mich oft als die interessantesten. Eines Tages saß ich eine Weile am vorderen Fenster des Bonhoeffer-Hauses und schaute hinaus, während ich auf eine angemeldete Besuchergruppe wartete. Je mehr Zeit verstrich, desto klarer wurde, dass diese Gruppe wohl nicht kommen würde; ich versuchte, den Reiseveranstalter zu kontaktieren, erreichte aber niemanden. Also wartete ich noch eine Weile und las, dann räumte ich meine Materialien wieder weg und brachte die Wasserkrüge und Gläser, die ich bereitgestellt hatte, zurück in die Küche. Als ich gerade alles wieder in den Geschirrschrank geräumt hatte, klingelte es. Ich dachte, nun käme die Gruppe doch noch, und eilte zur Haustür. Stattdessen sah ich ein junges Paar am Tor stehen.

Von der Haustür aus rief ich ihnen zu: »Sind Sie für eine Führung angemeldet?«

Sie schauten mich neugierig an, antworteten aber nicht. Also ging ich zum Tor.

Es stellte sich heraus, dass sie Italiener waren, die durch Europa reisten, und nicht angemeldet waren. Nur die junge Frau sprach etwas Englisch, aber er war derjenige, der sich sehr für Bonhoeffer interessierte. Er wusste in groben Zügen über Bonhoeffers Leben Bescheid. »Was für ein Zufall!«, sagte ich in viel zu schnellem Englisch zu ihr. »Sie kommen gerade richtig. Ich wollte gerade gehen, habe aber noch etwas Zeit, um Ihnen das Haus zu zeigen.«

Sie blinzelte verwirrt und bat mich, langsamer zu sprechen. Offenkundig würde die Verständigung nicht so einfach werden, aber sie sagte, sie wolle versuchen, für ihren Freund zu übersetzen. Ich versicherte, ich würde mein Bestes geben, und überlegte mir rasch einen stark vereinfachten Führungstext.

»Ich weiß nicht, was das ist«, sagte sie stockend, zeigte auf das Haus und dann auf ihren Freund. »Aber er weiß es.«

»Okay«, sagte ich langsam, lächelte und öffnete ihnen das Tor.

Ich hatte ein paar neue Aspekte zum Thema vorbereitet, die ich der Gruppe präsentieren wollte, die nicht erschienen war. Ich hatte in jener Woche *The Battle for Bonhoeffer* von Stephen Haynes gelesen, eine hilfreiche, aber scharfzüngige und komplizierte Darstellung der Bonhoeffer-Interpretation in den Vereinigten Staaten. Da Bonhoeffer inzwischen zu einer so bedeutsamen und populären Gestalt geworden ist, hat man ihn schon so häufig interpretiert und uminterpretiert und in vielerlei Form vermarktet und verkauft, dass ich, als ich Haynes' Darstellung der Bonhoeffer-Rezeption las, zu zweifeln begann, ob sich überhaupt noch etwas Substanzielles über ihn sagen lässt.

Bei Haynes las ich unter anderem, dass die Kommission der Holocaust-Gedächtnisstätte Yad Vashem in Jerusalem erwogen hatte, Bonhoeffer in die ehrenhafte »Liste der Gerechten unter den Völkern« aufzunehmen. Damit werden nichtjüdische Menschen geehrt, die während des Holocaust unter großen persönlichen Opfern Juden vor dem Tod bewahrten. Zwar war Bonhoeffer an Aktionen beteiligt, mit denen Juden zur Flucht aus Deutschland verholfen wurde, und in der Bekennenden Kirche war er schon frühzeitig dafür eingetreten, dass die Kirche mehr tun sollte, um Juden vor staatlicher Verfolgung zu schützen. Dennoch gelangte die Kommission zu der Einschätzung, dass er keine persönlichen Risiken eingegangen war, um jüdische Leben zu retten. So lobenswert einige seiner Anstrengungen auch gewesen waren, entschieden die Gutachter sich dagegen, ihn auf die Liste zu setzen.

Ich erklärte dem jungen Paar aus Italien die Schautafeln. Tafel 1 zeigte auf einem Berliner Stadtplan von 1935 Orte, die für die Familie Bonhoeffer wichtig waren; Tafel 2 Fotos des jungen Dietrich Bonhoeffer und seiner Familie; Tafel 3 Fotos aus seiner Schulzeit; Tafel 4 sollte mit eher unheilvollen Fotos, unter anderem des späteren NS-Propagandaministers Joseph Goebbels, die wachsende nationale Krise in Deutschland nachvollziehbar machen. Die junge Italienerin hatte noch nie von Bonhoeffer gehört. Das, was sie langsam ihrem Freund übersetzte, war ihr also völlig neu. Er hörte aufmerksam zu, schaute sie und mich an, nickte immer wieder und sagte: »Si, si!« Auch sie war sichtlich fasziniert, und man spürte, wie ihre Bewunderung für Bonhoeffer wuchs.

Als wir zu Tafel 5 kamen, auf der die in der Reichspogromnacht zerstörte Synagoge in der Fasanenstraße zu sehen ist, erwähnte ich, dass Bonhoeffer nicht in die Liste der Gerechten unter den Völkern aufgenommen worden wäre. Ich versuchte, die Sache so einfach wie möglich zu erklären. Aber als ich von der Einschätzung der Kommission von Yad Vashem erzählte, wonach Bonhoeffer mit seiner Arbeit für den deutschen Widerstand, so wichtig sie auch war, nicht unter persönlichem Risiko unmittelbar jüdische Leben gerettet hatte, hörte sie sofort auf zu übersetzen.

»Moment. *Was?!* Er hat den Juden nicht geholfen?!«, sagte sie in scharfem Ton und schaute mich verwirrt an.

Mir wurde klar, dass das Gesagte zu kompliziert war, um es der jungen Frau in einfachem Englisch zu erklären.

Ich versuchte zurückzurudern. »Nein, nein, er war ein guter Mensch! Auf jeden Fall!« Aber so geriet ich nur noch mehr ins Stolpern. Das ließ sich alles nicht gut übersetzen. Um Missverständnissen vorzubeugen: Bonhoeffer war eine der frühesten christlichen Stimmen, die dafür eintraten, dass die Kirche aus Gehorsam gegenüber Jesus den Juden beistehen müsse (nicht nur Nichtariern oder getauften Menschen mit jüdischer Herkunft). Teile der Bekennenden Kirche schwankten in dieser Frage und folgten Bonhoeffers klarer Haltung nicht; sie sorgten sich vor allem um das eigene Überleben in der Diktatur und deutlich weniger um den zunehmenden Terror den Menschen gegenüber, die nicht der Kirche angehörten. Bonhoeffer stand in engem Kontakt zu vielen Menschen in der Bekennenden Kirche, die große persönliche Risiken eingingen, um Juden zu helfen. Aber verglichen mit manchen Namen auf der »Liste der Gerechten« – Menschen wie Oskar Schindler, dessen Geschichte erfolgreich verfilmt wurde, oder auch Bonhoeffers Schwager Hans von Dohnanyi, dessen Geschichte weit weniger bekannt ist –, waren bei Bonhoeffer nach Auffassung der Kommission von Yad Vashem die Kriterien nicht erfüllt.

Mit wachsender Verzweiflung versuchte ich, unbeholfen zu erklären, was ich damit meinte. Ich wollte unbedingt, dass diese Frau, die gerade zum ersten Mal etwas über Bonhoeffers Leben erfuhr, ihn ins Herz schloss und bewunderte, so wie ich es tat. Ich wollte, dass er für sie zum Helden wurde. Innerlich hätte ich mich dafür ohrfeigen können, dass ich unüberlegt diesen komplexen Aspekt angesprochen hatte, nur um besonders klug zu erscheinen. Denn ihre wachsende Bewunderung für Bonhoeffer wurde dadurch abrupt gedämpft. Wir setzten die Besichtigung fort. Aber als ich mich von den beiden verabschiedet hatte und mich auf den Nachhauseweg machte, fragte ich mich, was da eigentlich in mir vorgegangen war.

Warum wollte ich ihr Bonhoeffer als Helden *verkaufen*? Das entsprach doch gar nicht meiner Aufgabe als Museumsführerin. Auch wenn die ehrenamtlichen Führer des Bonhoeffer-Hauses alle große Hochachtung und Respekt für Bonhoeffer empfinden, besteht unsere Rolle nicht darin, zu einem Kult um seine Person beizutragen. Vielmehr machen wir die Besucher mit seinem Leben vertraut und ermöglichen es ihnen dadurch, Bonhoeffer im Rahmen seiner Zeit und Lebensumstände besser zu verstehen. Am wichtigsten ist uns, dass wir Heutigen über sein Leben nachdenken – über seine Fragen, Antworten und auch einige seiner Augenblicke der Schwäche und des Scheiterns – und es in Bezug zu unserem eigenen setzen. Idealerweise erkennen wir dadurch, wo wir unseren persönlichen Kurs vielleicht neu bestimmen sollten.

Bonhoeffers Entscheidung, sich dem politischen Widerstand anzuschließen, erfolgte in dem Bewusstsein, dass er damit möglicherweise schuldig werden könnte und man ihn, trotz seiner guten Absichten, der Ehrlosigkeit bezichtigen und sein Name in Verruf geraten könnte. Im Glauben, dass der Tod nicht das letzte Wort habe, musste er über diese möglichen Tode hinausblicken. Das alles gehörte für ihn zum verantwortungsvollen Handeln dazu.

* * *

Wie bereits beschrieben, kehrte Bonhoeffer 1939 nach seinem kurzen zweiten Amerikabesuch wieder nach Deutschland zurück. Mit Hans von Dohnanyis Hilfe begann er seine Tätigkeit als Agent für den deutschen Militärgeheimdienst. Er unternahm weitere Reisen und pflegte seine internationalen Kontakte innerhalb der Ökumene sowie zu den Seminaristen und anderen Mitgliedern der Bekennenden Kirche. Aber er hatte nun bewusst einen Weg eingeschlagen und eine Verantwortung übernommen, die ihn tiefer in grundlegende Zerrissenheit des Lebens hineinführte. Bonhoeffers Agententätigkeit für die Abwehr erforderte es, bewusst zu lügen und zu täuschen, d.h.: Er musste sich tarnen. Und obwohl er diese Verantwortung bereitwillig auf sich nahm, war der Erfolg ja keineswegs garantiert. Aber er wusste, dass Untätigkeit ein noch schlimmeres Vergehen gewesen wäre.

Mit dieser Wahrheit war er bereits konfrontiert worden, als seine Zwillingsschwester Sabine und ihr Mann Gerhard Leibholz ihn baten, Gerhards Vater zu beerdigen. Da dieser nicht getauft und zudem jüdischer Herkunft war, riet Bonhoeffers Berliner Generalsuperintendent ihm davon ab. Er hörte auf den Rat seines Kirchenvorgesetzten und kam der Bitte nicht nach. Monate später gestand er Sabine und Gerhard, dass er mit seiner Entscheidung versagt habe und wie sehr er sie bereue. Alles, was er tun könne, so schrieb er ihnen, sei, sie dafür um Verzeihung zu bitten. Dieser Moment des Versagens konfrontierte ihn mit einer Realität, der er nicht länger ausweichen konnte. Er würde niemals in der Lage sein, einen sicheren, konfliktfreien oder auch nur einen an seiner Karriere orientierten Kurs zu fahren, ohne dafür seine innere Wahrheit zu verraten.[25] Er konnte den Grenzen seiner Welt nicht entkommen. Alle diese Formen des Sterbens waren unvermeidlich. Und seine Verantwortung bestand darin, zu entscheiden, welche dieser Tode er bewusst und freiwillig sterben wollte. Das würde er zur Richtschnur seines Lebens machen.

* * *

Die Kunst des Sterbens ist ein schwer verkäufliches Rezept für ein gutes Leben. Es besteht dabei das Risiko, »dem Sterben mehr Aufmerksamkeit zu widmen als dem Tod«, wie Bonhoeffer es im März 1944 in einem Brief an Bethge formulierte, den er kurz vor Ostern im Gefängnis schrieb:

> Wie wir mit dem Sterben fertig werden, ist uns wichtiger, als wie wir den Tod besiegen. Sokrates überwand das Sterben, Christus überwand den Tod als [den letzten Feind] (1. Kor 15,26). Mit dem Sterben fertig werden bedeutet noch nicht [mit] dem Tod fertig werden. Die Überwindung des Sterbens ist im Bereich menschlicher Möglichkeiten, die Überwindung des Todes heißt Auferstehung. Nicht von der ars moriendi, sondern von der Auferstehung Christi her kann ein neuer, reinigender Wind in die gegenwärtige Welt wehen.[26]

Wenn Bonhoeffer sich mit dem Tod auseinandersetzte, blickte er auf das, was danach kam. Und für ihn war das die Auferstehung. Er glaubte, dass der Tod uns die Tür zu einem großartigeren Leben öffnete, und somit war der Tod selbst nicht das letzte Wort. Der Tod war der letzte Feind des Lebens, ein Feind, der, wie Bonhoeffer glaubte, durch Christus besiegt war.

Wir versuchen, die Auseinandersetzung mit dem Sterben und dem Tod möglichst zu vermeiden. Wir ziehen es vor, uns auf die glitzernden Bilder des Erfolges zu konzentrieren und definieren diese als erstrebenswert. Wir wollen uns in die nächste große Sache stürzen, die große neue Idee, die soziale Bewegung, die uns Erfolg und ein wunderbares Leben verspricht. Bonhoeffer war sich dieser Dynamik und des Preises, der für die Jagd nach dem Erfolg zu zahlen ist, voll bewusst:

> Wo die Gestalt eines Erfolgreichen besonders sichtbar in Erscheinung tritt, dort verfällt die Mehrzahl der *Vergötzung des Erfolges*. Sie wird blind für Recht und Unrecht, Wahrheit und Lüge, Anstand und Niedertracht. Sie sieht nur noch die Tat, den Erfolg. Das ethische und intellektuelle Urteilsvermögen stumpft ab vor dem Glanz des Erfolges und vor dem Verlangen, an diesem Erfolg

> irgendwie teilzunehmen. Es fehlt sogar die Erkenntnis, dass die Schuld im Erfolg vernarbt, eben weil die Schuld gar nicht mehr erkannt wird. Der Erfolg ist das Gute schlechthin. Diese Haltung ist allein im Zustand des Berauschtseins echt und verzeihlich. Nach eingetretener Ernüchterung ist sie nur mit tiefer innerer Verlogenheit, mit bewusstem Selbstbetrug zu erkaufen. Es kommt dann zu einer inneren Verderbnis, aus der es schwerlich eine Gesundung gibt.[27]

Im Bann des Erfolgs sind wir oft versucht, blind und gedankenlos demjenigen zu folgen, der behauptet, erfolgreich zu sein. Doch für diese Nachfolge zahlen wir einen Preis, egal, ob man Jesus nachfolgt oder jemand anderem. Zu Beginn seines beliebtesten Buches *Nachfolge* formuliert Bonhoeffer, dass es »dem Menschen das Leben kostet«, Jesus nachzufolgen.

Die Bedeutung des Begriffes Nachfolge tritt deutlich hervor, wenn wir ihn in den historischen Zusammenhang bringen. Eine häufige Parole auf den Kundgebungen der Nationalsozialisten lautete: »Führer, befiehl, wir folgen dir!«[28] Diejenigen, die Hitler folgten, waren seine Jünger. Sie lebten gemäß seiner Lehre und sie zahlten dafür einen hohen Preis. Bonhoeffer nahm mit dem Titel seines Buches bewusst diese Hitler-Vergötterung aufs Korn. Er fragte seine Leser: Wem folgt ihr wirklich, was befiehlt er euch und was verlangt er von euch? Welche Tode werdet ihr sterben – oder anderen zufügen –, wenn ihr ihm gehorcht?

Bonhoeffer verspürte nicht die Versuchung, Hitler und seiner Bewegung zu folgen, aber er war versucht, vor dem unvermeidlichen Preis zurückzuscheuen, den er bezahlen würde, wenn er Christus nachfolgte. Viele, die vor dieser Versuchung standen, sprachen von der Möglichkeit der »inneren Emigration«, eines Rückzuges von der Welt und ihren Verantwortlichkeiten. Bonhoeffer erkannte klar, dass das Zurückweichen in eine innere Welt bedeutete, die reale Welt zu verleugnen. Er entschied sich gegen diesen Rückzug, indem er sich dem Widerstand anschloss, wissend, dass dies reale Gefahren und Opfer bedeutete.[29]

* * *

Mein Gastgeber und ich unterhielten uns fast eine Stunde lang angeregt, obwohl ich ein paarmal ins Stocken geriet oder unbeholfen formulierte. Er war durch eine Buchbesprechung auf mich aufmerksam geworden, die ich kürzlich veröffentlicht hatte, und bat mich um ein Interview für seinen Podcast. Es war das erste Mal, dass ich an einem Podcast mitwirkte, und während unseres Gesprächs wurde mir schnell klar, dass dies etwas ganz anderes war als die Führungen im Bonhoeffer-Haus.

In den letzten Minuten spürte ich meine Müdigkeit. Ein langer Tag lag hinter mir. Aufgrund der unterschiedlichen Zeitzonen befand sich mein amerikanischer Gesprächspartner gerade im Nachmittagstief, während ich kurz davor war, schlafen zu gehen. Mein Mann saß auf dem Sofa im Wohnzimmer und hörte zu, wie ich vom Esstisch aus per Videoanruf mit dem Interviewer sprach. Eine seiner letzten Fragen galt einem Thema, über das ich noch nie gesprochen hatte, und man konnte mir deutlich anmerken, dass mich das unvorbereitet traf. Trotzdem versuchte ich zu antworten, und was er für die Nachwelt aufzeichnete, kam mir selbst ziemlich unausgewogen und verschwommen vor. Als wir uns verabschiedeten, sagte ich mir, dass meine Antwort auf diese Frage gründlich misslungen war und er sie deshalb herausschneiden würde.

Als diese Folge seines Podcasts dann veröffentlicht wurde, war ich freudig aufgeregt, sie zusammen mit meinem Mann anzuhören. Zunächst äußerten sich zwei deutlich renommiertere Gäste zu Bonhoeffers Leben und Denken. Dann kam mein Interview an die Reihe.

Ich wand mich innerlich, als mir meine vielen verbalen Ticks auffielen (zum Beispiel mein häufiger Gebrauch des Füllwortes *irgendwie*). Außerdem waren mir einige holprig formulierte, wenig durchdacht wirkende Sätze aus dem Mund gepurzelt. Aber dann kam die Frage, bei deren Beantwortung ich mich so unsicher gefühlt hatte. Er hatte sie nicht herausgeschnitten und ich fand meine Antwort jetzt noch furchtbarer als in der Erinnerung. Sie hatte mit Bonhoeffer und der Frage der Rechtmäßigkeit von Attentaten zu tun. Seine Frage lautete: »Was ist von Bonhoeffers Entscheidung zu halten, sich an einer Verschwörung zu beteiligen, zu deren Zielen die Ermordung Hitlers gehörte? Ist sie ein Freibrief für eine Haltung, dass der Zweck die Mittel heiligt, eine Rechtfertigung für alle sogenannten ›Bonhoeffer-Momente‹?«

Das ist zugegebenermaßen eine der dornigeren ethischen Fragen, die sich bei der Beschäftigung mit Bonhoeffer stellen. Es gibt viele Möglichkeiten, seine Entscheidung zu verstehen, und noch viel mehr Möglichkeiten, sie misszuverstehen und darin eine Form ethischen Zweckmäßigkeitsdenkens zu sehen. Die zunehmende Bekanntheit Bonhoeffers hat zur Folge, dass manche Leute sich auf seinen Namen und sein Leben als moralisches Ideal berufen und den Menschen Bonhoeffer auf ein Prinzip reduzieren und dass sie sich daraus eine Doktrin basteln, die man dann schön praktisch auf andere Situationen anwenden kann. Diese Form der Interpretation steht in der Gefahr, missbraucht zu werden. Die Phrase »Bonhoeffer-Moment«, die mein Gesprächspartner beiläufig verwendet hat, ist in manchen christlichen Kreisen zum Code geworden für: »Die Lage ist so schlimm geworden, dass wir *etwas wirklich Drastisches tun müssen*.« Leider kommt man dann schnell auf die Frage der Beteiligung an Mordanschlägen zu sprechen, als wäre das hervorstechendste Merkmal seines Lebens die Bereitschaft, ein Attentat zu verüben oder zu unterstützen, und wir uns deshalb genauso verhalten sollten. Vage und verschwommen fragte mich mein Gesprächspartner nach »unserem amerikanischen Moment«, und wie denn Bonhoeffers Bereitschaft, einen politischen Mordanschlag zu verüben, zu deuten sei.

Nie haben mir Besucher des Bonhoeffer-Hauses eine solche Frage gestellt, was ich rückblickend erstaunlich finde. Die Frage schien alles auf den Kopf zu stellen, was sich aus Bonhoeffers Leben lernen lässt. Sie verlieh einem so schwierigen Thema wie der Rechtfertigung von Attentaten etwas unangemessen Drängendes und ignorierte, wie langsam die Verschwörung gegen Hitler sich herangebildet hatte und wie spät, als allerletztes Mittel, der Mordanschlag schließlich ausgeführt wurde. In der Frühphase der Naziherrschaft stürzte sich Bonhoeffer mit forscher Tapferkeit in viele theologische Kämpfe und drängte die Bekennende Kirche, sich stärker für den Schutz ihrer verfolgten Nächsten zu engagieren. In einem Radiovortrag im Februar 1933 sprach er öffentlich von der geistigen Deformation, die ein Führer verursachen kann, und dass ein Führer seine Gefolgschaft in die Irre führt, wenn er zulässt, dass man ihn auf ein Podest stellt, oder sogar selbst eine Verehrung fordert, die nur Gott zusteht. Doch die Veränderungen, die Bonhoeffer sich von seinem Engagement erhoffte, traten nicht ein. Als er nach Deutschland zurückkehrte, um das Predigerseminar zu leiten, entwickelte er Formen für ein gemeinschaftliches Leben. Es ging ihm nicht darum, Bataillone christlicher Soldaten auszubilden. Das Seminar war ein Trainingslager für den geistlichen Widerstand, eine Bastion für Gebet und Bekenntnis, eine Hilfe, wenn es darum ging, Leiden, Spott und Unsicherheit zu ertragen.

Niemand von denen, die sich an der Verschwörung beteiligten, dürstete nach Blut; niemand war begierig auf diesen Kampf. Weil viele der Verschwörer Militärs waren, wussten sie aus eigener Erfahrung, welch hohen Preis Waffeneinsätze forderten. Ihre Motive für die Ermordung Hitlers und die Einsetzung einer neuen Regierung waren unterschiedlicher Natur – manchen wünschten eine Rückkehr zur Monarchie, andere wollten eine demokratische Republik. Aber sie alle waren bereit, ihr Leben aufs Spiel zu setzen, um die nun seit über einem Jahrzehnt wütende Schreckensherrschaft zu beenden, die sie als zutiefst böse erkannt hatten.

Bonhoeffer war für die Verschwörergruppe bei der Abwehr aus einem ganz besonderen Grund wertvoll: Durch seine Arbeit in der ökumenischen Bewegung verfügte er über viele Auslandskontakte. Hans von Dohnanyi, der Bonhoeffer in die Gruppe eingeführt hatte, spielte eine Schlüsselrolle in diesem Kreis. 1933 arbeitete Dohnanyi als persönlicher Referent für den Reichsjustizminister, und zwischen 1934 und 1938 dokumentierte er sorgfältig die vielen illegalen Aktivitäten und Verbrechen der Nazis. Zu diesen Beweisstücken gehörten Hitlers Reden, Pläne für Pogrome gegen die Juden und die verbrecherische Behandlung von Kriegsgefangenen durch die Nazis. Als Dohnanyi 1939 in den Stab um Admiral Wilhelm Canaris, dem Chef der Abwehr, eintrat, wurde er zu einer zentralen Figur jener Verschwörung, die später den Staatsstreich am 20. Juli 1944 vorbereitete. Die Verschwörer hofften, mit Hilfe der durch Dohnanyi gesammelten Beweise für die Nazi-Verbrechen die deutsche Öffentlichkeit davon überzeugen zu können, dass der Putsch gerechtfertigt war, um den Wahnsinn zu stoppen.

Und die Zeit dafür wurde knapp. In der Gesellschaft hatten sich inzwischen viele Dammbrüche ereignet. Deutschland verlor zusehends gegen die alliierten Streitkräfte. Dass Hitler für diese Tatsache blind zu sein schien, bestärkte die Verschwörer darin, entschlossen die Verantwortung füreinander und das Land zu schultern. Bonhoeffer hatte die Aufgabe, seine vielen internationalen Kontakte zu nutzen, vor allem sein gutes Verhältnis zu George Bell, dem Bischof von Chichester, der als Mitglied des Oberhauses Informationen an die britische Regierung übermittelte.

Doch statt die Frage meines Interviewers infrage zu stellen, versuchte ich dummerweise, auf sie einzugehen, und schnell verhedderte ich mich darin. Ich versuchte zu beschreiben, was in Diskussionen oft außer Acht gelassen wird: nämlich wie lange die nationalsozialistische Herrschaft zum Zeitpunkt des Attentats schon andauerte, dass sie völlig irre und ungerecht geworden war und dass die Verschwörer nicht beseelt von irgendeiner Ideologie handelten, sondern als ranghohe Militärs, die an der Nazi-Kriegsführung beteiligt waren, längst zu Mitschuldigen geworden waren. Sie wussten, wie schlimm die Lage war. Vielleicht kannten sie das Gesamtbild nicht, aber sie waren sich darüber im Klaren, dass das Schiff zu sinken begonnen hatte und schnellstens gehandelt werden musste. Und dann sagte ich: »Ich glaube, so weit sind wir nicht ... noch nicht.«

Als wir das hörten, wurden mein Mann und ich blass vor Schreck. Ich wusste, dass meine Antwort keine Glanzleistung gewesen war, aber ich hatte mich nicht erinnert, wie schlimm sie war. Was ich gesagt hatte, klang so, als gäbe es eine moralische Kontinuität, die es rechtfertige, heute über Attentate nachzudenken, und »wir« wären auf dem Weg dorthin, wenn auch noch nicht ganz dort angelangt?!

Ich wünschte, ich hätte gesagt: »Wenn das Erste, was Ihnen angesichts von Bonhoeffers Leben in den Sinn kommt, die Frage ist: ›Ab welchem Punkt ist es okay, einen Mord zu verüben?‹, dann leben Sie in einem Zustand moralischer Verwilderung, der wirklich besorgniserregend ist!« Doch das sagte ich nicht. Stattdessen hatte ich mit diesem bedrohlichen kleinen »noch nicht« zur moralischen Verwirrung beigetragen. Ich hatte nicht gut erzählt, wie Bonhoeffer zu seiner Entscheidung gelangt war. Und ich prangerte auch nicht jene unreife Argumentation an, die unbedingt Gewalt gegen einen politischen oder theologischen Gegner legitimieren will, statt den Konflikt verantwortungsvoll, klug und moralisch ehrbar auszufechten.

Meine Freude darüber, zum ersten Mal zu einem Podcast eingeladen worden zu sein, war verflogen. Ich schlief in dieser Nacht nicht gut, und mein Mann und ich beratschlagten, ob ich den Podcaster anrufen und bitten sollte, diesen Satz aus der Aufnahme zu löschen. Ich bat einige Freundinnen, sich das Interview anzuhören und mir ihre ehrliche Meinung zu sagen. Ich wollte, dass sie meine Ängste besänftigten, aber ich wollte auch die Wahrheit hören. Sie stimmten zu, dass es nicht gerade die beste Antwort war, glaubten aber nicht, dass sie den Eindruck erweckte, ich würde Attentate befürworten. Sie gaben mir den guten Rat, in Ruhe über die Sache nachzudenken und mir dazu Notizen zu machen und dann zu handeln.

Durch diese eigentlich eher unbedeutende Blamage, bei der mir dennoch ganz flau im Magen wurde und der Angstschweiß ausbrach, erfuhr ich am eigenem Leib, wie schnell öffentliches Reden und Handeln zu ernsten Missverständnissen führen können. Ich hatte mich begeistert auf dieses Interview eingelassen, und jetzt wollte ich am liebsten davor weglaufen. Bonhoeffer dachte so klar und diszipliniert, doch dazu war ich in jenem Augenblick nicht in der Lage gewesen. Indem er politisch aktiv wurde und absichtlich täuschte, nahm er die Möglichkeit in Kauf, dass sein Werk grundsätzlich missverstanden und falsch beurteilt wurde. Er stellte sich der Verantwortung, in der Welt zu leben, und akzeptierte, dass sein Handeln nicht schuldlos sein konnte, denn hätte er nicht gehandelt, hätte er eine andere ernste moralische Schuld auf sich geladen. Dass ich auf eine schwierige, aber durchaus passende Frage schlecht vorbereitet reagiert hatte, ließ sich wohl kaum mit den Toden vergleichen, die Bonhoeffer in seinem Leben immer wieder erlitt, aber es war, gelinde gesagt, demütigend.

* * *

> [Bonhoeffer] hat nicht mehr erlebt, dass »Deutsche Christen« keine Mitschuld empfinden an Konzentrationslagern, Euthanasieprogramm und Völkermord. Und dass sie nach dem Ende des Naziregimes fast alle in Amt und Würden geblieben sind.[30]

Tobias Korenke, ein Großneffe Dietrich Bonhoeffers, fragte 2015 bei einem Vortrag vor kleinem Publikum, ob sich die Opfer seiner Familie gelohnt hätten. In der Phase der letzten Gewaltausbrüche des nationalsozialistischen Regimes verlor diese eine Familie vier Männer – zwei Söhne, Dietrich und Klaus Bonhoeffer, und zwei Schwiegersöhne, Hans von Dohnanyi und Rüdiger Schleicher, der Korenkes Großvater war.[31] Sie alle wurden noch in den letzten Kriegswochen in dem eiligen Bemühen ermordet, jene zum Schweigen zu bringen, die zu dem größeren Kreis der Verschwörung gegen Hitler gehört hatten. Jahre später blickte dieser Enkel mit den Augen des Erwachsenen zurück und wunderte sich über all das.

Um es deutlich zu sagen: Weder hat er ihr Opfer infrage gestellt, noch hat er versucht, Mitleid bei den Zuschauern zu erregen. Vielmehr fragte er sich, ob irgendjemand wirklich ermessen könne, was diese geopferten Leben bedeuteten. Er blickte schmerzvoll zurück und versuchte zu begreifen, wie die Überlebenden es schafften weiterzumachen. Er fragte sich, wie seine Großmutter den Schmerz ertrug, der sie ihr ganzes Leben begleitete. Ihre Mitbürger hatten ihren Ehemann ermordet, doch nach dem Krieg ging das Leben weiter. Viele jubelten den Nazis zu, und noch viele mehr tolerierten die Nazi-Herrschaft, nahmen moralischen Niedergang, Korruption, Hetzpropaganda, immer größere physische Gewalt und entmenschlichende Lügen schweigend hin. So viele hatten geschwiegen und waren passiv geblieben, hatten gehorcht, um zu überleben. Und sie wurden für ihre Untätigkeit nie zur Rechenschaft gezogen.

Doch in dieser einen Familie gab es vier Männer, die Bescheid wussten und handelten, und sie bezahlten für die gescheiterte Verschwörung mit dem Leben. Ihre Angehörigen lebten im Zwielicht der gescheiterten Sache weiter. Die Ermordeten wurden nicht als Helden gefeiert. Erst einmal erklärten nur wenige öffentlich, dass die vier für eine gute Sache gestorben waren. Manche in der Kirche weigerten sich, Bonhoeffer als Märtyrer zu bezeichnen, weil er das Reich der reinen Spiritualität verlassen und sich in die Niederungen der politischen Wirklichkeit begeben hatte. Tobias Korenke forderte sein Publikum auf, über die vielen Leiden nachzudenken, die diese Männer auf sich genommen hatten.

Mein Kollege Gottfried sagt bei seinen Führungen durch das Haus immer, dass es eine Generation dauere, bis die Öffentlichkeit beginne, sich mit der Nazizeit auseinanderzusetzen. Diese Aufarbeitung hält bis heute an; die Arbeit des Erinnerns ist unsere moralische Verantwortung. Wir müssen alle Argumente abwägen und darüber nachdenken, welche Folgen Untätigkeit und Schweigen haben können und welche Risiken wir anderen aufbürden, wenn wir uns weigern, ein verantwortungsbewusstes Leben in der Welt zu führen.

Als Eberhard Bethge aus der Haft entlassen wurde, staunte er, dass er überhaupt noch am Leben war. So viele Mitglieder seiner Familie waren brutal ermordet worden. So auch sein Schwiegervater – Rüdiger Schleicher, Tobias

Korenkes Großvater –, der zusammen mit Klaus Bonhoeffer von einem Sonderkommando des Reichssicherheitshauptamtes in einer Straße in Berlin inmitten von Kriegstrümmern erschossen wurde. Zur Gefahr, dass die Verschwörer und ihre Opfer in der Nachkriegszeit in Vergessenheit geraten könnten, sagte Bethge damals:

> Wir konnten uns kaum vorstellen, dass es möglich sein könnte, einfach an die Zeit vor 1933 anzuknüpfen, in der Kirche und noch weniger in der Politik. Das war für uns, die wir zumindest ansatzweise eine Vorstellung davon hatten, was mit den Juden geschehen war, völlig undenkbar. ... Wir konnten uns einfach kein Deutschland vorstellen, das neu begann, als wäre seit 1933 nichts geschehen. Es dauerte eine Weile, bis uns klar wurde, dass wahrscheinlich genau das stattfinden würde. ... Man konnte es sehen und spüren – als hätten sie von den Konzentrationslagern und der Auslöschung der Juden überhaupt nichts mitbekommen oder vor alledem einfach die Augen verschlossen.[32]

Eine Aufarbeitung war notwendig, Schuldbekenntnisse waren notwendig, aber am 8. Mai 1945 – dem Tag der bedingungslosen Kapitulation Deutschlands gegenüber den Alliierten – zeichnete sich nichts dergleichen ab.

Auch wenn ihr Tod zunächst nicht als Opfer geehrt wurde, waren diese Märtyrer nicht vergeblich gestorben. Angesichts ihres nahen Todes hatten sie das Leben auf der anderen Seite geschaut. Die beste Antwort auf die Frage seines Großneffen Tobias Korenke stammt, denke ich, von Karl Bonhoeffer. In einem seiner letzten Briefe an die Familie skizzierte er seine Version der Ars moriendi:

> Ich will ja nicht nur leben, sondern mich eigentlich erst einmal auswirken. Da dies nun wohl durch meinen Tod

geschehen soll, habe ich mich auch mit ihm befreundet. Bei diesem Ritt zwischen Tod und Teufel ist der Tod ja ein edler Genosse. Der Teufel passt sich den Zeiten an und hat wohl auch den Kavaliersdegen getragen. So hat ihn dann die Aufklärung idealisiert. Das Mittelalter, das auch von seinem Gestank erzählte, hat ihn besser gekannt. Es ist jedenfalls eine sehr viel klarere Aufgabe zu sterben, als in verworrenen Zeiten zu leben, weshalb seit je die glücklich gepriesen wurden, denen der Tod als Aufgabe bestimmt war.[33]

* * *

Als wir Dietrich Bonhoeffers Zimmer betraten, wurde einer der Besucher sichtlich von seinen Gefühlen überwältigt. Während ich sprach, versuchte er, Haltung zu bewahren, verschränkte immer wieder die Arme, ging ein paar Schritte hin und her, drehte sich um und strich mit den Händen über die Bücherregale. Er rieb sich das Gesicht, als versuche er aufzuwachen, aber mir war klar, dass er sich die Tränen wegwischte und um Fassung rang. Vor allem bei kleinen Besuchergruppen ist es nicht ungewöhnlich, dass Menschen in diesem Zimmer so emotional reagieren. Größere Touristengruppen puffern die sakrale Atmosphäre des Zimmers etwas ab. Doch wenn nur wenige Menschen eintreten, die bereits durch die Erklärungen zu den Schautafeln im Erdgeschoss tief in dieses Menschenschicksal hineingeführt wurden, wird Bonhoeffers Zimmer zu einem intensiv spürbaren Zeugnis. Jedes Mal, wenn ich Besucher hier hinaufführe, spüre ich das auch.

Dieser Besucher musste offensichtlich reden, weshalb er meinen Vortrag abrupt unterbrach. Er erzählte uns, dass er gerade etwas Wichtiges verstanden hatte. Er wisse, dass ihn nach seiner Rückkehr in die USA eine schwierige Aufgabe erwarte. Er sei Pastor und müsse seiner Gemeinde eine Botschaft überbringen, die seine Gemeindemitglieder nicht hören wollten. Er müsse sie mit ihrer eigenen Jesus-Nachfolge konfrontieren. Es sei notwendig, dass sie das Wort Gottes hörten und wirklich bereit wären, ihr Leben in Gottes Hände zu geben. Während dieser Pastor sprach, wuchs sein innerer Konflikt, und erregt sagte er zu uns anderen im Raum: »Das verstehen Sie nicht, denn Sie sind ja nicht in meiner Situation! Wenn ich so mit ihnen rede, kann mich das meinen Job kosten!« Wir standen einen Moment schweigend da. Zu dieser Erkenntnis gab es nichts zu sagen außer: »Ja, das könnte passieren.« Niemand von uns sprach es aus, jedenfalls nicht laut.

Als wir wieder nach unten gingen, sagten ein paar Besucher, wie schön sie das Treppengeländer fänden. Viele bewundern dessen Schönheit, und ich pflichte ihnen stets bei. Nach dem Besuch in Bonhoeffers Zimmer bietet das Geländer beruhigenden Halt. Es hilft uns, aus unseren Vorstellungen über Bonhoeffers Leben wieder in unser eigenes Leben zurückzufinden. Wir sind nicht Dietrich Bonhoeffer. Auch wenn wir alle versuchen, mithilfe unserer Fantasie seine Schuhe anzuprobieren, passen sie uns nicht. Wir können nicht in seine Rolle schlüpfen, sondern müssen unseren eigenen Weg gehen. Doch kann Bonhoeffers Leben, wie viele andere, für uns eine Quelle der Inspiration sein, und ein solides Geländer, das uns hilft, unsere moralischen Begriffe zu überdenken und zu erweitern. Das durch viele Hände glattpolierte Treppengeländer zu Bonhoeffers Zimmer ist uns eine Stütze auf dem Weg hinaus in das Leben, das wir leben müssen, und die Tode, denen wir ins Gesicht sehen müssen – real oder metaphorisch.

Die Gruppe erzählte mir, dass sie auf dem Weg vom S-Bahnhof Heerstraße zum Bonhoeffer-Haus zufällig an einer Einweihungsveranstaltung für Stolpersteine vorbeigekommen waren. Das war eine aufregende Neuigkeit für mich. Da es draußen unglaublich heiß war, bot ich ihnen an, sie zum S-Bahnhof zu fahren, und bat sie, mir unterwegs die Stolpersteine zu zeigen. Sie waren einverstanden.

Langsam fuhren wir mit meinem Auto durch das Viertel, bis sie die Stelle wiederfanden. Die Einweihung war zu Ende und auf dem Rasen neben dem Gehweg lagen ein paar Rosen. Ich parkte, und wir gingen zu den kleinen Messingtafeln, die, umgeben von frischem, sandigen Zement, sauber aufgereiht im Gehweg glänzten. Diese kleinen Gedenktafeln finden sich überall in Berlin und in ganz Europa. Kurze Fakten sind darauf zu lesen: Namen, Daten, Schicksale. Hier wohnte Frau Soundso, dort lebte Herr oder Dr. Soundso, geboren am ..., deportiert nach ..., ermordet im Konzentrationslager ..., musste an diesem Datum fliehen. Diese Stolpersteine sind ein kleines Mittel gesellschaftlicher Fürsorge. Sie sieben die Wahrheit aus dem Schutt der Lügen. Sie sind zwar nur ein kleines Mahnmal für die ungeheure Grausamkeit der Naziherrschaft, aber ungeheuer wichtig.[34] Gäbe es diese kleinen Zeitzeugnisse nicht, würden wir durch unsere Gegenwart treiben, ohne die so wichtigen Informationen über die Vergangenheit und über die Menschen, deren Leben überall in unserer modernen Welt in Stücke gerissen wurde. Ich freute mich, dass wir nach dem gemeinsam verbrachten Morgen diese frisch verlegten Stolpersteine gemeinsam entdeckt hatten.

Danach war ich gedanklich schon bei meinem weiteren Tagesprogramm und die Besucher bei dem ihren. Ich setzte sie am S-Bahnhof ab und fuhr davon. Ich hatte zu Hause einiges zu erledigen, musste meine mittlere Tochter zu einem Arzttermin fahren, unterwegs meinen Sohn vom Kindergarten abholen und anschließend das Abendessen kochen. Der Schlüssel für das Bonhoeffer-Haus blieb an meinem Schlüsselbund, und ich spürte sein Gewicht, während ich dem alltäglichen Rhythmus meines weiteren Tages folgte.

Bonhoeffers Schreibtisch in seinem Zimmer im Bonhoeffer-Haus.

8. Kapitel

Freundschaft mit Bonhoeffer

Wir können nicht Bonhoeffer sein, aber wir können uns mit ihm anfreunden und uns dafür am besten seinen Freund Eberhard Bethge zum Vorbild nehmen.

Im Oktober 1944 wurde Eberhard Bethge verhaftet und von der Gestapo verhört. Er nahm an, dass die Ermittler nie eine Verbindung zwischen ihm und Dietrich Bonhoeffer, seinem besten Freund, herstellen konnten, was Bethge das Leben rettete. Auch wenn Bonhoeffer kurz vor Kriegsende ermordet wurde, bestand ihre Freundschaft »in transformierter Art«[1] weiter, wie Bethge sagte. Bonhoeffers Leben endete mit neununddreißig Jahren an einem Galgen im Konzentrationslager Flossenbürg, sein Werk als Autor blieb unvollendet. Bethge starb im März 2000 im Alter von neunzig Jahren, nachdem er die Fragmente des zu früh beendeten Lebens Dietrich Bonhoeffers gesammelt und für uns alle zu einem Ganzen geordnet hat.

* * *

»Die Menschen sind heutzutage so allein«, sagte ein Besucher spürbar bedrückt zu unserer kleinen Gruppe in Bonhoeffers Zimmer. Er stand neben dem Bett. »Das ist ein großes gesellschaftliches Problem. Die Menschen sind sehr einsam. So viele Menschen hier in Deutschland leben allein und sterben allein. Es muss sich etwas ändern.«

Solche Momente, in denen Besuchern eine persönliche Erkenntnis aufgeht oder sie Berührungspunkte zwischen Bonhoeffers Leben und ihrem eigenen entdecken, geschehen hier im Haus oft. Das dringende Plädoyer des Mannes passte zu einigen Artikeln, die ich kürzlich gelesen hatte. Darin wurde über die wachsende Vereinsamung in den westlichen Demokratien berichtet, die auch mir schon bewusst geworden war. Kurz vor dieser Führung las ich, dass die britische Regierung eine Staatssekretärin berufen hatte, die sich mit dem Problem der Vereinsamung befassen soll. Auch andere europäische Regierungen, unter anderem die deutsche, stufen soziale Isolation als wichtiges Problem ein, unter dem vor allem ältere Mitbürger leiden.[2] Die Statistiken über die Anzahl der Menschen, die allein leben und allein sterben, sind ernüchternd.

»Wir stehen so wenig miteinander in Verbindung. Natürlich sind wir alle durch Internet und Smartphone ›verbunden‹, und doch könnten wir nicht weiter voneinander entfernt sein«, fuhr der Mann fort. »Wir sind durch die Technik verbunden mit Menschen, die Tausende Kilometer weit weg leben, aber wir sprechen nicht mit unseren lebendigen, atmenden Nachbarn, die gleich nebenan wohnen! Wir könnten wirklich eine Menge Gutes allein dadurch bewirken, dass wir die Menschen in unserer unmittelbaren Umgebung lieben, wer sie auch sein mögen. Einfach, indem wir uns für sie interessieren. Sie wissen lassen, dass sie wahrgenommen und geliebt werden, dass sie dazugehören; dass hier und heute jemand Anteil an ihrem Schicksal nimmt. Wir sollten uns gegenseitig zeigen, wie viel wir einander bedeuten.« Alle nickten. Als Mitglied einer religiösen Gemeinschaft waren seine Aussagen von einem missionarischen Sendungsbewusstsein durchdrungen, aber nichtsdestotrotz war klar, dass das Problem sozialer Isolation für jeden von Belang ist, der darunter leidet.

Es beschämte mich, mir einzugestehen, dass er auch ein wenig mein eigenes Leben beschrieb. Wenn mich in Berlin Einsamkeitsgefühle überkamen, schob ich sie meistens darauf, dass ich nun einmal nicht von hier war, sondern nur vorübergehend in dieser Stadt wohnte. Für mich hätten die Botschaftsangestellten und ihre Familien der natürliche Bezugspunkt sein müssen. Die Botschaften überall auf der Welt bemühen sich, unter ihren Angestellten und deren Angehörigen ein Gemeinschaftsgefühl zu schaffen, aber in Europa kann das schwierig sein, weil, *du meine Güte, man ist doch schließlich in Europa!* Und es ist ja nicht so, dass es schwer wäre, dort zu leben. Man kann in Museen gehen, shoppen, es gibt schöne Cafés!

Doch über meinen engeren Kreis hinaus widerstrebt es mir, mich festen Gruppen anzuschließen. Ich ziehe es vor, individuelle Beziehung zu Menschen aus ganz unterschiedlichen Bereichen zu pflegen. Ich liebe es, einen vielfältigen Freundeskreis zu haben. Aber um ehrlich zu sein: Ich vermeide auch gerne die Verpflichtungen, die entstehen, wenn man sich fest an Vereine oder andere Gruppierungen bindet.

Natürlich ist es möglich, dass meine persönlichen Marotten gar nicht so persönlich sind – sie lassen sich vielleicht durch Phänomene erklären, die größer als ich sind. Ich wuchs im Amerika des späten 20. Jahrhunderts in einer Gesellschaft auf, deren familiäre und bürgerliche Strukturen einem zerfransenden Gewebe gleichen. Teilweise wurde dieses Zerfransen als Freiheit verkauft, als Flucht aus bedrückender Scham, traditionellen Verpflichtungen und belastenden persönlichen Beziehungen. Die schwere Last gesellschaftlichen Lebens (mit seinem ganzen sozialen Druck) wurde abgeworfen. Übrig geblieben ist eine viel dünnere Decke gegen die Kälte der Einsamkeit.

Als ich in den späten 1990er-Jahren aufs College ging, bowlten viel mehr Menschen allein, statt wie früher in lokalen Sportvereinen. Robert Putnam wies in seinem bahnbrechenden Buch zur Jahrtausendwende darauf hin.[3] In einem meiner College-Seminare für politische Theorie lasen wir Alan Ehrenhalts *The Lost City* über den Niedergang kommunalen Gemeinschaftslebens in Chicago. Früher bauten engagierte Eltern Nachbarschaftshilfen auf und schlossen Freundschaften (meistens waren es die Mütter und Großmütter). Man hielt an der Haustür oder auf dem Gehweg einen Schwatz mit den Nachbarn oder traf sich regelmäßig in der örtlichen Kirchengemeinde. Während ich aufwuchs, befanden sich alle diese sozialen Phänomene schon spürbar im Niedergang. Und viele Leute weinen bis heute manchen dieser althergebrachten Institutionen keine Träne nach.

Das Internet und der Aufstieg der sozialen Medien haben das gesellschaftliche Leben grundlegend verändert. Beide haben unsere Möglichkeiten, Verbindung zu Freunden, alten Schulkameraden und weit entfernt lebenden Fremden aufzunehmen, unendlich erweitert. Sie bewirken aber auch, dass wir, digital verkabelt und die Augen auf Computerbildschirm oder Handydisplay fixiert, viel mehr Zeit drinnen verbringen. Das hat zahlreiche Vorteile, schafft aber auch echte Probleme. Der Aufstieg der sozialen Medien begann gerade zu der Zeit, als unsere Familie für den diplomatischen Dienst ins Ausland ging. Meine im Ausland lebenden Freunde und ich sagen oft, wie glücklich wir uns schätzen, in einer Zeit zu leben, in der es so einfach ist, mit unseren Lieben in Kontakt zu bleiben. Keine regelmäßigen Festnetzanrufe nach Hause mehr; keine Notwendigkeit, Briefe zu schreiben – noch nicht einmal E-Mails! Wir entkommen dem akuten Schmerz, der durch Trennung und Entwurzelung ausgelöst wird, durch das wohltuende Rauschen ununterbrochener digitaler Verbindung. Und tatsächlich fühle ich mich dank der sozialen Medien mit Menschen in aller Welt verbunden und kann sie mittels Textnachrichten, Internet-Telefonaten und Video-Treffen jederzeit unkompliziert und weitgehend mühelos kontaktieren. Ich kann also meine bevorzugten Kontakte auf einfache Weise online pflegen, ohne mich um die Beziehungen zu den Menschen in meiner unmittelbaren Nachbarschaft zu kümmern. Würde aber der Strom ausfallen und das digitale Netz jemals dunkel werden, bekäme ich zu spüren, wie einsam ich in Wirklichkeit bin.

Heute, zwanzig Jahre nach Putnams Buch *Bowling Alone*, sind einsame Kegler in einer globalisierten Welt viel stärker versucht, ihre Entfremdungs- und Einsamkeitsgefühle durch viel ältere Elixiere zu bekämpfen: zum Beispiel durch den Nationalismus, der gegenwärtig in vielen Ländern wieder um sich greift. Das digitale Zeitalter erzeugt seine eigenen Varianten dieses Virus; wie in früheren Zeiten treten die heutigen Nationalisten dafür ein, dass wir uns mit unseresgleichen identifizieren und zu Stammesverbänden ideologisch Gleichgesinnter zusammenschließen sollen, um im wachsenden digitalen Raum eine starke Identität aufzubauen. Und ob wir uns selbst nun als Nationalisten oder Internationalisten, als rechts oder links identifizieren, wir kommunizieren vorzugsweise mit denen, die denken wie wir. Zunehmend glauben wir, wir müssten keinen bürgerlichen Anstand und keine Höflichkeitsregeln mehr praktizieren (oder heucheln), da wir unsere wahre Identität hinter Avataren und Pseudonymen verstecken können. Oder wir beschränken uns darauf, denen mit Höflichkeit zu begegnen, die uns gleichgesinnt sind. Niemand von uns rechnet mehr damit, dass eine Nachbarin uns die Meinung sagt, weil wir uns mit anderen Halbstarken draußen schlecht benommen haben, denn all dies passiert drinnen und online.

* * *

»Was wir heute über Dietrich Bonhoeffer wissen, wüssten wir nicht, wenn sein Freund Eberhard Bethge nicht gewesen wäre«, sagte ich zur versammelten Gruppe. »Wir verdanken ihm ungeheuer viel. Doch Eberhard Bethge wird viel zu selten erwähnt und geehrt. Auch wenn er selbst gar nicht gern im Rampenlicht stand, verdient er doch unsere Anerkennung.«

Auf der Schautafel, die sich mit dem Predigerseminar der Bekennenden Kirche beschäftigt, zeigte ich der Gruppe ein Foto von Bethge und Bonhoeffer, das in Finkenwalde aufgenommen wurde. Die beiden blicken auf ein Schriftstück. Bethge, der höher gewachsen ist als sein Freund, hält es in einer Hand, die andere stützt das Kinn. Seine gerunzelte Stirn ist ein lebendiger Ausdruck seiner Verwirrung. Bonhoeffer, kleiner, mit hellerem, bereits schütter werdendem Haar, blickt ihm über die Schulter und betrachtet das Schriftstück ebenfalls. Das Foto hat etwas Poetisches; es ist sehr stimmig, dass Bethge das Schriftstück hält und nicht Bonhoeffer. Sieben Jahre später war Bonhoeffer tot, doch Bethge würde diesen und noch viele andere Texte seines Freundes studieren und es sich zur Aufgabe machen, Bonhoeffers Leben und Werk für die Nachwelt zu erschließen und zu bewahren.

Das erste Essay im Ausstellungskatalog des Bonhoeffer-Hauses, das ich las, nachdem Martin ihn mir gegeben hatte, wurde von Eberhard Bethge verfasst. Es war eine kurze Vorstellung der Häuser an der Marienburger Allee 42 und 43. Knapp und klar wird die Geschichte der beiden von Karl und Paula Bonhoeffer erbauten Häuser geschildert. Bethge nennt die vielen Menschen, die dort wohnten, und jene, die, wie er, von Zeit zu Zeit zu Besuch kamen, und beschreibt die Verbindungen und Interaktionen zwischen beiden Häusern.

Bethge berichtet auch, wie das Haus der Bonhoeffers nach dem Tod der Eltern nicht länger in Familienbesitz blieb und, bevor es später als Zentrum der Studentengemeinde der Technischen Universität diente, von einem

Pfarrer und seiner Familie bewohnt wurde. Dieser Pfarrer war niemand anderer als der Autor des Essays selbst, Eberhard Bethge. Und er erinnert sich mit stoischen Worten daran, wie er bei Kriegsende im Keller von Haus Nr. 42 hockte, kurz nachdem er aus dem Gefängnis entlassen wurde. Begleitet wurde er von einem ehemaligen Mitgefangenen, einem russischen Juden, der Bethge das Leben gerettet hatte, als russische Soldaten drohten, sie beide zu erschießen.

Der Bericht ist nüchtern und vollkommen unsentimental. Bethge verrät uns nichts über die Gefühle der Beteiligten oder seine eigenen Gedanken. Ja, er tritt selbst so weit wie möglich in den Hintergrund und schreibt in der dritten Person. Er erzählt auf eine Art, die seine eigene Rolle eher herunterspielt, wie er es auch in seiner Bonhoeffer-Biografie tut. Es ist leicht, Bonhoeffers Geschichte zu erzählen und dabei völlig zu übersehen, welch wichtigen Part Bethge darin spielte, obwohl er sich selbst immer als einen Nebendarsteller unter den bedeutenderen Hauptakteuren sah. Doch so viel von dem, was wir über Bonhoeffer wissen, so viel von dem, weswegen er heute weltweit in so hohem Ansehen steht, wissen wir dank dieses Mannes, der seine Freundschaft immer aufrechterhielt, sogar als der Tod die beiden trennte.

Es passt, dass Bethge diesen Text über die zwei Häuser schrieb, denn letztlich gehörte er so sehr zu diesen Häusern wie Bonhoeffer und dessen Familie. Wenn er und Bonhoeffer von gemeinsamen Reisen zurückkehrten, war er oft im Haus der Bonhoeffers zu Gast. Und durchs Fenster im Zimmer seines Freundes sah er draußen die junge Frau, die er später heiraten würde: Renate Schleicher. Sie wuchs in Nr. 42 auf, und das Zimmerfenster ihres Onkels Dietrich in Nr. 43 geht hinaus auf den Garten, wo sie und ihre Schwestern spielten und die Süßigkeiten fingen, die Dietrich ihnen von oben zuwarf, wenn er eine Schreibpause machte.

Bethge erinnerte sich, dass die Familie in Nr. 43 ein glückliches Weihnachtsfest verlebte, als sie 1935 in die neu gebauten Häuser einzog. Es war das letzte mit Großmutter Bonhoeffer, die im folgenden Monat verstarb. Damals waren die beiden Häuser von Kiefernwald umgeben und dadurch noch abgeschiedener und ruhiger, als es heute der Fall ist. Als der Krieg zu Ende war, begann ein neuer Überlebenskampf. Um die Winterkälte zu überstehen, wurden die Wälder abgeholzt und als Brennholz benutzt. Dieses Schicksal ereilte auch die Bäume des Tiergartens, der sich westlich des Brandenburger Tores erstreckt. So wurde auch die natürliche Welt in Schutt und Asche gelegt, wie es schon mit den Gebäuden ringsum geschehen war.

Obwohl sich die Geschichte, die ich im Bonhoeffer-Haus erzählte, zum großen Teil um Dietrich Bonhoeffer, seine Familie und den Widerstand gegen die Nazis drehte, entdeckte ich dieses Haus auch als einen Ort der Freundschaft. Ganz leise ehrt das Haus Leben und Werk Eberhard Bethges, dessen Präsenz in Bonhoeffers Leben von zentraler Bedeutung war und der uns auf beeindruckende Weise von diesem Leben berichtet hat. Er war nicht Bonhoeffers einziger Freund, aber sein wichtigster. Die Lebensgeschichte Bonhoeffers, wie die Welt sie heute kennt, ist in vielerlei Hinsicht die, die Eberhard Bethge erzählt hat.

Bonhoeffer pflegte mit vielen Menschen fruchtbare, inspirierende Freundschaften. Die Freunde, die er am Union Theological Seminary in New York fand, waren für seine Entwicklung als Theologe von entscheidender Bedeutung. Sie führten ihn in verschiedene Denkweisen und Zugänge zur Heiligen Schrift ein und er gewann kulturelle Eindrücke, von denen sein Leben und Werk in den darauffolgenden schweren Jahren zehrte. Auch während seiner Auslandstätigkeiten in Barcelona und London gewann er Freunde und vertraute Beziehungen. Ja, seine kleine, aber keineswegs unbedeutende Rolle als Agent der Abwehr beruhte gerade darauf, dass er sich so gut auf die Kunst der Freundschaft verstand. Er war weder ein großer Manipulator noch ein kühner »Dealmaker«, aber er hatte die Gabe, vertrauensvolle Beziehungen zu anderen Menschen aufzubauen, auch wenn diese einen völlig anderen Hintergrund hatten als er. Diese über nationale und kulturelle Grenzen hinweg aufgebauten Beziehungen waren es, die ihn für den großen Zirkel der Verschwörung um Stauffenberg wertvoll machten.

Bonhoeffer und Bethge lernten sich inmitten nationaler und kirchlicher Wirren an einem kritischen Zeitpunkt kennen – vielleicht war es gerade im richtigen Moment. Die große Vertrautheit der beiden wurde auf die beste Art und Weise geschmiedet: durch das Gebet und das Arbeiten an einer gemeinsamen Sache, durch Briefe und indem sie viel Zeit miteinander verbrachten. Wäre diese Freundschaft nicht entstanden und so dauerhaft gewesen, wüssten wir das meiste von dem, was wir heute über Bonhoeffer wissen, nicht.

Die Freundschaft war nicht nur von Gemeinsamkeiten geprägt, etwa der Zugehörigkeit zur Bekennenden Kirche, sondern auch von Gegensätzen, vor allem, was Herkunft und Temperament anging. Wie Bonhoeffer war auch Bethge sehr begabt darin, gute, dauerhafte Freundschaften zu schließen[4], aber er stammte aus deutlich bescheideneren Verhältnissen. Er wurde unweit der Grenze zu Sachsen-Anhalt in einem kleinen Dorf in Brandenburg als drittes Kind von Elisabeth und Wilhelm Bethge geboren. Bethge war musikalisch begabt und ein fleißiger, guter Schüler. Sein Vater, ein Pastor, starb, als Eberhard erst vierzehn Jahre alt war, und beim Begräbnis des Vaters schwor er sich, dass er ebenfalls diesen Beruf ergreifen würde.[5] Er und Bonhoeffer spürten schon früh ihre Berufung zu einem kirchlichen Amt und zur theologische Forschung.

Auch schloss Bethge schon in jungen Jahren gute und dauerhafte Freundschaften.

Dietrich Bonhoeffer begegnete er zum ersten Mal in Zingst, wo das illegale Predigerseminar zunächst untergebracht war. Zu diesem Zeitpunkt hatte Bethge bereits eine klare Entscheidung darüber getroffen, wie er auf die beunruhigenden Veränderungen in der Kirche reagieren sollte, die durch den nationalsozialistischen Einfluss eintraten – und hatte die Konsequenzen zu spüren bekommen: Ihn und die anderen Kandidaten, die am Predigerseminar in Wittenberg offen für die Bekennende Kirche eingetreten waren, hatte man des Seminars verwiesen. Auch wenn ihre Zukunft dadurch deutlich unsicherer geworden war, fühlten sie sich auf diesem neuen Weg froher und freier, und ihr mutiges Handeln bestärkte auch andere in der gerade erst im Entstehen begriffenen Bekennenden Kirche.

Als Bethge und die anderen Pfarramtskandidaten in Zingst an der Ostsee eintrafen, wurde ihm sehr bewusst, dass er nicht aus Berlin kam. Während andere Kandidaten gut in die dortige theologische Szene eingebunden waren, fühlte sich Bethge, der noch nie von Bonhoeffer gehört hatte, ein bisschen als Außenseiter, als Dorfjunge unter Großstadtmenschen. Die meisten anderen wussten, dass Bonhoeffer, der nur drei Jahre älter war als Bethge, ein aufsteigender Stern der Bekennenden Kirche war, hatte er doch in deren Anfangstagen echte Führungsstärke gezeigt. Und dass man einem so jungen Mann die Leitung dieses Seminars übertrug, bewies die Anerkennung, die er bereits genoss.[6]

Die Kandidaten wussten, dass sie sich auf eine völlig neue Form der theologischen Ausbildung einließen, und ihr Direktor sah deutlich, dass die Zeiten dies erforderten. Bonhoeffer griff auf viele christliche Traditionen zurück, um die Gemeinschaft zu gestalten, und konfrontierte seine Kandidaten mit Ideen, die er von Freunden, wie etwa von

Jean Lasserre, einem Pfarrer der reformierten französischen Kirche, übernommen hatte. Die beiden hatten sich während ihres Studienaufenthaltes am Union Theological Seminary kennengelernt (1930–1931). Lasserre ging es darum, Jesus beim Wort zu nehmen, einschließlich der Aufforderung, Frieden zu stiften, was für Lasserre gleichbedeutend mit einem Aufruf zum Pazifismus war. Bonhoeffer war davon tief beeindruckt und durch die Gespräche mit Lasserre entdeckte er die Bergpredigt neu für sich. (Die beiden trafen sich 1934 bei der ökumenischen Konferenz auf der dänischen Insel Fanö wieder.)[7]

Dass Bonhoeffer für den Pazifismus eintrat, war für die meisten Kandidaten ein Schock, denn auch als Mitglieder der Bekennenden Kirche legten sie weiterhin Wert darauf, gute Lutheraner und damit auch gute Deutsche zu sein. Und als guter Lutheraner und guter Deutscher hatte man in zwei Welten gleichzeitig zu leben – der spirituellen (darum kümmerte sich die Institution Kirche) und der säkularen (hierfür war der Staat zuständig). Diese Welten waren strikt voneinander getrennt. In diesem Weltbild war Bonhoeffers Neigung zum Pazifismus eine irritierende Grenzüberschreitung. Der Pazifismus stellte das Wort und die Autorität Jesu an erste Stelle und, was noch beunruhigender war, *gegen* die Ansprüche und die Autorität des Staates.

Mit anderen Worten: Bonhoeffers Pazifismus roch nach Widerstand – *politischem* Widerstand – und war damit für die jungen Kandidaten unvorstellbar. Der Begriff »Widerstand« war eigentlich unaussprechbar.[8] Obwohl sie sich geweigert hatten, sich der Reichskirche zu unterwerfen, und bereit waren, die Konsequenzen dieser Weigerung auf sich zu nehmen, bereiteten diese Gespräche über Pazifismus Bethge und den anderen Seminaristen anfangs Unbehagen, unter anderem deshalb, weil dadurch ihr Grundverständnis als deutsche Protestanten und deutsche Staatsbürger infrage gestellt wurde. Wie

Bethge es Jahre später rückblickend ausdrückte, fassten er und die anderen Kandidaten ihre Teilnahme an dem Predigerseminar als Bekenntnis, nicht als Widerstand auf.[9] Sie hatten sich der Bekennenden Kirche angeschlossen, um für geistliche Wahrheiten innerhalb der Kirche einzustehen, nicht in erster Linie, um gegen die Nazis zu opponieren. Widerstand bedeutete, gegen den Staat und seine gottgewollte Rolle zu arbeiten. Indem Bonhoeffer den Pazifismus als eine dem Evangelium gemäße Haltung beschrieb, half er Bethge und seinen anderen Schülern, ihre Position als Lutheraner kritisch zu hinterfragen. Er verdeutlichte ihnen, dass die Nationalsozialisten die Sorge der Bekennenden Kirche um das »reine Evangelium« – die Beschränkung auf sogenannte »religiöse« Fragen, während »säkulare« politische Fragen ausgeklammert wurden – ausnutzten, um ihre schrecklichen Ziele voranzutreiben. Er forderte sie auf, sich klarzumachen, wie wichtig der christliche Glaube für die Gesellschaft und das säkulare politische Leben sei.

Es war bedeutsam, dass Bonhoeffer sich von der traditionellen lutherischen Lehre bezüglich der Rolle von Kirche und Staat loslöste. Die Bekennende Kirche wollte vor allem, dass der Staat sich aus innerkirchlichen Angelegenheiten heraushalten sollte, wenigstens in der Theorie. Doch historisch gesehen war die Kirche völlig daran gewöhnt, den Interessen und Zielen des Staates zu dienen, immer unter der stillschweigenden Voraussetzung, dass der Staat ihre Autorität in spirituellen Fragen respektierte. Viele Christen standen dem Nationalsozialismus positiv gegenüber und behaupteten, das Christentum sei die Volksreligion. Sie glaubten, die Nationalsozialisten würden Gottes Willen in der Welt erfüllen. Ihre Erfolge deuteten diese Christen als Beweis für die Gunst Gottes. Die Nazis schlachteten ihrerseits das historisch gewachsene Verhältnis von Kirche und Staat für ihre Zwecke aus, aber je mehr sich ihre

Macht festigte, desto mehr Gehorsam verlangten sie von der Kirche. Kühn behaupteten sie, Gott sei auf ihrer Seite, und die Deutschen Christen stimmten dem begeistert zu.

Auch als die Propaganda und Aggression des Staates gegenüber Juden und andere Minderheiten immer unverfrorener und brutaler wurde, zog es die Bekennende Kirche immer noch vor, sich ausschließlich mit kirchlichen Belangen zu befassen, und war kaum bereit, vereint und öffentlich für jene einzutreten, die ihr nicht angehörten. Zwar setzte man sich für getaufte Kirchenmitglieder ein, die gemäß des sogenannten Arierparagraphen als jüdisch oder nichtarisch eingestuft wurden, nicht jedoch für Menschen außerhalb der Kirche. Bonhoeffer sah in diesem Versagen schon früh ein theologisches Problem, ein Zeichen, dass die Kirche völlig die Orientierung verloren hatte, was ihre eigene Rolle anging. Wie nur wenige andere erkannte Bonhoeffer, dass die traditionelle Beziehung zwischen Kirche und Staat die Kirche mundtot machte und den Staat auftrumpfen ließ. In den Predigerseminaren regte er die Kandidaten dazu an, ihr Leben und ihre Verantwortung neu zu denken, und eröffnete ihnen eine Alternative zur *deutschen* Art, Christ zu sein.

Darüberhinaus schlug Bonhoeffer vor, ein Bruderhaus einzurichten, wo die in den Seminaren begonnene religiöse Praxis in Gemeinschaft weitergeführt werden sollte. Der Bruderrat, das Aufsichtsgremium der evangelischen Kirche in Preußen, bewilligte dieses weitere Experiment gemeinschaftlichen Lebens. Sechs junge Theologen wurden dafür freigestellt, unter ihnen Bethge. Er war im Bruderhaus Bonhoeffers Beichtvater, was bedeutete, dass er ihm regelmäßig die Beichte abnahm und zu einem engen Vertrauten und Freund wurde. Doch 1937 schloss die Gestapo nach kurzen zwei Jahren Predigerseminar und Bruderhaus. Bonhoeffers Buch Gemeinsames Leben (DBW 5) beruht auf den Erfahrungen dieser christlichen Gemeinschaft.

Zwischen Bonhoeffer und Bethke entwickelte sich eine natürliche Freundschaft. Bei allen Unterschieden in ihrer Persönlichkeit – Bonhoeffer war energisch, überschwänglich, kosmopolitisch und gefühlsbetont; Bethge war bescheidener, unaufdringlich, auf ruhige Art stark, beständig – passten sie, was Intellekt und theologische Auffassungen anging, sehr gut zueinander. Bonhoeffer war von Bethges erster Predigt, in der sich dieser mit Jesaja 53 beschäftigte[10], sehr beeindruckt. Auch teilten sie die Liebe zur Musik und musizierten gerne gemeinsam, wobei Bonhoeffer Klavier spielte und Bethge sang. Beide kannten die Sprache der Musik, die sie zu einem tieferen Verständnis ihrer gemeinsamen Arbeit und sogar ihrer Freundschaft führte. Sie wussten um die Macht der Harmonie, die Möglichkeit des Einsseins in Verschiedenheit und die Bedeutung gemeinsamer melodischer Linien.

Natürlich erlebten sie auch die normalen Reibereien einer echten Beziehung. Manchmal verlangte Bonhoeffer viel von Bethge; in einem Brief schrieb er, dass er ihm »das Leben manchmal schwer gemacht habe«, und bat ihn dafür um Verzeihung.[11] Bonhoeffer war sich sehr bewusst, dass Bethge in ihrer Freundschaft vieles geduldig ertragen hatte, ohne sich dadurch »verbittern« zu lassen; etwa Bonhoeffers »tyrannische« Art und »gewisse Gewalttätigkeit«.[12] Tatsächlich konnte sich Bonhoeffer regelrecht besitzergreifend verhalten. 1936 plante er einen gemeinsamen Urlaub mit Bethge. Bethge lud seinen Vetter Gerhard Vibrans ein, sie auf der Reise zu begleiten, ohne Bonhoeffer zu fragen, ob er damit einverstanden war. Das verärgerte Bonhoeffer, doch Bethge ließ sich davon nicht einschüchtern, sondern lud außerdem noch seinen Bruder Hans ein.[13] Letztlich kam nur Vibrans mit. Als sie die Reise vorbereiteten, versuchte Bonhoeffer, die Zeit zu begrenzen, die Vibrans mit ihnen verbringen sollte. Bethge sagte Bonhoeffer offen, wie angespannt die Situation durch sein Verhalten geworden sei und dass Bonhoeffer Vibrans' Gefühle verletzt habe. Die drei versöhnten sich und fanden für die Reise einen für alle guten Kompromiss. Der Vorfall zeigt aber, dass ihre enge Freundschaft durchaus auch ihre Konflikte hatte.

Später kam es zu anderen Veränderungen und Herausforderungen für ihre Freundschaft, vor allem als die Möglichkeit einer zukünftigen Ehe aufschien. Mit dreiunddreißig verliebte sich Bethge in Dietrichs Nichte, die siebzehnjährige Renate Schleicher. Im November 1942 verlobten sie sich. Zwei Monate später überraschte Bonhoeffer seine Familie damit, dass er seine Verlobung mit Maria von Wedemeyer bekanntgab, die mit ihren achtzehn Jahren nur halb so alt war wie er. Sie war die Enkelin einer großzügigen adligen Unterstützerin des Predigerseminars. 1937 hatte Bonhoeffer auf Bitten der Großmutter geprüft, ob Maria schon reif für den Konfirmandenunterricht war, hatte dies aber verneint.[14] Keine der Familien reagierte begeistert auf die Verlobungen, vermutlich in beiden Fällen wegen des großen Altersunterschieds. Sie drängten die beiden Paare dazu, sich mindestens noch ein Jahr Zeit zu lassen.[15] Während der Kriegserfolg immer mehr auf der Kippe stand und Deutschlands militärische und politische Situation immer hoffnungsloser wurde, gab es »zweifellos den Wunsch nach Nähe ..., den viele in jenen Tagen der zunehmenden persönlichen Verluste hegten«[16]. Bonhoeffer nahm an Eberhard und Renates standesamtlicher Trauung im März 1943 teil, nicht jedoch an ihrer kirchlichen Hochzeit im Mai 1943.[17] Die äußeren Umstände verhinderten es.

Am 5. April 1943[18] rief Bonhoeffer bei seiner Schwester Christel und seinem Schwager Hans von Dohnanyi an, der bei Bonhoeffers Mitwirkung in der Abwehr-Verschwörung sein Vorgesetzter war. Eine fremde Stimme meldete sich, und da wusste Bonhoeffer instinktiv, dass der Augenblick gekommen war. Die Gestapo durchsuchte Dohnanyis Haus.

Das kam nicht überraschend – beide Männer wussten, dass die Gestapo im Bereich der Abwehr herumgeschnüffelt hatte, und Hans von Dohnanyi war im Herbst 1942 gewarnt worden, dass er überwacht werde.[19] Die Gestapo konzentrierte ihre Ermittlungen auf Unregelmäßigkeiten im Zusammenhang mit einer Abwehr-Mission, dem Unternehmen 7, an dem Dohnanyi und Bonhoeffer beteiligt waren. Diese Unregelmäßigkeiten boten der Gestapo die schon lange erwartete Gelegenheit, zum Schlag gegen die Abwehr auszuholen. Dohnanyi und Bonhoeffer waren gewarnt, dass möglicherweise ihre Verhaftung drohte.

Bonhoeffer legte auf und ahnte schon, was ihn nun erwartete. Er ging hinüber zu Nr. 42 und bat seine Schwester Ursula, ihm etwas zu essen zuzubereiten. Dann ging er zurück auf sein Zimmer in Nr. 43, um ein gefälschtes Tagebuch hervorzuholen, dass er während seiner Tätigkeit für die Abwehr angelegt hatte. Anderes belastendes Material versteckte er. Dann ging er wieder rüber zu Nr. 42 und aß dort mit Ursula, Rüdiger, Eberhard und Renate. Gegen 16 Uhr kam sein Vater herüber, um ihm zu sagen, dass zwei Männer auf seinem Zimmer warteten und ihn sprechen wollten.[20] Bonhoeffer wurde verhaftet. Er hielt seine Bibel in der Hand, als er von den Beamten zum Wagen geführt wurde. Dann fuhren sie mit ihm davon. (Christel und Hans wurden ebenfalls verhaftet; sie wurde einen Monat später entlassen, aber Hans kam nie mehr frei.)

Anders als Bonhoeffer, der gehofft hatte, seine Tätigkeit für die Abwehr würde ihn vor der Einberufung bewahren (was einer der Hauptvorwürfe der Gestapo gehen ihn war, ehe seine Beteiligung an der größeren Verschwörung entdeckt wurde), entging Bethge der Einberufung nicht, obwohl auch er als Agent für die Abwehr gearbeitet und an vielen konspirativen Besprechungen teilgenommen hatte. Nach seiner Heirat mit Renate Schleicher im Mai 1943 wurde Bethge als Soldat nach Italien geschickt. Nach

Ansicht der Familie war er dort weniger gefährdet als bei einem unmittelbaren Fronteinsatz.

Doch die Lage in Italien war kompliziert. Bethge schrieb von dort an Bonhoeffer. Er vertraute ihm einige seiner Sorgen an und fragte sich, ob Bonhoeffer im Gefängnis nicht möglicherweise eine bessere Zeit verbrachte als er. Bethge litt wahrscheinlich viel mehr, als er in Worte fassen konnte; zum einen musste er vor den Briefzensoren auf der Hut sein, aber vermutlich bedrückte ihn auch die moralische Bürde, Zeuge von nationalsozialistischen Massakern an Juden und anderen italienischen Zivilisten geworden zu sein.[21]

Bonhoeffer wusste in seiner Zelle nichts von diesen äußeren Umständen. Er riet Bethge, in der »Polyphonie des Lebens« zu bleiben, sich an den Reichtum seines Lebens mit seiner Frau und seinem kürzlich geborenen Sohn zu erinnern und aus dem Cantus firmus Kraft zu schöpfen, der starken Melodielinie in der Polyphonie:

> Wo der cantus firmus klar und deutlich ist, kann sich der Kontrapunkt so gewaltig entfalten wie nur möglich. ... lasst in eurem Zusammensein den cantus firmus recht deutlich erklingen, erst dann gibt es den vollen und ganzen Klang und der Kontrapunkt weiß sich immer getragen, er kann nicht abgleiten, er kann sich nicht lösen und bleibt doch ein Eigenes, Ganzes, ganz für sich. Wenn man in dieser Polyphonie steht, dann wird das Leben erst ganz und zugleich weiß man, dass nichts Unheilvolles geschehen kann, solange der cantus firmus durchgehalten wird.[22]

Diese starke, strukturierende Melodie wollte Bonhoeffer auch in die brüderliche Gemeinschaft des Predigerseminars einweben. Sein Ziel bestand darin, die Pastoren der Bekennenden Kirche darin zu stärken, diese Melodie standhaft zu singen, ganz gleich, welche Lieder um sie herum gesungen wurden. Durch eine feste tägliche Praxis aus Bibelmeditation und Gebet stärkte er sie als Verkünder des göttlichen Wortes, wie auch immer die äußeren Umstände aussahen, mit denen sie konfrontiert waren. Aber er hat nicht erwartet, dass sie die Schönheit des Lebens darauf reduzierten, den Cantus firmus zu singen. Er wollte, dass sie in der Lage seien, sich des Lebens zu freuen und an den Melodien der Menschlichkeit mitzuwirken, den Harmonien, die den Cantus firmus umspielen. Darauf sollten sie ihr Leben einstimmen, es um diese Mitte herum anordnen.

Nach allem, was wir wissen, hat Bethge an diesem Cantus firmus immer festgehalten. Als er aus Italien nach Berlin zurückbeordert wurde, und man ihn nach dem fehlgeschlagenen Staatsstreich vom 20. Juli 1944 verhaftete und verhörte, gab Bethge (wie Bonhoeffer) seinen Mitgefangenen geistlichen Beistand. Er betete mit ihnen und für sie, und nach seiner Freilassung überbrachte er den Familien die letzten Worte jener, die hingerichtet wurden. Der Cantus firmus war ein Thema, zu dem Bethge später im Rahmen seiner Arbeit für Bonhoeffers Leben und Werk immer wieder zurückkehrte.[23]

Als der Krieg mit der Niederlage der Nazis endete und Bethge aus der Haft freikam, wurde seine Rolle als ein »Vermittler der historischen Wahrheit« deutlicher und dringlicher.[24] Die Aufgaben der Nachkriegszeit waren gewaltig. Dazu gehörte die unmittelbare Suche danach, wer noch am Leben und wer tot war und wo sie – oder ihre Leichname – waren. Bethge fuhr mit dem Fahrrad kreuz und quer durch das verwüstete Berlin und versuchte herauszufinden, wo Bonhoeffer war, aber niemand wusste es. Nach der Verlegung Bonhoeffers aus dem Tegeler Gefängnis ins SS-Hauptquartier im Herbst 1944, wurde der Kontakt der Familie zu ihm stark eingeschränkt. Es war ein Rätsel, wohin man ihn in den letzten Kriegsmonaten verschleppt hatte. Viele Menschen befanden sich in einer ähnlichen Situation, denn das Vertrauen und die soziale Verbindungen waren genauso zerstört wie der Rest der Stadt. Witwen fragten Bethge flehend, ob er etwas darüber wisse, wie es ihren ermordeten Männern in ihren letzten Stunden ergangen sei und was ihre letzten Worte gewesen seien. Bethge nahm sich der Aufgabe an, die Bruchstücke an Informationen zusammenzutragen und zu bezeugen, was passiert war.

Während alledem behielt er seine Freundschaft mit Bonhoeffer bei, die ebenfalls ein Teil der von ihm bewahrten und aufzuarbeitenden historischen Wahrheit wurde. Als Freund war er nicht daran interessiert, einen Bonhoeffer-Kult zu begründen; weder zu Bonhoeffers Lebzeiten noch nach seinem Tod idealisierte Bethge ihn oder stellte ihn auf ein Podest.[25] Von den Vorträgen, die er über Bonhoeffer hielt, hieß es, sie seien ein »selbstloses Zeugnis«, das viele Zuhörer ebenso tief berührte wie »der von ihm dargestellte Vollblut-Theologe und Zeitgenosse«.[26] Bethge sammelte die unvollendeten Fragmente von Bonhoeffers Leben und Denken, die zu den Quellen seiner monumentalen Bonhoeffer-Biografie wurden. Auf eine zutiefst vertrauenswürdige Weise bewahrte und deutete er das Werk seines Freundes.

Das lässt sich von anderen Interpreten nicht sagen. Den Umgang der nordamerikanischen »Gott-ist-tot«-Theologen der 1950er- und 1960er-Jahre mit Bonhoeffers Denken bezeichnete Bethge als eine »kreative Fehlinterpretation«.[27] Schon in den ersten zwanzig Jahren nach Bonhoeffers Tod argumentierten manche, dass seine Ideen ausgeschlachtet würden und er selbst zur Kultfigur gemacht werde.[28] Viel später, anlässlich Bonhoeffers siebzigstem Geburtstag im Jahr 1976, sprach Bethge davon, wie wichtig es sei, über »Bonhoeffer hinauszugehen«, wie Bonhoeffer es selbst auch getan hätte. Bethge erinnerte seine Zuhörer daran, dass Dietrich, wäre er bei der Geburtstagsfeier anwesend, mit ihnen durchaus »nicht einverstanden« wäre, beziehungsweise »einverstanden, wenn wir uns nun redlich streiten um das, worum er sich sorgte«. Denn so hatte Bethge ihn erlebt; und bei aller Treue zu Bonhoeffer war er ihm nie »sklavisch ergeben«.[29] Er hatte seinen Freund in seiner ganzen Menschlichkeit kennengelernt und gestand sie ihm auch nach seinem Tod zu. Und das ist, so denke ich, eines seiner größten Geschenke an seinen Freund.

* * *

Die Galerie, in der wir uns trafen, lag in einer schönen Terrassenwohnung an der Karl-Marx-Allee und wir sprachen beim Abendessen über Heimat- und Gemeinschaftsgefühle. Wir kamen alle aus unterschiedlichen Ländern und unsere Berufe waren so vielfältig wie wir – zwei Fotografen (ein Deutscher, aber nicht aus Berlin, und ein Syrer, der vor dem Bürgerkrieg geflohen war), eine russische Aquarellmalerin, eine italienische Porträtmalerin, eine englische Mixed-Media-Künstlerin und eine amerikanische Prosaschriftstellerin und Dichterin (ich). Der Kalligraph aus dem Irak konnte an diesem Abend nicht dabei sein, aber der Veranstalter sagte mir, der Iraker sei sehr daran interessiert, mit mir zusammenzuarbeiten. Wir alle durften uns als Residents an der jährlichen Gemeinschaftsausstellung der »Green Hill Gallery« beteiligen. Veranstaltet wurde das Ganze vom Verein Kulturschöpfer im hippen Friedrichshain. Friedrichshain ist von meinem Zuhause so weit entfernt wie der Prenzlauer Berg vom Haus der Bonhoeffers. Ich brauchte eine Weile, um dorthin zu gelangen, und die Stimmung hätte unterschiedlicher nicht sein können. Während es in Grunewald großbürgerlich, ordentlich und gediegen zugeht, ist Friedrichshain trendig, grell, bekifft, ausschweifend und berstend vor Energie und Kreativität.

»Was ist für euch das Schwierigste am Leben hier in Berlin?«, fragte uns einer der Organisatoren, während wir uns am Essen bedienten. Wir kannten einander bis jetzt kaum, und dass wir uns kennenlernten, war entscheidend wichtig für dieses kollektive Projekt. Also beantworteten wir nacheinander die Frage, aufrichtig und verletzlich. Ich sagte: »Ich weiß nicht, wie es euch geht, aber ich fühle mich hier ziemlich einsam. Angesichts der Spannungen in den USA fühle ich mich stärker von meinem Heimatland abgeschnitten und heimatloser als je zuvor. Aber zum Teil liegt meine Einsamkeit auch an Berlin. Ich finde das Leben hier schwieriger als in anderen Städten, die ich kenne. Ich wünschte, die Leute würden öfter lächeln.« Ich spürte, dass alle mich anschauten und sich fragten, worauf ich hinauswollte, und das fragte ich mich auch.

»Aber andererseits ist das hier« – ich breitete meine Arme aus – »ja auch Berlin, nicht wahr? Kreative Leute aus aller Welt treffen sich in einer Stadt, die so viele Narben der Geschichte trägt. Berlin ist so faszinierend und kann gleichzeitig so wütend machen. Seine turbulente Vergangenheit und heutige Unruhe haben für mich auch etwas Ermutigendes und Inspirierendes. Es ist kompliziert. Es ist eine wilde Mischung.«

Die anderen am Tisch gaben alle mehr oder weniger zu, sich ebenfalls manchmal einsam zu fühlen, und wir waren uns einig, dass die deutsche Kultur manchmal schroff, schmerzhaft direkt und emotional reserviert ist. Die Leute in der Stadt konnten sehr unhöflich sein. Selbst der Deutsche am Tisch stimmte dieser Einschätzung zu – »Aber vergesst nicht, dass ich in einem Dorf aufgewachsen bin, nicht in Berlin!« Wir entschuldigten uns dafür, dass wir so kritisch über sein Heimatland sprachen.

Trotzdem schüttelte der Syrer den Kopf. Er hatte echte Verletzungen erlebt, und ich konnte es ihm nicht verübeln, dass er skeptisch und misstrauisch war. Er sagte, er könne das Stigma, ein Flüchtling zu sein, ein lebendes Symbol für viele »Probleme« und Ängste der Deutschen, nicht einfach abschütteln. Und doch wusste er, dass seine Zukunft *hier* vor ihm lag. Es gab für ihn kein Zurück; das Leben, das er gekannt hatte, existierte nicht mehr. Seine zerstörte Heimat war ausgeblutet durch den Bürgerkrieg, die Menschen erschöpft durch dessen Komplexität und Brutalität. Er wusste, dass ihm nichts anderes übrig blieb, als hier Wurzeln zu schlagen, solange er hier lebte. Wir nickten, als er sprach, denn das traf auf uns alle zu.

Während der folgenden sechs Wochen trafen wir uns regelmäßig, um die Ausstellung vorzubereiten. Ich kam, so oft ich konnte, und bot im Zeitraum dieses intensiven und kreativen Projekts keine Führungen im Bonhoeffer-Haus an. Stattdessen fuhr ich, wenn ich meinen Sohn im Kindergarten abgesetzt hatte, nach Friedrichshain. Dazu überquerte ich in östlicher Richtung die Spree, wo ich jedes Mal einen Blick auf den *Molecule Man* des amerikanischen Künstlers Jonathan Borofsky werfen konnte. Die Skulptur, die dreißig Meter hoch aus der Spree herausragt, wirkt wie aus einer anderen Welt. Drei menschliche, wie ein Schweizer Käse durchlöcherte Gestalten aus grauem Aluminium scheinen auf dem Fluss zu stehen, der ein Stück entlang der Grenze verlief, als die Stadt noch geteilt war. Borofsky sagte, er habe dieses Kunstwerk geschaffen, um zu zeigen, dass »die Moleküle aller Menschen zusammenkommen, um unsere Existenz zu erschaffen«.[30] Es ist schwer zu sagen, ob die drei Menschen im Kampf miteinander ringen oder ob sie einander begegnen und kurz davor sind, sich zu umarmen.

Meine Aufgabe als einzige Schriftstellerin in der Künstlergruppe sah ich darin, den bildenden Künstlern bei der Arbeit zuzuschauen und ekphrastische Gedichte zu schreiben, also Lyrik, die ein Kunstwerk erzählt oder darüber reflektiert, wie John Keats' berühmte »Ode auf eine griechische Urne«. Ich beobachtete, wie die Porträtmalerin mit Ölfarben auf leerer Leinwand Menschen erschuf. Die Aquarellmalerin gestaltete auf dickem, handgeschöpftem Papier üppige Blumenbilder. Die von der Mixed-Media-Künstlerin geschaffenen nicht essbaren, aber wie Desserts aussehende Skulpturen mit ihren Zuckergussfarben waren zugleich abstrakt und überraschend appetitlich. Der Kalligraph ließ auf einem Blatt Papier mit großer Präzision Worte tanzen, in Mustern, die nur aus Fisch- oder Vogelschwärmen bestanden. Seine Pinselstriche waren wie die Gesten eines Dirigenten. Die beiden Fotografen fingen Motive ein, die enthüllten, was wir ohne ihre Objektive gar nicht sehen könnten. Wir alle posierten für sie, und sie verwendeten für die Aufnahmen unterschiedliche Techniken. Die Vielfalt der hier versammelten Fertigkeiten war beeindruckend. Ich nahm das alles in mich auf und schrieb für jede Künstlerin und jeden Künstler Gedichte, Gedanken über ihre kreativen Talente, als ein kleines Dankeschön für die Bereicherung, die sie mir bedeuteten.

Wir arbeiteten alle gemeinsam in einem Atelierraum, stießen dabei versehentlich gegen Ellbogen und Leinwände, stiegen über auf dem Boden liegende halbfertige Projekte hinweg, lachten und sprachen einander Mut zu, räumten miteinander auf und sprachen über neue Ideen und kühne Projekte. Ein paar Mal haben wir uns auch mürrisch angeschrien. Doch so entstanden kreative Erkenntnisse nicht nur in uns, sondern als *gemeinsame* Entdeckung, und wir erlebten, wie die anderen in der Gruppe unsere eigene Arbeit beeinflussten. Weil wir uns nicht alle in der gleichen Sprache verständigen konnten, waren wir auf jene angewiesen, die für andere übersetzen konnten. Dass aus diesem Gemisch aus verschiedenen kulturellen Erfahrungen, Sprachen, Nationalitäten, Kunstrichtungen und individuellen Perspektiven überhaupt ein kohärentes Projekt hervorging, war ein einzigartiges Geschenk. In einer Welt, die wieder einmal mit dem Nationalismus flirtet, in der die Menschen sich wieder mit ihresgleichen nach außen abschotten und verächtlich auf diejenigen schauen, die anders sind, mag unser Ausstellungsprojekt auf manche wie vergebliche Mühe gewirkt haben. Doch wir selbst und andere erlebten es als etwas Wunderbares. Und dieses Wunder ist der Grund, warum die Veranstalter dieses Projekt jedes Jahr wieder anbieten.

Bei der Vernissage betrachteten Freunde und Passanten von der Straße die Ausstellung und wir Künstler natürlich auch. Die Kuratoren hatten unsere Arbeiten an den Wänden der Galerie zu einer Geschichte geordnet. Es ist so ein polyphoner Spannungsbogen entstanden, den wir Künstler aus unserer Innenperspektive nicht gesehen hatten. Da hingen meine Gedichte neben den Mixed-Media-Installationen, neben den Fotografien, neben der Kalligraphie neben den Aquarellen neben den Ölgemälden. So verlieh jedes Werk den anderen eine Harmonie und eine reichere Bedeutung, die, wenn sie für sich allein gehangen hätten, nie entstanden wäre. Und doch behielten sie alle ihre eigene Melodie. Wir gingen gemeinsam durch die Galerie und staunten, was wir gemeinsam geschaffen hatten. Und uns wurde bewusst, wie das Projekt auch zur Antwort auf unsere Einsamkeitsgefühle geworden war. Wenn wir nicht zusammengekommen wären und uns auf das Wagnis kreativer Kooperation eingelassen hätten, hätten wir dieses Wunder niemals erlebt. Wir gaben unsere Egos an der Garderobe ab und öffneten unsere Herzen für Möglichkeiten, die in einem Nullsummen-Universum nun einmal nicht verfügbar sind, und so konnten wir gemeinsam etwas Neues erschaffen. Wir wagten uns auf Neuland vor, und das wäre in dieser Form nie möglich gewesen, wenn wir in unserem vertrauten Umfeld geblieben wären. Dieses Gemeinschaftsprojekt schweißte uns zusammen, was für uns Einsame, nach Berlin Verpflanzte ein großes Geschenk war.

Von da an konnten wir erst einmal nicht mehr ernsthaft von uns behaupten, einsam zu sein.

* * *

Während Bonhoeffer in Juni 1939 wieder nach New York reiste, wegen des wohlmeinenden, aber letztlich glücklosen Versuchs, ihn vor dem Wehrdienst zu bewahren, blieb Bethge in Deutschland und war weiterhin in führender Rolle bei der Bekennenden Kirche aktiv. In einem Brief an Bonhoeffers Eltern bedankte er sich für ihre Gastfreundschaft: »Dietrichs Abreise möchte ich gern zum Anlass nehmen, Ihnen einen besonderen Dank zu sagen für das Gast- und Heimatrecht, das Sie mir so oft in Ihrer Familie gewährt haben. ... Ich werde vor allem die Erlebnisse des letzten halben Jahres nicht vergessen.« Und: »Ich kann nur sagen, dass ich durch Ihr Haus in dieser Sache wohl entscheidende und verpflichtende Anschauung und Klarheit gewonnen habe, für die ich ganz besonders dankbar bin und bleibe.«[31] Das Haus bewahrte die Erinnerungen an diese schweren Tage wie nur wenige Orte. Das ist bis heute so.

Als einer von Bonhoeffers engen Freunden erinnerte Bethge sich gerne an das Haus und Dietrichs Zimmer im Obergeschoss. Die beiden standen sich unglaublich nah, hatten ein gemeinsames Bankkonto, machten mit Geld von diesem Konto gemeinsame Geschenke und schliefen beide in diesem Zimmer.[32] (Bethge berichtete, dass sie »beide Langschläfer« waren![33]) Sie verbrachten dort viel Zeit zusammen.

Als Bonhoeffer nach dem kurzen und für ihn quälenden Aufenthalt in New York wieder in Deutschland eintraf, kehrte er in das Haus in der Marienburger Allee zurück. Es wurde zum »wahren Mittelpunkt seines Lebens«, wie Bethge später in der Biografie seines Freundes schrieb, und ich frage mich, ob die Worte, die er an dessen Eltern schrieb, ihm dabei wieder in den Sinn kamen.[34] Um dieses Zentrum zu schützen und zu erhalten, plante Bethge das Bonhoeffer-Haus als den Ort, der es heute ist.

1983 initiierte Bethge das Projekt, das Haus zu einer Gedenkstätte zu machen, um Menschen die Begegnung mit Bonhoeffers Leben und Werk zu ermöglichen.[35] Es sollte kein Tempel einer Bonhoeffer-Verehrung werden, sondern ein Ort, an dem seiner und vieler anderer Menschen, die in dem Haus gelebt hatten oder zu Gast gewesen waren, gedacht werden konnte. Bethge wusste, dass Erinnerungen nicht allein durch Worte bewahrt und weitergegeben werden können, sondern Orte brauchen.[36] Solche Orte können Menschen helfen, Entscheidungen zu treffen, Dinge in neuem Licht zu sehen und Klarheit zu finden.

Das Bonhoeffer-Haus erinnert mich daran, dass unsere Beziehungen zu anderen Menschen von entscheidender Bedeutung für das Wohl und das Leben aller sind. Ein Zuhause ist einer der kleinen und scheinbar unbedeutenden Orte, wo Stunde für Stunde, Tag für Tag Vertrauen wachsen kann, während wir den Haushalt erledigen. Es ist ein Ort, wo Familien den Alltag bewältigen, aber auch miteinander diskutieren, Gedanken aufschreiben, aus dem Fenster schauen, Gedichte vortragen und singen. Ein Haus ist ein Ort, an dem man Besucher und sogar Fremde willkommen heißt, ihnen eine Mahlzeit anbietet und Freundlichkeit und Respekt entgegenbringt. Ein Haus ist ein Ort der Erinnerung, wo wir alte Fotos betrachten, Geschichten erzählen und hören und in die Zukunft vorausdenken. Erinnerungen zu bewahren und zu pflegen ist Teil von dem, was uns zu Menschen macht, wie Bethge sagte:

> Gedenken macht Leben menschlich. Vergessen macht es unmenschlich. Wir wissen natürlich um die Gnade des Vergessens. Aber selbst wenn Erinnerung mit Trauer und Scham einhergeht, füllt sie die Zukunft mit

> Perspektiven. Und die Verleugnung der Vergangenheit fördert die Geschäfte des Todes, gerade weil sie sich ausschließlich mit der Gegenwart beschäftigt. Das Maß der Rechenschaft über unser Gestern bestimmt das Maß an Stabilität für das Morgen.[37]

Ein Haus ist außerdem ein Ort, wo Freundschaften geschlossen, gepflegt und sogar wiedererweckt werden können. Auch unsere Freundschaften benötigen Orte.

* * *

Bei all unserer digitalen Vernetzung haben wir, so denke ich, vergessen, dass wir Menschen keine digitalen Wesen sind und es auch niemals wirklich sein können. Weder können wir unsere Körperlichkeit sowie unsere Gebundenheit an Orte ablegen, noch damit aufhören, soziale Wesen zu sein: Wir brauchen einander. Wir brauchen Freundschaften. Wir benötigen nicht nur Nahrung und Wasser, um leben zu können, sondern auch Beziehungen zu anderen Menschen. Wenn wir in diese Welt hineingeboren werden, sind wir zutiefst davon abhängig, dass die Menschen um uns herum für uns sorgen, uns lieben, uns füttern, uns waschen, uns sehen und mit uns sprechen. Wenn wir diese Welt verlassen, brauchen wir diese Fürsorge erneut. Und selbst in der Zeit zwischen unserer Kindheit und unseren letzten, gebrechlichen Jahren brauchen wir Liebe und Gemeinschaft.

Auch wenn dieser Gedanke uns hypervernetzte Wesen des digitalen Zeitalters zurückschrecken lässt: Immer noch lernen und erinnern wir uns am besten, wenn wir Zeit bewusst körperlich und Seite an Seite mit anderen verbringen. Orte sind für Menschen wichtig. Wenn Menschen an bestimmte Orte pilgern, entdecken sie oft, dass der Weg dorthin so wichtig ist wie der Ort selbst. Und die

Begegnungen mit anderen Pilgern enthüllen manchmal noch mehr von dem, was die Pilgerschaft für uns bedeuten könnte. Wie wir während einer Pilgerreise leben, sagt viel über unsere Einstellung zum Leben aus: Kümmern wir uns um die, die straucheln oder schwach werden, oder lassen wir sie achtlos am Weg zurück? Wie verhalten wir uns gegenüber Mitreisenden, über die wir uns ärgern, die zu viel reden oder Ideen äußern, die uns provozieren? Wenn wir uns bewusst machen, in welchen Situationen wir beleidigt sind oder uns innerlich zurückziehen, eröffnen sich uns Möglichkeiten, zu vergeben und Freundschaften aufzubauen.

Orte ermöglichen uns, körperliche Lernerfahrungen zu machen. Wir hören, riechen und erfühlen einen Ort und manchmal kosten wir ihn sogar. Unsere Sinne füllen mit Leben, was unser Verstand nur zum Teil begreifen kann. Wir riechen Gewürze, atmen fremde Luft, probieren unbekannte Speisen und entdecken, dass wir gar nicht so verschieden voneinander sind. Wir sind alle Menschen, und das ist schön und anstrengend zugleich.

Wenn man das Bonhoeffer-Haus betritt, ist es, als würde man eine Schwelle in eine andere Zeit überschreiten und in einen ergreifenden Moment der Geschichte eintreten. Doch dieses Gefühl, in eine gefährliche Zeit einzutauchen, lässt nach, wenn wir entdecken, dass es doch letztlich bloß ein Haus ist. Es hat einen bestimmten Geruch, die Dielen knarren und durchs Fenster sieht man den Nachbarsgarten.

Ich bin Eberhard Bethge nie begegnet und natürlich auch Dietrich Bonhoeffer nicht. Wenn ich versucht habe, mir die beiden im Bonhoeffer-Haus vorzustellen, habe ich mich manchmal gefragt, wie es wäre, mit Bonhoeffer befreundet zu sein. Wir versuchen so oft, uns in Dietrich hineinzuversetzen, aber vielleicht wäre es besser, sich in Eberhard hineinzuversetzen. Als Bonhoeffers Freund oder

Freundin sind wir nicht der Star einer Heldenerzählung, sondern ein Mensch, dem die Aufgabe anvertraut wurde, in dieser Welt Bonhoeffers Gedanken zu deuten, ihm dabei seine menschlichen Unvollkommenheiten zuzugestehen und auch über ihn hinauszudenken, wie Bethge es tat. Denn letztlich würde Bonhoeffer sich wohl von uns wünschen, dass wir uns nicht auf ihn fokussieren, sondern in unserem Leben die Verantwortung übernehmen, uns unseren Nächsten zuzuwenden. Denn so einsam sie und wir auch sein mögen, sind wir immer und jederzeit Menschen.

* * *

Einmal sprach mich bei einer Führung eine Besucherin auf der Schwelle zu Bonhoeffers Zimmer an. Sie hätte einmal einen Vortrag Eberhard Bethges im Princeton Seminary miterlebt. »Das war vor vielen Jahren«, sagte sie und strich sich ihre grauen Haare aus der Stirn. Ich bat sie, mir mehr zu erzählen, und sie antwortete schlicht: »Er war ein wunderbarer Mann, der eine große Traurigkeit in sich trug.«

Die hebräische Bezeichnung des Holocausts benutzend, beschrieb Bethge sich einmal so: »Meine Biografie trägt die Last der Shoah« – und damit auch die Verantwortung der Freundschaft.[38]

Königin-Louise-Straße 15, Berlin-Dahlem; das ehemalige Institut für Anatomie der Freien Universität Berlin. (Foto: Emunah A. Rankin)

Epilog

Eine Geschichte zweier Häuser

Kurz nachdem ich meinen Mann und unsere beiden älteren Kinder zum Abschied geküsst habe, die auf dem Weg zur Arbeit und in die Schule nun zur Bushaltestelle eilen, fahre ich den Jüngsten zu seinem zweisprachigen Kindergarten. Von unserem Haus aus fahren wir nach Süden auf der Clayallee, benannt nach General Lucius Clay. Er war Militärgouverneur der amerikanischen Besatzungszone in Deutschland und organisierte während der Blockade Westberlins durch die Sowjetunion die Berliner Luftbrücke (1948–1949).[1] Weiter nördlich heißt die Straße Hohenzollerndamm, benannt nach dem lange herrschenden preußischen Kaiserhaus, das nach dem Ersten Weltkrieg von der kurzlebigen, demokratischen Weimarer Republik abgelöst wurde. Die Namen dieser Nord-Süd-Arterie auf der Westseite Berlins spiegeln viel von Deutschlands langer und turbulenter Geschichte wider.

Dann biegen wir nach links in die Königin-Louise-Straße ein, benannt nach der sehr beliebten preußischen Königin, die, ehe sie mit nur vierunddreißig Jahren starb, Napoleon persönlich davon überzeugte, nach der Niederlage gegen Frankreich besseren Bedingungen für Preußen zuzustimmen.[2] Diese Straße führt mitten durch Dahlem, ein gut situiertes Viertel im Südwesten der Stadt. An der Kreuzung Pacelliallee und Königin-Louise-Straße steht der bescheidene Turm der St.-Annen-Kirche, wo Martin Niemöller Pfarrer war. In dieser Kirchengemeinde fanden wichtige Treffen der Bekennenden Kirche statt. Die bis heute bestehende Gemeinde ist ein lebendiges Denkmal ihrer langen und bedeutenden Geschichte. Schon seit dem Mittelalter steht dort eine Kirche. Wie viele andere Kirchen aus dieser Epoche offenbaren die Schichten der Baumaterialien sichtbare Erinnerungen und das Gebäude steht in einem starken Kontrast zur modernen Stadtplanung ringsum. Im Frühling blühen die Fliederbüsche rund um die Kirche für kurze Zeit lilafarben und verströmen einen üppigen Duft. Während der übrigen Zeit des Jahres sind die Sträucher eher uninteressant, reduziert auf ein braunes Gewirr von Zweigen im Winter und gewöhnliches grünes Strauchwerk im Sommer.

Entlang der Hauptstraße des Viertels gibt es hinter St.-Annen eine Eisdiele, ein Burger-Restaurant, eine hübsche Buchhandlung, einen Schreibwarenladen, eine Apotheke und ein Teegeschäft. Viele Studenten wohnen hier, denn Dahlem beherbergt die Freie Universität. Sie entstand 1948, als Studenten und Professoren aus der sowjetisch kontrollierten Universität Unter den Linden abwanderten. Mit finanzieller und ideeller Unterstützung durch die amerikanischen Streitkräfte gründeten sie eine neue Universität, wo frei von kommunistischer Unterdrückung und Verfolgung studiert und geforscht werden konnte. Auch weitere amerikanische Institutionen förderten den Aufbau der Freien Universität. Von der kleinen, während der Jahre des Kalten Krieges isolierten Insel West-Berlin aus setzte diese Universität auf den Wert friedlicher, freundschaftlicher Beziehungen und ging Partnerschaften mit anderen akademischen Institutionen in aller Welt ein.[3]

Gleich nach seiner berühmten »Ich bin ein Berliner«-Rede, die Präsident John F. Kennedy am Schöneberger Rathaus vor einer riesigen Zahl von West-Berlinern gehalten hatte (die Schätzungen variieren zwischen 120.000 und 450.000), besuchte er die Freie Universität.[4] Dort sprach er vor 20.000 Zuhörern. Die Populärkultur sorgte dafür, dass die meisten Leute diesen einen Satz seiner

Rede vor dem Rathaus kennen, den er mit einzigartigem Kennedy-Akzent auf Deutsch gesagt hat. (Und nein, er sagte nicht: »Ich bin ein mit Marmelade gefüllter Krapfen« – obwohl solche Krapfen in anderen Teilen Deutschlands Berliner heißen.) Aus Kennedys Rede in Dahlem ragt kein symbolträchtiger einzelner Satz heraus, jedenfalls nicht im öffentlichen Gedächtnis. Dennoch, so Josef Klein, Experte für politische Linguistik, sei von Kennedys beiden Berliner Reden an diesem Tag die Dahlemer Rede bedeutender.[5] Klein zufolge sollte die erste, berühmt gewordene Rede mit ihrer Emotionalität und kraftvollen Rhetorik der breiten Öffentlichkeit Mut machen.

In der zweiten Rede brachte Kennedy vorsichtiger abgewogene Argumente vor, die für die gesellschaftliche und politische Elite Deutschlands gedacht waren. Es ging um die liberalen demokratischen Werte Wahrheit, Gerechtigkeit und Freiheit.[6] Kennedy bekräftigte die Bereitschaft der Vereinigten Staaten, West-Berlin gegenüber der Sowjetunion unter allen Umständen in freiheitlicher Solidarität beizustehen. Auch forderte er seine Zuhörer auf, darüber nachzudenken, was Wahrhaftigkeit bedeutet: das eigene Denken auf Fakten und die Realität zu stützen statt auf Parolen (also nicht, wie Klemperer es ausdrückte, die Worte für uns denken lassen) und ebenso wenig in Nostalgie zu schwelgen. Abschließend drückte Kennedy seine Hoffnung und Überzeugung aus, dass der Konflikt zwischen den westlichen Demokratien und dem kommunistischen Osten und anderen autokratischen Nationen nicht durch militärische Stärke gelöst werden würde, sondern durch eine Verpflichtung auf die Werte und Praxis der Freiheit, eine friedliche und überzeugende Kraft, die dem Wohl der ganzen Welt dient. Er schloss mit den Worten: »Es gibt viel zu tun und wir haben eine Verpflichtung zu erfüllen, eine Verpflichtung zu Wahrheit, Gerechtigkeit und Freiheit.«

Weiter unten an der Königin-Louise-Straße ragt ein kurioses Gebäude aus dem Dahlemer Idyll. Die Nummer 15 ist ein stattlicher Bau, der heute verlassen und verwüstet dasteht. Das Grundstück ist so zugewuchert, dass die Ruine in der warmen Jahreszeit teilweise hinter grünem Laub verschwindet.

Da ich täglich an dem Gebäude vorbeifuhr, wenn ich meinen Sohn in den Kindergarten brachte, konnte ich während unseres dreijährigen Berlin-Aufenthaltes zusehen, wie es immer weiter verfiel. In unserem letzten Jahr wurde auch mein Sohn darauf aufmerksam. Ein paarmal wollte er von mir wissen, warum das große Haus »so krank« aussehe – eine gute Frage. Wir machten ein Spiel daraus, die Polizeiautos zu entdecken und zu zählen, die davor parkten. An vielen Tagen zählten wir mehr als eines und sahen, wie die Polizisten Kontrollgänge machten und die Schlösser am Bauzaun überprüften. Es war ein morbides Spiel. Diese ganze Ruine ist eine Metapher für gesellschaftliche Morbidität.

Wer bis hierher gelesen hat, wird sicher nicht überrascht sein, dass ich eine starke Faszination für dieses Gebäude entwickelte und mit einigem Aufwand Nachforschungen anstellte, ohne mich allerdings auf das Grundstück zu wagen. (Was ich auch sonst niemandem empfehlen würde!) Im Lauf der drei Jahre beobachtete ich, dass die Sicherheitsmaßnahmen immer weiter verschärft wurden – erst normaler Zaun, dann Stacheldraht, dann NATO-Draht, Warnschilder und regelmäßige Polizeipräsenz. Daher war mir klar, dass das Überklettern dieser Barrieren oder gar ein Eindringen in das Gebäude bestenfalls unerlaubt und schlimmstenfalls hochgefährlich sein würde. Aber ich fand heraus, dass nicht alle, die unerlaubt solche Ruinen betreten, dort Vandalismus begehen wollen. Meine Recherche führte mich in kuriose Winkel des Internets, wo Menschen über solche verlassenen Orte schreiben und Fotos derselben veröffentlichen. Ihnen verdanke ich meine Informationen.[7]

Diese leere Hülle eines Gebäudes gehörte einmal zur Freien Universität und beherbergte das Institut für Anatomie. Es wurde 1949 eröffnet und 2003 geschlossen, als das Institut mit dem einer anderen Universität zusammengelegt wurde. Das Gebäude wurde 2005 aufgegeben.[8] Meine bruchstückhaften Recherchen ergaben, dass es verkauft worden war und kommerziell genutzt werden sollte. Doch es kam zu Rechtsstreitigkeiten zwischen den neuen Eigentümern und der Stadtverwaltung, die dazu führten, dass die Immobilie ungenutzt dem Verfall preisgegeben wurde. Das lockte dann diejenigen an, die es aufregend finden, dort unerlaubt einzudringen und Schaden anzurichten.

Weil es sich um das ehemalige Institut für Anatomie handelt, gibt es in dem Gebäude Hörsäle und die nötige Infrastruktur, um im Rahmen der Ausbildung der Studenten Leichen zu konservieren und zu sezieren. Es gibt große Sezier- und Präparationstische, Kühlfächer wie im Leichenschauhaus und sonderbar geformte Spülbecken. Das alles erzeugt eine gruselige Atmosphäre. Für eine Amateurin wie mich, die (offensichtlich) eine lebhafte Fantasie hat, sieht es aus, als wären hier Menschen gefoltert worden.

Doch in Wirklichkeit ist es ein früherer Ort des Lernens, und die einzige Folter, die hier stattfindet, ist das, was die Leute, die hier eindringen, dem Gebäude antun. Nicht nur, dass gestohlen wurde, was nicht niet- und nagelfest war. Die Wände drinnen und draußen sind mit Graffiti besprüht. Kein einziges Fenster ist noch intakt, und in den drei Jahren habe ich beobachtet, wie auch die letzten Glasscheiben herausgeschlagen wurden, so dass nur leere Fensterrahmen übrig geblieben sind.

Aber diese Beschreibungen geben nicht annähernd wieder, was für ein existenzieller Krieg in dem Gebäude im Gang ist. Kürzlich sah ich auf einer Glasscherbe in einem der oberen Fenster das Hakenkreuz; jemand hatte sich die Zeit genommen, es auf diese Halbinsel aus zerbrochenem Glas zu kritzeln. Nach wenigen Tagen war die Scherbe verschwunden. Vielleicht fiel sie heraus, eine natürliche Gnade, oder das verbotene Symbol wurde von der Polizei entfernt. Das Gebäude scheint im Krieg mit sich selbst zu liegen, und die kriegführenden Parteien sind zum großen Teil unsichtbar. Diejenigen, die mit Kameras eingedrungen sind, dokumentieren die Verwüstung wie Kriegsreporter. Einer dieser unerschrockenen Abenteurer erzählte, ein unheimlicher Mann sei aus den schattenhaften Räumen des Gebäudes aufgetaucht und hätte zu ihm gesagt, er solle die Schnauze halten. Das einstige Institut für Anatomie ist ein Magnet für allerlei merkwürdige Aktivitäten.

Meine Faszination für dieses Gebäude bildet das asymmetrische Gegenstück zum Bonhoeffer-Haus. Es ist eine Geschichte von zwei Häusern. Die Ruine dieses einen Gebäudes, von seinem Besitzer vernachlässigt und in der Schwebe ungelöster Konflikte gehalten, bedroht die Ruhe und Ordnung des ganzen Viertels. Trotz des Sicherungsaufwandes, der betrieben wird, drohen Chaos und Gewalttätigkeit des Privatkrieges, der im und um das Gebäude stattfindet, auf andere Orte in der Umgebung überzugreifen. Der private Streit wurde immer öffentlicher und unvermeidbarer. Verwahrlosung, verhärtete Fronten und fehlende Kompromissbereitschaft haben eine schwärende Wunde entstehen lassen. Das Gebäude ist ein quälendes Symbol für die Unfähigkeit der Verantwortlichen, schwierige Fragen anzugehen und vernünftige Lösungen zu finden. Dieses Gebäude ist eine Warnung, die mit fortschreitendem Verfall immer deutlicher wird.

Aber, um genau zu sein, ist es nicht der Verfall. Im amerikanischen Nordosten, wo ich aufwuchs, gibt es auf altem Farmland Holzscheunen, die einst von den Farmerfamilien gebaut und instandgehalten wurden, heute aber verfallen sind. Sie tragen nicht die verstörenden Male psychosozialer Feindseligkeit wie dieses alte Anatomieinstitut. Sie verrotten auf vergessenem, verwilderten Land wie Herbstlaub auf dem Waldboden. Verstehen Sie mich nicht falsch: Das ist traurig. Doch ist dieser Verfallsprozess natürlich und normal, so wie menschliches Handeln begrenzt und Veränderungen unvermeidlich sind. Dass misshandelte Institutsgebäude kündet nicht von dieser natürlichen Begrenztheit, sondern ist das Resultat von Ausbeutung und menschlichem Versagen; das Resultat menschlicher Sünden – um es kirchlich zu formulieren: begangener Sünden und Unterlassungssünden.

Meistens fahre ich daran vorbei und versuche, einen Blick auf seinen Zustand zu erhaschen, so wie man sich den Kopf verrenkt, um einen schrecklichen Autounfall anzustarren, und sich fragt, ob jemand die Katastrophe lebend oder sogar unverletzt überstanden hat. Die verwundete leere Hülle bleibt dort, Tag für Tag. Niemand leistet Erste Hilfe, niemand bildet eine Rettungsgasse für dieses einst schöne Universitätsgebäude – jedenfalls noch nicht. Wir unbeteiligten Schaulustigen fahren vorbei. Wenn ich das Thema während eines Essens mit Berliner Freunden anspreche, sagen sie: »Oh, ja! Das Gebäude habe ich auch schon gesehen! Was hat es denn damit auf sich?« Dann erzähle ich ihnen, was ich darüber herausgefunden habe, und mehr als ein »Aha« wissen wir nicht zu sagen, denn wir sind nicht zuständig. Wir haben keine Bindung an dieses Institutsgebäude. Niemand von uns hat die Schlüssel.

* * *

Auch Eberhard Bethge verglich zwei Häuser miteinander: ein Haus des Schreckens und eines der Hoffnung. In seiner Rede anlässlich der Einweihung des Bonhoeffer-Hauses am 1. Juni 1987 sagte er zur gleichzeitigen Eröffnung des Bonhoeffer-Hauses und der Gedenkstätte für den Nazi-Terror in der ehemaligen Prinz-Albrecht-Straße, dass diese »in seiner Unsymmetrie schicksalhaft aufeinander bezogen« seien.[9] Beide Gedenkstätten wurden 1987 zur 750-Jahr-Feier Berlins eröffnet. Sie widmen sich zwei Welten, die unentrinnbar verbunden sind.

Das erste Haus ist das Reichssicherheitshauptamt an der damaligen Prinz-Albrecht-Straße, das einige Einrichtungen des abscheulichen Sicherheitsapparates der Nationalsozialisten beherbergte, einschließlich der Gestapo, der SS und des Reichssicherheitsdienstes (RSD).[10] Dort steht heute die Topographie des Terrors. In seiner Rede nannte Bethge das Reichssicherheitshauptamt die »Zentrale des Terrors«. Politische Gefangene wurden normalerweise nur für kurze Zeit zum Verhör dorthin gebracht. Es war als Ort »verschärfter Vernehmungen« bekannt, eine euphemistische Umschreibung der Folter. Dietrich Bonhoeffer war dort mehrere Monate inhaftiert.

Bei der Einweihung des Bonhoeffer-Hauses stellte Bethge eine Verbindung zwischen diesem Ort des Schreckens und dem Bonhoeffer-Haus her, weil sich beide Gebäude für ihn und auch in der öffentlichen Erinnerung immer noch in einem »ungleichen Kampf«, einem asymmetrischen Wettstreit des Gedenkens befanden. Für Bethge standen diese beiden Orte für sehr viel von dem, was damals geschah. Die Häuser beherbergen warnende Erinnerungen und nüchterne Wahrheiten. Der eine Ort sollte einst die »Sicherheit des Dritten Reiches« gewährleisten und nach außen die schreckliche Macht der Nazis verkörpern. Die Leute, die dort arbeiteten, waren überzeugt von ihrer Macht und ihren Rechten. Sie behaupteten, für Recht und Ordnung zu sorgen, und erzeugten doch nur Unrecht und Unordnung.

Aber es gab damals auch andere Zentren, andere Orte. Die Menschen, die sich zur Eröffnung des Bonhoeffer-Hauses versammelten, gedachten dieser »schwachen Zentren zur Destabilisierung des Dritten Reiches«, wie Bethge es ausdrückte. Lediglich mit dem Band gegenseitigen Vertrauens ausgerüstet, schienen diese Orte fragil angesichts des Mangels an Größe und harten Waffen. Sie waren nie dazu gedacht gewesen, Zentren des Widerstandes zu werden, aber auf vielfältige, »ungewollte und unerprobte« Weise wurden sie es gezwungenermaßen doch. Diese kleinen Orte sollten gleichfalls geehrt und die Erinnerung an sie als Orte moralischer Autorität sollte bewahrt werden. Die historische Aufarbeitung darf sich nicht nur auf die bedrohlichen und großen Machtzentren beschränken. Bethge drückte das in seiner Eröffnungsrede so aus:

> Wahrhaftig, die Marienburger Allee 43: ganz und gar keine Zentrale – aber ein Zentrum. Fortdauernd einer Kultur gewidmet, von der sie sich nie entfremden ließ; die sie unter allen Umständen zu retten antrat, anderen zugute. Refugium und Quellort für die Energie zum Durchhalten und zu immer neuer Motivation.[11]

Obwohl das Bonhoeffer-Haus klein war im Vergleich zum großen Fußabdruck des Reichssicherheitshauptamtes, durften die Erinnerungen, die mit ihm verknüpft waren, nicht einfach in Vergessenheit geraten und durch Gleichgültigkeit verloren gehen. Die Erinnerung verdiente es, bewahrt zu werden, der Ort verdiente es, besucht zu werden, und die Lektionen dieses »schwachen« Zentrums mussten an die nächste Generation weitergegeben werden. Die Menschen, die sich zu diesem Zweck bei der Einweihung des Hauses versammelt hatten – alle, die mitgeholfen hatten, das Bonhoeffer-Haus zu dem zu machen, was es ist, mit all seinen wohldurchdachten Elementen –, beteiligten sich an einem moralischen Akt, dem Vergessen zu trotzen ebenso wie dem tödlichen Äther der Nostalgie und der bloß plakativen Heldenverehrung. Sie waren dort, um die Wahrheit zu sagen, die ganze Wahrheit, und um den zukünftigen Besuchern des Hauses einen Eindruck von der Wirklichkeit zu vermitteln. Sie trugen dazu bei, dass nicht in Vergessenheit gerät, was den kleinen Orten abverlangt wurde, als die großen Orte versagten.

Diese Erinnerungsarbeit bleibt wesentlich; sie ist unverzichtbar, um die Freiheit zu bewahren. Wir sind nicht verantwortlich für die Geschichte, die wir erben, aber wir sind verantwortlich dafür, wie wir mit der Erinnerung umgehen und was wir der nächsten Generation vermitteln. Ob es uns gefällt oder nicht, wir sind verantwortlich für unsere Orte.

* * *

Ich fühle mich hin- und hergerissen zwischen den beiden Welten, in denen ich lebe. Meine Tage in Berlin sind durch die schmerzlichen Nachrichten aus Amerika belastet. Als Repräsentantin in einem diplomatischen Außenposten wohne ich weit entfernt von meiner Heimat und erlebe aus der Distanz, dass mein Land große Schwierigkeiten hat, das eigene Haus in Ordnung zu halten. Es gelingt uns nicht mehr, ein Vorbild für zivilgesellschaftliche Fürsorge zu sein, und wir leiden unter den Folgen. Und wenn sich das nicht ändert, werden unsere Kinder noch mehr leiden.

Einfach ausgedrückt, ist zivilgesellschaftliche Fürsorge das, was notwendig ist, damit gemeinschaftliches Leben gelingt. Es sind jene Gewohnheiten und Aktivitäten, die örtliche Gemeinschaften und Nationen erhalten. Wir alle schätzen eine gute Mahlzeit, aber hinterher muss jemand das Geschirr spülen, abtrocknen und aufräumen. Und wer sich an einem schönen Garten erfreuen möchte, muss auch die nötige Arbeit tun, damit dieser Garten gedeiht. Ich mag es nicht, Wäsche zu waschen, weswegen mein Mann häufig diese Aufgabe übernimmt. Aber egal, ob er sich darum kümmert oder ich, Wäsche zu waschen ist ein Weg, den Menschen, die uns am nächsten stehen, unsere Liebe zu zeigen. In der zivilgesellschaftlichen und politischen Fürsorge zeigt sich die Zuneigung zu unseren Nachbarn und ferner stehenden Mitmenschen.

Zivilgesellschaftliche Fürsorge (im Englischen *civic housekeeping*) ist ein alter Begriff, der es verdient, wiederentdeckt zu werden. Er wurde geprägt von der Amerikanerin Jane Addams. Sie reiste vor über hundert Jahren als junge Frau nach London und war zutiefst betroffen, als sie sah, wie die Armen den Müll der Reichen nach Essbarem absuchten. Nach ihrer Rückkehr in die Vereinigten Staaten begann sie, sich an den Orten zu engagieren, wo Schutzlose und Schwache – vor allem neu eingetroffene Immigranten – ausgebeutet und ausgenutzt wurden. Sie gründete das Hull-House in Chicago, das den Benachteiligten und Armen offenstand. Dort wurden Vorträge gehalten und es fanden Versammlungen statt. Aber ihr Engagement ging weit darüber hinaus. Jane Addams setzte sich für hygienische Lebensbedingungen und Müllentsorgung in den Armenvierteln ein und ging gegen die korrupten Stadträte vor. All das war zivilgesellschaftliche Fürsorge.

Wir können nicht Dietrich Bonhoeffer sein, aber wir können für unser Haus Verantwortung übernehmen – im Großen wie im Kleinen. Auch wenn wir wohl nicht wie Bonhoeffer einen Platz in den Geschichtsbüchern erhalten werden, kann jede und jeder von uns sich gut um die kleinen und großen Bereiche unserer gemeinsamen Zivilgesellschaft kümmern. Dabei können die einzelnen Aufgaben, denen wir uns widmen, sehr unterschiedlich sein, aber wenn wir alle in unseren kleinen Bereichen zivilgesellschaftliche Fürsorge üben, dann wird sich das auf das große Ganze auswirken. Viele kleine Taten zusammen können die tönernen Füße erschüttern, auf denen jene Mächte stehen, die sich nicht um das gemeinsame Wohlergehen aller Menschen kümmern. Und zu diesen Mächten gehört durchaus auch unsere eigene hartnäckige Gleichgültigkeit gegenüber anderen und unsere Weigerung, an deren Schicksal Anteil zu nehmen.

Als eine kleine moralische Übung versuchte ich, mich immer wieder daran zu erinnern, was das Bonhoeffer-Haus für mich bedeutet, und seine Schlüssel dazu zu benutzen, die Zimmer meines eigenen Lebenshauses aufzuschließen. Im Bonhoeffer-Haus wurde mir wieder vor Augen geführt, welche Kraft von Geschichten des Engagements und der Zivilcourage ausgeht, von Erzählungen der Nächstenliebe – von den größeren Geschichten, von denen unser eigenes kleines Leben ein Teil ist. Wir müssen aufmerksam werden für diese Geschichten. Manche müssen neu betrachtet und korrigiert werden; manche erfordern ein Bekenntnis der Schuld und Reue. Wo die Geschichten in Vergessenheit gerieten, missbraucht oder verzerrt wurden, müssen wir die Fakten neu recherchieren. Wir müssen liebevoll erzählen, was wirklich geschah, und diese Wahrheit bescheiden und aufrichtig weitergeben. Einzelbesucher und Reisegruppen kommen ins Bonhoeffer-Haus, um seine Geschichten zu hören. Und bei jeder Führung geschieht es, dass ihr eigenes Leben dadurch weiter und bewusster wird.

Im Bonhoeffer-Haus sah ich, dass Bonhoeffers Verbundenheit mit bestimmten Menschen und Orten ihn zu dem Menschen machte, der er war. Es ist wichtig, dass wir uns darüber klarwerden, welche Menschen uns prägten, und dass wir uns darin üben, dabei auch jene mit einzuschließen, von denen man uns beibrachte, sie auszuschließen, und dass wir diese scheinbar so fest etablierten Narrative entsprechend korrigieren.

Im Bonhoeffer-Haus sah ich, wie Bonhoeffer der Wahrheit treu blieb, und wie die Wahrheit ihm in sehr dunklen Tagen treu blieb. Als Christin teile ich seinen Glauben, dass diese Wahrheit das Wort Gottes ist, in jeglicher Bedeutung dieses theologisch reichen Begriffes. Vielleicht teilen Sie diesen Glauben nicht, aber auch für Sie gibt es heilige Wahrheiten. Bleiben Sie diesen Wahrheiten treu, praktizieren Sie sie und vertrauen Sie darauf, dass die Wahrheit Ihnen treu bleiben wird. In einigen großen Werken der Weltliteratur ist eine Menge Weisheit zu finden. Poesie, wie etwa die Psalmen der Bibel, sind ein starkes und praktisches Mittel im Kampf gegen die Verzweiflung. Die Psalmen sind voll mit tiefen menschlichen Wahrheiten, zugänglich für alle und nicht an bestimmte religiöse Vorstellungen gebunden.

Im Bonhoeffer-Haus sah ich, wie Bonhoeffer sich selbst, seine Welt und seine Verantwortlichkeiten gegenüber dieser Welt verstand, als er sich auf Neuland vorwagte. Nicht alle unternehmen große Reisen oder wohnen längere Zeit im Ausland, aber für uns alle ist es notwendig, dass wir über uns selbst und unsere ausgetretenen Pfade hinauswachsen. Wenn wir uns auf Unterschiede einlassen, auf Menschen, die anders sind als wir, entdecken wir rasch, was wir an unserer Herkunft schätzen, und erkennen, dass die Menschen im Grunde mehr verbindet, als sie trennt.

Im Bonhoeffer-Haus und an anderen für Bonhoeffers Leben wichtigen Orten sah ich, wie gefährlich es ist, nicht auf die anderen Fahrspuren des Lebens zu achten und die Augen davor zu verschließen, wie sehr alles mit allem verbunden ist. Die Metapher der Rettungsgasse ist für mich ein kraftvolles Bild geworden, das dabei hilft durchzuhalten, wenn unser Leben ins Stocken geraten ist oder wir mit Rechtsbruch oder Ausbeutung konfrontiert sind.

Im Bonhoeffer-Haus sah ich, wie sehr Bonhoeffers Leben ein Meisterwerk in der Kunst des Sterbens war und dass sein freiwilliger Verzicht auf seine Privilegien eine andere Art des Adels zum Vorschein kommen ließ, bei der es um Werte, kulturellen Austausch und ein Leben im Dienst für andere ging. Über den Tod nachzudenken sorgt in bemerkenswerter Weise für innere Klarheit. In dem Wissen, dass der Tod nicht das letzte Wort ist, ging Bonhoeffer die schweren Wege des Lebens umso verantwortungsbewusster.

Im Bonhoeffer-Haus sah ich, wie wichtig Freundschaft ist und dass der Gedanke, mich mit Bonhoeffer anzufreunden, ein viel besseres Gedankenspiel ist als der Versuch, sich in Bonhoeffer selbst hineinzuversetzen. Er und Eberhard Bethge praktizierten die Kunst der Freundschaft, sie waren einander wirkliche Gefährten, und auch nach Bonhoeffers Tod blieb Bethge weiterhin sein Freund. Wie ich Bonhoeffer interpretiere, wirkt sich auf meine Freundschaft zu ihm aus.

Bevor wir Berlin verlassen, werde ich meinen Schlüssel für das Bonhoeffer-Haus zurückgeben, aber die in diesem Buch beschriebenen Schlüssel werde ich behalten. Ich werde sie durch die Häuser meines Lebens tragen, meiner Gemeinschaft und meiner Nation. Auch Sie tragen Schlüssel bei sich und idealerweise öffnen Sie damit die Türen zu den Orten, die Ihnen am Herzen liegen; zu Orten, für die Sie Verantwortung tragen, ob es Ihnen gefällt oder nicht. Vielleicht werden Sie das Bonhoeffer-Haus nie besuchen; ich hatte das ursprünglich auch nicht vor, als wir hierher zogen! Aber nun, nachdem ich so oft dort war und eine Zeitlang einen seiner Schlüssel bei mir trug, hoffe ich, dass meine Erinnerungen, die ich hier mit Ihnen teile, Ihnen helfen werden, einen Blick in Ihre Hand, auf Ihren eigenen Schlüsselbund zu werfen und zu entscheiden, ob die Schlüssel zu Bonhoeffers Haus Ihnen helfen können, sich besser um Ihr eigenes Haus zu kümmern. Unser zivilgesellschaftliches Haus braucht dringend mehr Aufmerksamkeit, und alle können in ihren kleinen Zentren innerhalb dieses großen Hauses etwas verändern und bewegen. Die kleinen Bemühungen und Handlungen und die schwachen

Zentren sind auch heute wichtig, und das Wohlergehen aller Bewohner des Hauses hängt davon ab, dass wir uns verantwortlich fühlen und füreinander sorgen.

Danksagung

Ich danke meiner Familie – vor allem meinem Mann David und unseren Kindern. Gemeinsam besuchten wir das Bonhoeffer-Haus, und danach habt ihr für lange Zeit geduldig ertragen, wenn »Mami bonhoefferte«. David, deine unermüdliche Unterstützung, deine Begeisterung, dein Glaube an mich und dieses Buch halfen mir, meine Zweifel, Ängste und Zaudereien zu überwinden. Dass du mein Lebensgefährte bist, ist eines von Gottes größten Geschenken an mich, und ich liebe dich. Miriam Leslie Fabrycky, Hannah Corbly Fabrycky und Adam John Fabrycky – ihr drei unglaublich tollen Menschen habt eine Zeitlang als Berliner gelebt und die Sprache der Stadt gelernt, und ihr seid dadurch bessere Amerikaner und Weltbürger geworden. Ihr macht mich stolz und erfüllt mich mit Hoffnung. Ich liebe euch.

Ich danke meinen Eltern Babs und Jack Merzig für eure Liebe und Ermutigung, und dafür danke ich ebenso meinen Schwiegereltern Janet und Alan Fabrycky. Ich danke meiner Schwester Leslie Merzig Deroo, meinem Schwager Andrew Deroo und meinen Nichten Talia und Naima, dass ihr mittendrin wart, Lasagne gekocht, den Abwasch erledigt und mit scharfem Blick gelesen habt.

Ich stehe tief in der Schuld all derer, die sich um das Bonhoeffer-Haus kümmern und es lieben, und jenen, die seine Schlüssel tragen. Ein besonderer Dank geht an Gottfried Brezger, evangelischer Pfarrer im Ruhestand und Vorsitzender der ›Erinnerungs- und Begegnungsstätte‹ im Bonhoeffer-Haus, der liebenswürdig und sorgfältig meinen Entwurf las und mir dazu wertvolle Anregungen gab, und an Pfarrer Martin Dubberke, der während meiner Zeit dort

Geschäftsführer war und mich und meine Familie viele Male im Haus willkommen hieß. Mein aufrichtiger Dank gilt auch all den anderen, die ehrenamtlich in der Begegnungsstätte tätig sind: Martina Dethloff, Ralf Herold, Pfr. i.R. Michael Kennert, Pfr. i.R. Kurt Kriebohm, Pfr. i.R. Dr. Ulrich Luig, Philip Miti und Ingrid Portmann. Ich danke Ihnen allen für Ihre herzliche Gastfreundschaft. Ich hoffe, es werden noch viele Besucherinnen und Besucher in das Haus kommen und von Ihnen lernen.

Ich danke meinen Freundinnen und Freunden in Berlin und anderswo: Emunak Rankin, viriditas forever!; meinen frühen Cheerleadern Bill und Laurel Martin (Schreib dein Buch!); Bobbi Jo Brooks, der Schönes möglich macht; C. Christopher Smith, der einen wichtigen Beitrag leistete; Jen Pollock Michel, deren Weisheit und Freundschaft lebenswichtig und für uns beide fruchtbar sind; meinen Freundinnen und Freunden im wirklichen Leben und bei Voxer: Nazimek Harner, Maggie Johns, Jody Fernando, Bronwyn Lea, Ashley Hales, Catherine McNeil und Laura Penney; und auch Emily Bliss dafür, dass sie einen noch sehr frühen Entwurf las. Ich danke Shireen David und Clayton und Megan Anderson. Shannon und Matt McNeill und besonders Oliver, der Berlin und unser Zuhause mit seiner Gegenwart beglückte und nun mit Waverly in Gottes Armen ruht. Mareike und Clemens Bethge und euren süßen Mädchen, für eure Herzlichkeit und Offenheit. Leah Striker für Freundschaft, Schönheit und Abenteuer. Jonathan Eastvold für die frühe Ausbildung. Weil unsere Leben mit ihren verwoben sind, danke ich Steve und Meg Garber, Todd and Judi Deatherage, Abby Deatherage, Karen Marsh, Dr. Heinrich und Conny Audebert, Stephanie und Adam Parken sowie Everett (mache dir auch weiterhin gute Notizen!), James, Lillian und Tillman Minow. Ich danke Michael und Andrea Le Roy sowie Ashley und Mary Woodiwiss, die mich unterrichteten. Eric Young und Noah und Joe Toly, die wertvolle Gesprächspartner waren. Leslie Egge, Jan Aiello und die einstmals nach Berlin verpflanzte Heather Morton; Becky Dyem dafür, dass sie da war und mich ermutigte. Dank an alle, die frühe Versionen dieses Buches lasen.

Ich danke unserer bezaubernden Gemeinde *Mosaikkirche Berlin*. Danke, dass ihr uns so herzlich aufgenommen habt, besonderer Dank an Neville und Sue Jones, Benjamin und Brigitte, Christopher und Stephanie.

Ebenso ein besonderer Dank an Dr. Victoria Barnett, Pfr. Ulrike Trautwein, Dr. Gideon Strauss, Pfr. Dr. Richard Mouw, Dr. Bryan McGraw und andere großherzige und aufgeschlossene Menschen.

Allen, die ich in den Jahren 2017, 2018 und 2019 durch das Haus führen durfte, danke ich, dass sie mir zuhörten, Fragen stellten, ihr Wissen mit mir teilten und dazu beitrugen, dass die Geschichte des Hauses weitergeht.

Ich danke meiner Lektorin Emily Brower, die das Wagnis einging und unser Projekt geduldig behütete und stärkte. Layne Johnson, Madeleine Vasaly, Allyce Amidon, Emily Benz, Mallory Hayes und allen, die mit ihrem Arbeitseinsatz zur Entstehung des Buches beitrugen. Marty Kaz und Don Jacobsen, die ihre Weisheit beisteuerten. Meinen MQM-Lesern aus meiner Familie und dem Freundes- und Bekanntenkreis, die so nett waren, alles vorab zu lesen.

Es gibt noch viel mehr Menschen, denen ich ganz viel Dank und Liebe schulde, auch wenn sie hier namentlich nicht erwähnt werden. Und obwohl ich versucht habe, möglichst alle Fehler zu korrigieren, und dabei viel Hilfe erhielt, bin ich für die verantwortlich, die unentdeckt blieben. Feedback und Hinweise auf Irrtümer sind mir herzlich willkommen.

Anmerkungen

Hinweis: Die Abkürzung DBW bezieht sich auf die Gesamtausgabe der Werke Dietrich Bonhoeffers: *Dietrich Bonhoeffer Werke*. Gütersloh, 1986–1998. Hinter der Abkürzung ist die Nummer des jeweiligen Bandes angegeben.

Kapitel 1

1 Eine ausgezeichnete neue Niemöller-Biografie veranschaulicht die komplizierte Beziehung zwischen Kirche und Staat in Deutschland vor dem Aufstieg des Nationalsozialimus und wie Niemöller mit diesen kulturellen Verflechtungen umging. Siehe Matthew D. Hockenos: Then They Came for Me: Martin Niemöller, the Pastor Who Defied the Nazis, New York 2018.

2 Niemöller selbst rezitierte aus dem Stegreif unterschiedliche Versionen dieses Gedichts. Daher befinden sich viele Varianten gedruckt oder online im Umlauf. Ich habe die Version verwendet, die an der Wand des US Holocaust Memorial Museum (USHMM) angebracht wurde. Mehr Informationen zu diesem Gedicht finden Sie unter https://encyclopedia.ushmm.org/content/de/article/martin-niemoeller-first-they-came-for-the-socialists

3 Dieses Foto wird auch im Yad Vashem Holocaust-Museum in Jerusalem gezeigt.

4 Bonhoeffers originale Bücher und Dokumente sind in der Staatsbibliothek zu Berlin archiviert.

5 Mehr Informationen zum Mahnmal Gleis 17 siehe das Information Portal to European Sites of Remembrance (Gedenkstättenportal zu Orten der Erinnerung in Europa), https://tinyurl.com/y36updyb.

6 Siehe die Webseite zum T4-Denkmal: https://www.t4-denkmal.de, und Henry Friedlander: The Origins of Nazi Genocide: From Euthanasia to the Final Solution. Chapel Hill 1997. Karl Bonhoeffers Rolle bei der Behandlung von Psychiatriepatienten, insbesondere bei Zwangssterilisierungen, wird zunehmend kritisch beleuchtet. Die Psychiatrische Klinik der Charité hat eine Gedenkstätte eingerichtet und Informationen über die medizinischen Verbrechen und die Mittäterschaft im Nationalsozialismus online gestellt. Siehe https://gedenkort.charite.de/. Bonhoeffers Nachfolger an der Charité, Max de Crinis, spielte eine Schlüsselrolle bei der Durchführung der Aktion T4.

7 Michael Sontheimer: Why Germans Can Never Escape Hitler's Shadow, in: Der Spiegel, 10. März 2005, https://tinyurl.com/y6kn7djy.

8 Frank Zeller: Germany's Post-War Justice Ministry Was Infested with Nazis Protecting Former Comrades, Study Reveals, in: Telegraph, 10. Oktober 2016, https://tinyurl.com/y4zpv9w2.

9 Siehe Laura Fabrycky: Let's Quit the Tug-of-War over Dietrich Bonhoeffer's Legacy, in: Christianity Today, 20. September 2018, https://tinyurl.com/ydfhr9h9.

Kapitel 2

1 Eine exzellente Zusammenfassung dieses Essays siehe Victoria Barnett: Dietrich Bonhoeffer: ›The Church and the Jewish Question‹, United States Holocaust Memorial Museum, https://tinyurl.com/y3h8rnxb.
2 Eichmann, der sich in Argentinien aufhielt, wurde vom israelischen Geheimdienst Mossad entführt und in Jerusalem vor Gericht gestellt. Er wurde im Juni 1962 wegen seiner Verbrechen gegen das jüdische Volk gehängt. Siehe »Adolf Eichmann«, Holocaust Encyclopedia, United States Holocaust Museum Memorial, https://tinyurl.com/y4e9kcca.
3 Victor Klemperer: LTI. Notizbuch eines Philologen, Leipzig 1975, 15.
4 Ebd. 21.
5 Erik Larson: In the Garden of Beasts. Love, Terror, and an American Family in Hitler's Berlin, New York 2011, 134.
6 Ebd. 134.
7 Hitlers psychologische Beurteilung durch die Vorgängerbehörde der Central Intelligence Agency, das Office of Strategic Services, ist online verfügbar. Siehe Henry A. Murray: Analysis of the Personality of Adolf Hitler: With Predictions of His Future Behavior and Suggestions for Dealing with Him Now and after Germany's Surrender, 1943, Donovan Nuremberg Trials Collection, Cornell University Law Library, https://tinyurl.com/y2w8u5ln.
8 Eberhard Bethge: Friendship and Resistance. Essays on Dietrich Bonhoeffer. Grand Rapids 1995, 35.

Kapitel 3

1 Eberhard Bethge: Dietrich Bonhoeffer. Eine Biographie, Gütersloh 2001, 34.
2 Ebd. 38.
3 Ebd. 52.
4 Ebd. 35.
5 Renate Wind: Dem Rad in die Speichen fallen. Gütersloh 2006, 10–11.13–15.
6 Bethge: Bonhoeffer, 37.
7 Ausstellungskatalog des Bonhoeffer-Hauses, engl. Ausgabe. Berlin 1996, 29.
8 Ferdinand Schlingensiepen: Dietrich Bonhoeffer 1906–1945. Eine Biographie, München 2005, 18.
9 »Man erzählt von den Eltern Bonhoeffer, bei ihrer Goldenen Hochzeit seien die Tage zusammengerechnet worden, die sie in den fünfzig Jahren

ihrer Ehe getrennt verbracht hatten. Es soll im ganzen nicht ein Monat zusammengekommen sein.« Schlingensiepen: Bonhoeffer, 20.

10 Ebd. 20.

11 Emmi Bonhoeffer: The House on the Wangenheimstrasse. Ausstellungskatalog des Bonhoeffer-Hauses, engl. Ausgabe, Berlin 1996, 23.

12 Ebd. 22.

13 Bethge: Bonhoeffer, 18.

14 Ebd. 47f.

15 Schlingensiepen: Bonhoeffer, 370.

16 Mary Bosanquet: The Life and Death of Dietrich Bonhoeffer. New York 1968, 17. Nach Hitlers Zählung war das Heilige Römische Reich das erste Reich, das Deutsche Reich das zweite und Hitlers zwölf kurze, desaströse Jahre waren das dritte Reich.

17 Steven Ozment: A Mighty Fortress: A New History of the German People. New York 2005, 14. Dt.: Eine feste Burg – Die Geschichte der Deutschen, übers. von Robert Grözinger, Waltrop 2006, 25.

18 Bosanquet: Life and Death, 17.

19 Fritz Rörig: Die europäische Stadt im Mittelalter, Göttingen 1955, 15.

20 Auch der herrschende Adel konnte solchen Schutz gewähren. So bot der sächsische Kurfürst Friedrich der Weise Martin Luther Schutz vor der Kirchengerichtsbarkeit. 1520 erklärte der Papst Luther zum Ketzer. Kaiser Karl V. ordnete als Schutzherr des Glaubens an, dass Luther sich vor dem Reichstag in Worms verteidigen musste. Durch das Wormser Edikt (1521) wurde Luther für vogelfrei erklärt, was bedeutete, dass er ohne rechtliche Konsequenzen gefangen und getötet werden durfte. Der sächsische Kurfürst inszenierte Luthers »Entführung« und bot ihm eine sichere Zuflucht, die aber nur in Friedrichs Herrschaftsgebiet garantiert werden konnte. Bruce L. Shelley: Church History in Plain Language. Dallas 1982, 260.

21 Rörig: Stadt im Mittelalter, 14.

22 Ebd. 94.

23 Ebd. 95.

24 Ebd. 97.

25 Dietrich Bonhoeffer: Widerstand und Ergebung. Briefe und Aufzeichnungen aus der Haft, hg. von Christian Gemmels, Eberhard Bethge und Renate Bethge, Gütersloh 1998, 33 (DBW 8).

26 Bosanquet: Life and Death, 18.

27 »Über Vorfahren zu reden oder sich gar mit ihnen wichtig zu machen, war bei den Bonhoeffers verpönt.« Schlingensiepen: Bonhoeffer, 17. Die Nazis verlangten einen »Beweis für ... arische Herkunft« (Marsh: Bonhoeffer, 342). Bonhoeffer versuchte, einen solchen Nachweis zu erhalten, als er auf seine endgültige Sicherheitsfreigabe wartete, um vom deutschen Militärgeheimdienst als Doppelagent eingesetzt zu werden. Charles Marsh: Strange Glory: A Life of Dietrich Bonhoeffer. New York 2014. Dt.: Dietrich Bonhoeffer. Der verklärte Fremde. Eine Biografie, übers. von Karin Schreiber, Gütersloh 2015.

28 Schlingensiepen: Bonhoeffer, 18.

29 »Nichts wäre verfehlter, als etwa für die deutsche, französische oder englische Stadt des 11. oder auch 12. Jahrhunderts eine weitgehende wirtschaftliche und soziale Gleichheit der Bevölkerung anzunehmen.« Rörig: Stadt im Mittelalter, 9.

30 Schlingensiepen: Bonhoeffer, 24.

31 Bethge: Bonhoeffer, 33.

32 Marsh: Bonhoeffer, 221.

33 Alexandra Richie: Faust's Metropolis: A History of Berlin. New York 1998, 425.

34 Marsh: Bonhoeffer, 221.

35 Wind: Rad, 120.

36 Ebd. 121.

37 Bethge: Bonhoeffer, 574 (DBW 14, 924).

38 Dr. Bryan T. McGraw vom Wheaton College, Illinois, machte mich dankenswerterweise auf ihre faszinierende Arbeit aufmerksam.

39 Kristen Monroe: Ethics in an Age of Terror and Genocide: Identity and Moral Choice, Princeton 2011, 190, 200.

40 Kate Connolly: Sex Parties, Bloody Duels, and Blackmail: Life at Court of Last Emperor, in: Guardian, 2. September 2010, https://tinyurl.com/y4r3whoe.

41 Bonhoeffer: Widerstand und Ergebung, 32.34–35.

Kapitel 4

1 Bethge: Bonhoeffer, 714–29.

2 Marsh: Bonhoeffer, 350f.

3 Ebd. 356.

4 Bethge: Bonhoeffer, 735: »Es wird einem gesagt, es sei wie eine Gebetserhörung gewesen, als ich angemeldet worden sei; man möchte gerade mich haben.«

5 Schlingensiepen: Bonhoeffer, 246: »Die Losung spricht heute furchtbar hart von Gottes unbestechlichem Gericht« (DBW 15, 228).

6 Ebd.

7 Ebd. (DBW 15, 240).

8 Bethge: Bonhoeffer, 59.

9 Schlingensiepen: Bonhoeffer, Kap. 1, Anmerkung 6, 399.

10 Auch wenn Bonhoeffer die Herrnhuter Losungen als guten Anfang betrachtete, schätzte er es noch weitaus mehr, die Bibel als Ganzes zu lesen: »Es ist nun kein Zweifel, dass etwa auf den Losungen der Brüdergemeine für alle, die sie gebrauchen, bis zur Stunde ein wirklicher Segen liegt. Gerade in den Kampfzeiten der Kirche ist das vielen zu ihrem großen und dankbaren Erstaunen aufgegangen. Aber es kann ebensowenig ein Zweifel darüber bestehen, dass kurze Leit- und Losungsworte nicht an

die Stelle der Schriftlesung überhaupt treten können und dürfen. ... Die Heilige Schrift ist mehr als Losung.« Bonhoeffer: Gemeinsames Leben, 43 (DBW 5).

11 »Neues Mönchstum« ist ein Ausdruck, den Bonhoeffer in einem Brief an seinen Bruder Karl-Friedrich am 14. Januar 1935 benutzte: »Die Restauration der Kirche kommt gewiss aus einer Art neuen Mönchtums, das mit dem alten nur die Kompromisslosigkeit eines Lebens nach der Bergpredigt in der Nachfolge Christi gemeinsam hat. Ich glaube, es ist an der Zeit, hierfür die Menschen zu sammeln.« Bonhoeffer: London. Briefe und Dokumente, 273 (DBW 13).

12 Ebd. 272.

13 Bonhoeffer: Gemeinsames Leben, 44.

14 Mildred Harnack, die in Wisconsin geboren und aufgewachsen war, heiratete einen Deutschen. Als Hitler an die Macht kam, lebte und arbeitete das Paar in Deutschland, sie als Literaturwissenschaftlerin und Übersetzerin. Sie waren im Widerstand aktiv und spionierten gegen die Nazis. Mildred Harnack wurde enthauptet und ihr Körper wurde an der Humboldt-Universität für Forschungen zu den Auswirkungen von Stress auf die Menstruation benutzt. Eine ausgezeichnete Lebensbeschreibung Mildred Harnacks verfasste Shareen Blair Brysac: Resisting Hitler. Mildred Harnack and the Red Orchestra. New York 2000. Siehe auch Emily Bazelon: What Happened to the Remains of Nazi Resistor Mildred Harnack? Now We Know, in: Slate, November 7, 2013, https://tinyurl.com/y3575qsf.

15 Bethge: Bonhoeffer, 482.

16 Ebd. 490.

17 Bosanquet: The Life and Death, 159.

18 Ebd. 157.

19 Ebd. 157–59.

20 Dietrich Bonhoeffer: Gemeinsames Leben. Das Gebetbuch der Bibel. Gütersloh 1987 (DBW 5).

21 Geffrey Kelly und F. Burton Nelson: The Cost of Moral Leadership. The Spirituality of Dietrich Bonhoeffer. Grand Rapids 2002, 231. Eric Metaxas: Bonhoeffer. Pastor, Martyr, Prophet, Spy. Nashville 2010, 367–69.

22 »Vor allem versetzten die Psalmen [Bonhoeffer] in die Lage, mit seinen schwankenden Stimmungen inmitten all der Wechselfälle seines Lebens als Pfarrer zurechtzukommen, einschließlich seiner Inhaftierung.« Kelly und Nelson: Cost, 232.

23 Ebd. 227.

24 Bonhoeffer: Das Gebetbuch der Bibel, 116.

25 Kathleen Norris: Acedia and Me. New York 2008, 3.

26 Ian Irvine: Acedia, Tristitia, and Sloth: Early Christian Forerunners to Chronic Ennui, in: Humanitas 12, no. 1 (Spring 1999), 89.

27 Kelly und Nelson: Cost, 233.

28 Museum in der »Runden Ecke« mit dem Museum im Stasi-Bunker. http://www.runde-ecke-leipzig.de/

29 Dorothee Theile: Morning Star, O Cheering Sight ...: The Moravian Star and Its History, 3rd ed., trans. Jacob Watson, Deborah Hübler, Peter Vogt und Jill Vogt. Herrnhut, n.d., 37–67.

30 Ebd. 63.

Kapitel 5

1 Richie: Faust's Metropolis, 159.

2 Ebd. 160.

3 Ebd. 162.

4 Ausstellungskatalog des Bonhoeffer-Hauses, engl. Ausgabe. Berlin, 1996, 117–118. Reggie Williams, Professor am McCormick Theology Seminary, merkt an, dass Bonhoeffer das Wort »proletarisch« auch benutzte, um das Stadtviertel Harlem in New York zu beschreiben. Siehe Reggie Williams: Bonhoeffer's Black Jesus. Waco, Texas 2014, 113.

5 Laban Carrick Hill: Harlem Stomp! A Cultural History of the Harlem Renaissance. New York 2009, 3.

6 Hill: Harlem Stomp!, 95.

7 Ich folge Reggie Williams darin, Mr. Fisher Albert zu nennen. Er weicht hier von allen anderen biografischen Porträts Fishers ab, wo er stets Frank genannt wird. Williams sprach mit Fishers Verwandten, und keiner von ihnen erinnert sich, dass er Frank oder Franklin genannt worden wäre. Williams: Bonhoeffer's Black Jesus, xii.

8 Hill: Harlem Stomp!, 81.

9 Williams: Bonhoeffer's Black Jesus, 37.

10 Charles Marsh schreibt, dass Bonhoeffers beiläufige Bemerkungen über »Araber, Beduinen und Neger«, während seiner Reisen in Libyen mit seinem Bruder Klaus, eher als aufmerksamer, neugieriger und meist wohlwollender Beobachter gemacht wurden, statt als aktiv Beteiligter. Marsh: Bonhoeffer, 49f. und 155.

11 »Er verweigerte sich keiner Einladung zu Geselligkeiten, ließ die banalen Gespräche höflich über sich ergehen und begleitete am Klavier die Orgien sentimentalen Gesangs zur Freude aller, außer ihm selbst.« Bosanquet: The Life and Death, 67.

12 Marsh: Bonhoeffer, 91f.

13 Ebd. 106.

14 Williams: Bonhoeffer's Black Jesus, 14; Marsh: Bonhoeffer, 114f.

15 Marsh: Bonhoeffer, 156. Sich auf Williams beziehend, erwähnt Marsh, dass Bonhoeffer sich das Bild des Schleiers bei Du Bois ausborgte. Du Bois verwendete es in seinem Buch *The Soul of Black Folks*, das Bonhoeffer für ein Seminar bei Reinhold Niebuhr gelesen hatte, siehe Marsh: Bonhoeffer, 143.

16 History, Abyssinian Baptist Church, https://tinyurl.com/y39zyscz.

17 Ebd.

18 Williams: Bonhoeffer's Black Jesus, 82.

19 Ebd. 54.

20 Williams gibt eine Zusammenfassung des Essays »Jesus Christ in Texas« aus W. E. B. Du Bois' Buch *Darkwater*. Darin ist Christus zu Gast bei einem Essen, und seine ethnische Zugehörigkeit ist den Gastgebern unklar: »Er konnte Jude sein, ein Mulatte oder ein Neger, sie wissen es nicht«, aber die Realität bleibt bestehen, dass »in einer auf die Weißen zentrierten Welt Jesus als Angst auslösender Störenfried wirkt« (Williams: Black Jesus, 60), ein Fremder, zu dem sie sich nicht hingezogen fühlen und dem sie nicht folgen, sondern vor dem sie zurückscheuen.

21 Williams: Bonhoeffer's Black Jesus, 88–89.

22 Charles Marsh schreibt: »Von der Mitte der Dreißigerjahre an sollte das Singen und Hören von Spirituals auch eine Rolle in den Kreisen des kirchlichen Widerstandes spielen, die sich in Deutschland um Bonhoeffer scharten.« Marsh: Bonhoeffer, 160.

23 Ebd. 159.

24 Ebd. 157.

25 Ebd. 159.

26 Construction of the Wall in August 1961, Berlin Wall Memorial, https://tinyurl.com/yypkfwdf.

27 Maria Nooke: From the Building of the Berlin Wall to the Fall of the Berlin Wall: A Short History of the Division, in: Where in the World Is the Berlin Wall? hg. von Anna Kaminsky, Berlin 2014, 12, 21. Dt.: Die Berliner Mauer in der Welt, Berlin 2009.

28 Auf eine Zeile aus Martin Luthers Kirchenlied »Ein feste Burg ist unser Gott« anspielend – »ein Wörtlein kann ihn fällen« –, überschrieb »The Economist« den Nachruf auf Schabowski mit »Ein Wörtlein« (»One Little Word«). Economist, November 7, 2015.

29 Bethge: Bonhoeffer, 272ff.

30 Zwar habe ich mich bei meinem Buch stark auf die Arbeit anderer gestützt, aber diese Information – dass die Kirche sich in Mitte befindet und Bonhoeffers Wohnung in Prenzlauer Berg lag – steht dem entgegen, was alle Fachleute dazu schreiben, und ist möglicherweise die eine Korrektur, die ich an der vorherrschenden Bonhoeffer-Geschichtsschreibung anbringen kann. Aber selbst sie stammt nicht wirklich von mir. Ich verdanke sie Gottfried Brezger, meinem Kollegen im Bonhoeffer-Haus. »Nein, nein, nicht Prenzlauer Berg! Mitte!«, korrigierte mich Gottfried bei einer meiner letzten Führungen. Nachdem ich zwei Jahre lang meine »Berliner Schnauze« entwickelt hatte, verfügte ich über genügend kulturelles Training, um zu wissen, dass ich direkt und unverblümt dagegenhalten musste. Ich sagte nachdrücklich: »Nein, Gottfried! In vielen Biografien heißt es, die Kirchengemeinde sei in Wedding, aber ich habe mir Stadtpläne angeschaut, und sie ist ziemlich nah an Prenzlauer Berg. Vielleicht ganz im Westen von Prenzlauer Berg. Das sagte jedenfalls Eberhard Bethge!« Und Gottfried erwiderte mit der gleichen deutschen Direktheit: »Nein, die Kirche steht in Mitte!« Dann fügte er lächelnd hinzu: »Eberhard Bethge hatte sich

geirrt, und alle haben es falsch übernommen.« Hier also nochmal für alle: Die Zionskirche liegt in Mitte, und Dietrichs Wohnung befand sich in der Oderberger Straße in Prenzlauer Berg. (Und ich danke Gottfried für sein reiches Wissen, das er so großzügig mit allen teilt.)

31 Eberhard Bethge schreibt: »Oben angekommen, mühte sich der Pfarrer, die wilde Schar mit Geschrei und brachialer Gewalt in den Klassenraum zurückzudrängen.« Bethge: Bonhoeffer, 273. Dann stellte er den neuen Pfarrer kurz vor, der sie unterrichten sollte und verließ den Raum. »Bonhoeffer blieb, die Hände in den Taschen, schweigend an der Wand stehen. Minuten vergingen.« Ebd.

32 Ebd.

33 Ebd.

34 Ebd.

35 DBW 10, 82.

36 Paul Kengor: Martin Luther and the Berlin Wall, in: Washington Post, October 30, 2014, https://tinyurl.com/y53sbheb.

37 Kengor: Martin Luther

38 Mehr über die Geschichte dieses Liedes siehe – und höre – Noah Adam: The Inspiring Force of ›We Shall Overcome‹, in: National Public Radio, August 28, 2013, https://tinyurl.com/y6cy3a7a.

Kapitel 6

1 Das Ost-Ampelmännchen war so populär, dass es auch nach der Wiedervereinigung weiter im Einsatz blieb. Mehr Informationen hierzu auf der Ampelmann-Website www.ampelmann.de. (Dieses Kultsymbol ist inzwischen voll im Kapitalismus angekommen, mit reichhaltigem Merchandising – oh, was für eine Ironie!)

2 Was unsere Neigung zum Ausweichen und »ausweichenden Denken« angeht, fand ich ein Essay von Jean Bethke Elshtain besonders hilfreich (was mich nicht besonders überrascht hat, denn ihre Gedanken helfen meinen stets auf die Sprünge): Politics without Cliché, in: Social Research 60, no. 3 (Fall 1993), 433–444. Darin greift sie Ideen des tschechischen Bürgerrechtlers, Dramatikers und postkommunistischen Präsidenten Václav Havel auf.

3 Helmut Gollwitzer: Zuspruch und Anspruch. Predigten, München 1954, 36ff.

4 Bethge: Bonhoeffer, 684.

5 Bethge: Prayer and Righteous Action, 34.

6 Ebd. 39. *Anm.* s. o.

7 Metaxas: Bonhoeffer, 38–39.

8 Ebd. 64.

9 Cornelia Rabitz: Chronicle of Right-Wing Terrorism in Germany, in: Deutsche Welle, 23. November 2011, https://p.dw.com/p/13Ert.

10 Marsh: Bonhoeffer, 13.
11 Ebd.
12 Schlingensiepen: Bonhoeffer, 45.
13 Marsh: Bonhoeffer, 14.
14 Alison Owings: Frauen. German Women Recall the Third Reich. New Brunswick, NJ 1993, xvi. Dt.: Eine andere Erinnerung. Frauen erzählen von ihrem Leben im Dritten Reich, übers. von Kay Dohnke, Berlin 1999, 19.
15 »Brief and endless« (dt.: Kurz und endlos) stammt aus einem Goethe-Gedicht: »Choose well, your choice is brief and yet endless« (dt.: Wähle gut, deine Wahl ist kurz und doch endlos). Mir fiel ein, dass ich dieses Zitat bei meiner Recherche gelesen hatte, fand es aber nicht mehr. Daher entschuldige ich mich bei dem Autor in meiner Bibliografie, aus dessen Buch es stammt.
16 Owings: Eine andere Erinnerung, 592.
17 Ebd.
18 Ebd.
19 Ebd. 593f. Hervorhebung durch mich.
20 Hannahs Regelverstoß bestand darin, dass sie nicht, wie vorgeschrieben, von rechts aufs Fahrrad gestiegen war und anschließend den Ständer mit dem Fuß hochgeklappt hatte. Stattdessen hatte sie erst den Ständer hochgeklappt und war dann von links aufgestiegen.
21 Martin Luther King drückte es in seinem berühmten Brief aus dem Gefängnis so aus: »Darüberhinaus bin ich mir bewusst, dass alle Gemeinden und Bundesstaaten miteinander zusammenhängen. Ich kann nicht untätig in Atlanta sitzen und nicht besorgt sein wegen dem, was in Birmingham geschieht. Unrecht an einem Ort gefährdet das Recht überall. Wir sind gebunden an ein nicht auflösbares Netzwerk der Gegenseitigkeit, an ein gemeinsames Schicksalsgewebe. Was einen Menschen direkt betrifft, betrifft alle anderen indirekt.« Martin Luther King Jr.: Letter from a Birmingham Jail, 16. April 1963.
22 Bosanquet: The Life and Death, 120.

Kapitel 7

1 Staewens Grab befindet sich auf dem Friedhof der St.-Annen-Kirche in Dahlem.
2 Victoria Barnett: For the Soul of the People. Protestant Protest against Hitler. New York 1992, 5–6.
3 John de Gruchy: Daring, Trusting Spirit. Bonhoeffer's Friend, Eberhard Bethge. Minneapolis 2005, 12. Dt.: Eberhard Bethge – Freund Dietrich Bonhoeffers. Eine Lebensgeschichte, übers. von Karl H. Nicolai, Gütersloh 2007, 29: » ... indem [Bethge] und seine Freunde sich mit der Bekennenden Kirche und besonders mit den Dahlemer Beschlüssen identifizierten, hatten sie eine Entscheidung getroffen, die nun ihre Zukunft bestimmte.«

4 Bethge: Friendship and Resistance, 2. Die Jungreformatorische Bewegung entstand als Antwort auf die Bewegung der Deutschen Christen, erlitt aber auf der berüchtigten »Braunhemden-Synode« eine Niederlage. Bald darauf gründete Martin Niemöller den Pfarrernotbund, aus dem dann, vereint mit den Jungreformatoren, die Bekennende Kirche hervorging.

5 Informationen zu dem Fresko auf der Website der Marienkirche: https://marienkirche-berlin.de/kirchen/st-marienkirche/totentanz/ Ein ausführlicher, reich bebilderter Artikel über das Berliner Totentanzfresko befindet sich auf der Website »The Dance of Death in Berlin«. Darin vergleicht der Autor den Berliner Totentanz mit anderen, bekannteren Darstellungen, unter anderem in Lübeck und Tallinn. Die Fotografien ermöglichen es, das Fresko Tafel für Tafel zu betrachten. https://tinyurl.com/yyjb3sk7

6 Ole J. Benedictow: The Black Death: The Greatest Catastrophe Ever, in: History Today 55, no. 3 (March 2005), https://tinyurl.com/y3fym47d .

7 Austra Reinis: Reforming the Art of Dying. The Ars Moriendi in the German Reformation (1519–1528). London 2007, 3–4. Diese umfangreiche Studie zeigt, welche Auswirkungen die Reformation auf die römisch-katholische Lehre von Tod und Sterben hatte, und wie die lutherische Tradition sich stärker auf die Erlösung zum Zeitpunkt des Todes konzentrierte.

8 Marsh: Bonhoeffer, 9f.

9 Ebd.

10 Bonhoeffer: Widerstand und Ergebung, 11, 37 (DBW 8).

11 Bethge: Bonhoeffer, 895.

12 Siehe Bethge: Bonhoeffer, 931. Bethge differenziert zwischen der Ehre, die Männern wie Bonhoeffer zuteil wurde, welche die Briten als Märtyrer bezeichneten, und der Ehre, welche die Kirche in Deutschland dem evangelischen Pfarrer Paul Schneider als Märtyrer zukommen ließ, Bonhoeffer aber verweigerte. Schneider gehörte der Bekennenden Kirche an. Er bezog öffentlich gegen die Nazis Stellung und weigerte sich, ihre Anordnungen zu befolgen. Er gilt als erster Pfarrer, der in einem Konzentrationslager ermordet wurde. Er war Häftling in Buchenwald, wo man ihn immer wieder folterte, weil er gegen die Misshandlungen offen die Stimme erhob und die Mitgefangenen ermutigte. Der Lagerarzt tötete ihn schließlich durch eine Giftinjektion. Siehe Gedenkstätte Deutscher Widerstand https://www.gdw-berlin.de/de/vertiefung/biografien/personenverzeichnis/

13 Ein ausgezeichneter Dokumentarfilm mit Interviews der Verwandten einiger Verschwörer ist »Stauffenbergs Anschlag auf Hitler« von Pierre Isbouts aus dem Jahr 2008. (Engl. Originaltitel: Operation Valkyrie: The Stauffenberg Plot to Kill.)

14 Bethge: Bonhoeffer, 803.

15 Ebd. 811, 827.

16 Die Straße, an der der Bendlerblock steht, wurde inzwischen in Stauffenbergstraße umbenannt. Im Gebäude wurde eine Gedenkstätte mit einem ausgezeichneten Museum eingerichtet, das allen Menschen gewidmet ist, die in den verschiedenen gesellschaftlichen Bereichen Widerstand gegen den Nationalsozialimus leisteten. Im Hof des Gebäudes befindet

sich eine Gedenktafel für Stauffenberg und die anderen Verschwörer, die dort erschossen wurden.

17 Johannes Tuchel: Die Verfahren vor dem »Volksgerichtshof« nach dem 20. Juli 1944. In: Manuel Becker und Christoph Studt (Hg.) Der Umgang des Dritten Reiches mit den Feinden des Regimes. Berlin 2010, 131–146.

18 Bethge: Bonhoeffer, 1001.

19 Ebd. 1004.

20 Richie: Faust's Metropolis, 544.

21 Ebd.

22 Ebd. 545.

23 Ebd.

24 Siehe zum Beispiel Victoria Barnett: Review Essay: Interpreting Bonhoeffer, Post-Bethge, in:Contemporary Church History Quarterly 20, no. 3 (September 2014), https://tinyurl.com/lplrle5.

25 Wind: Rad, 114.

26 Bonhoeffer: Widerstand und Ergebung, 368.

27 Bonhoeffer: Ethik, 76 (DBW 6).

28 Schlingensiepen: Bonhoeffer, 224–226. Siehe auch Brian Murdoch: Fighting Songs and Warring Words. New York 1990, 128–129.

29 Schlingensiepen: Bonhoeffer, 234–242.

30 Wind: Rad, 92.

31 Tobias Korenke ist Mitglied im Vorstand der Erinnerungs- und Begegnungsstätte Bonhoeffer-Haus.

32 Bethge: Friendship and Resistance, 7–8.

33 Bethge: Bonhoeffer, 1040. Zitiert aus: Dietrich und Klaus Bonhoeffer: Auf dem Wege zur Freiheit. Gedichte und Briefe aus der Haft. Berlin 1946.

34 Eliza Apperly: »The Holocaust Memorial of 70,000 Stones«, BBC, March 29, 2019, https://tinyurl.com/y56dczp2.

Kapitel 8

1 Bethge: Friendship and Resistance, 87.

2 Rick Noack: Isolation is Rising in Europe. Can Loneliness Ministers Help Change That?, in: Washington Post, 2. Februar, 2018, https://tinyurl.com/ybagv6hs. Siehe auch Guido Kleinhubbert und Antja Windmann: Alone by the Millions: Isolation Crisis Threatens German Seniors, übers. von Paul Cohen, Der Spiegel, 10. Januar, 2013, https://tinyurl.com /atokkpj.

3 Siehe Robert Putnam: Bowling Alone. The Collapse and Revival of American Community. New York 2000.

4 De Gruchy: Eberhard Bethge, 212.

5 Ebd. 20.

6 Ebd. 33.

7 Ausstellungskatalog des Bonhoeffer-Hauses, engl. Ausgabe. Berlin 1996, 68. Ich erinnere mich gerne an unseren kurzen Besuch auf der Insel, wo

wir für eine Nacht auf einem Campingplatz zelteten und am nächsten Morgen an Picknicktischen dänische Plunderteilchen aßen – und das alles dank Bonhoeffers reiselustiger Lebensweise!

8 De Gruchy: Eberhard Bethge, 36.

9 Bethge: Friendship and Resistance, 18f.

10 De Gruchy: Eberhard Bethge, 34.

11 Bonhoeffer: Widerstand und Ergebung, 188 (DBW 8).

12 De Gruchy: Eberhard Bethge, 73f., zitierend aus Briefen an Bethge vom 1.2.1941 (DBW 16, 124f.) und 20.11.1943 (DBW 8, 193).

13 Marsh: Bonhoeffer, 320ff. Humorvoll beginnt Bonhoeffer einen passiv-aggressiven Kampf dagegen, dass Bethge andere zu der Reise einlud, und fordert seinen Freund auf, an das arme Auto zu denken, das doch dann das Gewicht von vier Personen tragen müsse: »Dann das Auto. Die Achse schlägt immer wieder durch, schon bei dreien. Erst recht bei vieren!« Marsh, 321.

14 Ebd. 410, und Schlingensiepen: Bonhoeffer, 307.

15 Die Schleichers beharrten darauf, dass Eberhard und Renate ein Jahr abwarten sollten, und Marias Mutter drängte auf eine einjährige Pause in der Beziehung ihrer Tochter zu Bonhoeffer, »damals ein erprobtes Mittel, um Mädchen zu schützen, die ihre Schulbildung nicht abgeschlossen hatten«. Marsh: Bonhoeffer, 411.

16 Marsh: Bonhoeffer, 412.

17 De Gruchy: Eberhard Bethge, 75.

18 Ob dieser Anruf am 4. oder 5. April erfolgte, ist unter den Biografen umstritten. Von Bethge selbst existieren zwei ziemlich unterschiedliche Berichte über das Geschehen. Dabei ist der zeitliche Ablauf für mich weniger von Interesse – ich bin keine Bonhoeffer-Biografin –, aber es erscheint mir wichtig, dass die Erinnerungen der Beteiligten an jene Tage verschwommen sind. Manche berichten, Bonhoeffer hätte sich im Haus der Schleichers aufgehalten, als die Gestapo erschien, und sein Vater sei gekommen, um ihn herüberzuholen, weil die Beamten in seinem Zimmer auf ihn warteten. Anderen zufolge saß Bonhoeffer in seinem Zimmer und erwartete dort seine Verhaftung. Das wichtige Element in den verschiedenen Berichten ist für mich, dass Bonhoeffer Maßnahmen zur Verschleierung und Vertuschung seiner Aktivitäten ergriffen hatte. Das Auftauchen der Gestapo-Beamten traf ihn nicht unvorbereitet. Er hatte damit gerechnet und Vorkehrungen getroffen.

19 Bethge: Bonhoeffer, 878f.

20 Schlingensiepen: Bonhoeffer, 330.

21 De Gruchy: Eberhard Bethge, 84ff.

22 Bonhoeffer: Widerstand und Ergebung, 303.

23 De Gruchy: Eberhard Bethge, 99f.

24 Ebd. 106ff.

25 Ebd. 137.

26 Ebd. 139.

27 In John Robinsons *Honest to God* (1963; dt.: *Gott ist anders*) wurden die Ideen dieser theologischen Bewegung in einer Weise artikuliert, die auf große öffentliche Resonanz stieß. Für eine hilfreiche Darstellung der Bewegung und ihrer Schlüsselfiguren in der damaligen theologischen Szene Englands und Amerikas siehe William Hamilton: The Death of God Theology, in: Christian Scholar 48, no. 1 (Spring 1965), 27–48.

28 1965 vertrat der amerikanische Theologe Harvey Cox den Standpunkt, es sei an der Zeit, »über Bonhoeffer hinauszugehen«. Theologen sollten »Bonhoeffer in Frieden ruhen lassen und ihn nicht benutzen, um unsere eigenen Positionen zu rechtfertigen oder ihn zur Kultfigur zu erheben«. De Gruchy: Eberhard Bethge, 144.

29 Ebd. 147.

30 Jonathan Borofsky: Molecule Man, 30 meters tall, aluminum, permanent installation, Spree River. Berlin 1997, https://tinyurl.com/yxluo7ep.

31 De Gruchy: Eberhard Bethge, 55f.

32 Marsh: Bonhoeffer, 300.

33 Eberhard Bethge: Rede zur Eröffnung des Bonhoeffer-Hauses, 1.6.1987, in: Ders.: Erstes Gebot und Zeitgeschichte. Aufsätze und Reden (1980–1990), München 1991, 154.

34 De Gruchy: Eberhard Bethge, 180.

35 Ebd.

36 Ebd.

37 Bethge: Friendship and Resistance, 105.

38 Ebd.

Epilog

1 Lucius Clay Dies; Led Berlin Airlift, in: New York Times, April 17, 1978, A1.

2 Mehr über die kluge Verhandlung der »glühend anti-napoleonischen« Königin Louise mit Napoleon siehe Andrew Roberts: Napoleon. A Life. New York 2014, 393.

3 »Foundation and History«, Freie Universität, https://tinyurl.com/yym6rfb7.

4 Jesse Greenspan: JFK Tells West Berliners That He Is One of Them, 50 Years Ago, in: History, June 26, 2013, https://tinyurl.com/y3kcf67q.

5 Rhetoric of Encouragement: Kennedy's Speech at Freie Universität, an Interview with Political Linguist Josef Klein, Freie Universität Berlin, https://tinyurl.com/y42cevce.

6 Tonaufnahme von Kennedys Rede am 26. Juni 1963, Freie Universität Berlin, https://tinyurl.com/y6l6bf2s.

7 Siehe vor allem Ciarán Fahey: Verlassene Orte, Abandoned Berlin. Berlin 2015. Auf Faheys Website www.abandonedberlin.com findet man immer die aktuellsten Informationen zu seinen Recherchen. Sie ist die bei Weitem

eleganteste dieser Internetseiten. Fahey schreibt pointierte Texte und bissige Kommentare und bemüht sich erkennbar um journalistische Qualität. Es gibt noch viele andere Websites, die sich in unterschiedlicher Qualität und mit allerlei seltsamen Fotos dieser Art von Abenteuer widmen.

8 Anatomy Institute, Wandering Wolf Child (Blog), https://wanderingwolfchild.com/abandoned-anatomy-institute-berlin/.

9 Bethge, Eberhard: Erstes Gebot und Zeitgeschichte. Aufsätze und Reden 1980-1990. München 1991, 155.

10 Nach dem Zweiten Weltkrieg wurde sie in Niederkirchnerstraße umbenannt.

11 Bethge: Erstes Gebot und Zeitgeschichte, 156.

Bibliografie

Abandoned Anatomy Institute, Berlin, in: Wandering Wolf Child (blog). https://wanderingwolfchild.com/abandoned-anatomy-institute-berlin/.

Abyssinian Baptist Church, History, https://tinyurl.com/y39zyscz.

Apperly, Eliza: The Holocaust Memorial of 70,000 Stones, in: BBC, March 29, 2019. https://tinyurl.com/y56dczp2.

Barnett, Victoria: Dietrich Bonhoeffer: ›The Church and the Jewish Question‹. United States Holocaust Memorial Museum. https://tinyurl.com/y3h8rnxb.

-: For the Soul of the People. Protestant Protest against Hitler. New York 1992.

-: Review Essay: Interpreting Bonhoeffer, Post-Bethge, in: Contemporary Church History Quarterly 20, no. 3 (September 2014). https://tinyurl.com/lplrle5.

Bazelon, Emily: What Happened to the Remains of Nazi Resistor Mildred Harnack? Now We Know, in: Slate, November 7, 2013. https://tinyurl.com/y3575qsf.

Benedictow, Ole J.: The Black Death: The Greatest Catastrophe Ever, in: History Today 55, no. 3 (March 2005). https://tinyurl.com/y3fym47d.

Berliner Fernsehturm auf Berlin.de; Englische Website: »Pope's Revenge«, https://tinyurl.com/y4nkee59.

Berlin Wall Memorial: Construction of the Wall in August 1961, https://tinyurl.com/yypkfwdf.

Bethge, Eberhard: Dietrich Bonhoeffer: Eine Biographie. Siebte aktualisierte Auflage, Gütersloh 2001.

-: Erstes Gebot und Zeitgeschichte. Aufsätze und Reden 1980–1990. München 1991.

-: Friendship and Resistance: Essays on Dietrich Bonhoeffer. Grand Rapids 1995.

-: Prayer and Righteous Action in the Life of Dietrich Bonhoeffer. Belfast 1979.

Board of the Bonhoeffer House: ed. Catalogue of the Exhibition, Berlin 1996.

Bonhoeffer, Dietrich: Widerstand und Ergebung. Briefe und Aufzeichnungen aus der Haft, hg. von Christian Gemmels, Eberhard Bethge und Renate Bethge. Gütersloh 1998 (DBW 8).

-: Gemeinsames Leben. Das Gebetbuch der Bibel, hg. von Gerhard Ludwig Müller und Albrecht Schönherr, Gütersloh 1987 (DBW 5).

-: A Testament to Freedom. The Essential Writings of Dietrich Bonhoeffer, hg. von Geffrey B. Kelly und F. Burton Nelson, San Francisco 1990.

Bonhoeffer, Emmi Delbrück: From: The House on the Wangenheimstrasse. Catalogue of the Exhibition, edited by the Board of the Bonhoeffer House, Berlin 1996.

Borofsky, Jonathan: Molecule Man, 30 meters tall, aluminum, permanent installation, Spree River. Berlin 1997. https://tinyurl.com/yxluo7ep.

Bosanquet, Mary: The Life and Death of Dietrich Bonhoeffer. New York 1968.

Brysac, Shareen Blair: Resisting Hitler. Mildred Harnack and the Red Orchestra. New York 2000.

Connolly, Kate: Sex Parties, Bloody Duels, and Blackmail: Life at Court of Last Emperor, in: Guardian, September 2, 2010. https://tinyurl.com/y4r3whoe.

de Gruchy, John W.: Daring, Trusting Spirit: Bonhoeffer's Friend, Eberhard Bethge. Minneapolis 2005. Dt.: Eberhard Bethge – Freund Dietrich Bonhoeffers. Eine Lebensgeschichte, übers. Karl H. Nicolai, Gütersloh 2007.

Dose, Kai: A Note on John Wesley's Visit to Herrnhut in 1738, Wesley and Methodist Studies 7, no. 1 (2015), 117–120.

Elshtain, Jean Bethke: Politics Without Cliché, in: Social Research 60, no. 3 (Fall 1993), 433–444.

Fabrycky, Laura: Let's Quit the Tug-of-War over Dietrich Bonhoeffer's Legacy, in: Christianity Today, September 20, 2018. https://tinyurl.com/ydfhr9h9.

Fahey, Ciarán: Verlassene Orte, Abandoned Berlin. Berlin 2015.

Freie Universität: Foundation and History, https://tinyurl.com/yym6rfb7.

Friedlander, Henry: The Origins of Nazi Genocide: From Euthanasia to the Final Solution. Chapel Hill 1997.

Greenspan, Jesse: JFK Tells West Berliners That He Is One of Them, 50 Years Ago, in: History, June 26, 2013. https://tinyurl.com/y3kcf67q.

Hamilton, William: The Death of God Theology, in: Christian Scholar 48, no. 1 (Spring 1965), 27–48.

Hill, Laban Carrick: Harlem Stomp! A Cultural History of the Harlem Renaissance. New York 2009.

Hockenos, Matthew D.: Then They Came for Me: Martin Niemöller, the Pastor Who Defied the Nazis. New York 2018.

Isbouts, Jean-Pierre: Regie: Operation Valkyrie: The Stauffenberg Plot to Kill. 2008; New York, Koch Entertainment, 2008, DVD. Dt.: Stauffenbergs Anschlag auf Hitler.

Irvine, Ian: Acedia, Tristitia, and Sloth: Early Christian Forerunners to Chronic Ennui, in: Humanitas 12, no. 1 (Spring 1999).

Kelly, Geffrey, und F. Burton Nelson: The Cost of Moral Leadership: The Spirituality of Dietrich Bonhoeffer. Grand Rapids 2002.

Kengor, Paul: Martin Luther and the Berlin Wall, in: Washington Post, October 30, 2014. https://tinyurl.com/y53sbheb.

Kleinhubbert, Guido, und Antja Windmann: Alone by the Millions: Isolation Crisis Threatens German Seniors, übers. von Paul Cohen, in: Der Spiegel, January 10, 2013. https://tinyurl.com/atokkpj.

Klemperer, Victor: LTI. Notizbuch eines Philologen, Leipzig 1975.

Larson, Erik: In the Garden of Beasts: Love, Terror, and an American Family in Hitler's Berlin. New York 2011.

Marienkirche: https://marienkirche-berlin.de/kirchen/st-marienkirche/totentanz/

Marsh, Charles: Strange Glory: A Life of Dietrich Bonhoeffer. New York 2014. Dt.: Dietrich Bonhoeffer. Der verklärte Fremde. Eine Biographie, übers. von Karin Schreiber, Gütersloh 2015.

Marsh, Karen: Vintage Saints and Sinners: 25 Christians Who Transformed My Faith. Downers Grove, IL 2017.

Metaxas, Eric: Bonhoeffer: Pastor, Martyr, Prophet, Spy. Nashville 2010.

Monroe, Kristen: Ethics in an Age of Terror and Genocide: Identity and Moral Choice. Princeton 2012.

-: The Heart of Altruism: Perceptions of a Common Humanity. Princeton: Princeton University Press, 1996.

Mouw, Richard: Adventures in Evangelical Civility: A Lifelong Quest for Common Ground. Grand Rapid 2016.

Murdoch, Brian: Fighting Songs and Warring Words. New York 1990.

Murray, Henry A: Analysis of the Personality of Adolf Hitler: With Predictions of His Future Behavior and Suggestions for Dealing with Him Now and after Germany's Surrender, 1943. Donovan Nuremberg Trials Collection. Cornell University Law Library, https://tinyurl.com/y2w8u5ln.

Museum in der »Runden Ecke« mit dem Museum im Stasi-Bunker, http://www.runde-ecke-leipzig.de/

Noack, Rick: Isolation Is Rising in Europe. Can Loneliness Ministers Help Change That?, in: Washington Post, February 2, 2018. https://tinyurl.com/ybagv6hs.

Nooke, Maria: From the Building of the Berlin Wall to the Fall of the Berlin Wall: A Short History of the Division, in: Where in the World Is the Berlin Wall? Hg. von Anna Kaminsky, 10–26. Berlin: Bundesstiftung zur Aufarbeitung der SED-Diktatur, 2014. Dt.: Die Berliner Mauer in der Welt, Berlin 2009.

Norris, Kathleen: Acedia and Me. New York 2008.

One Little Word, in: Economist, 7 November 2015.

Owings, Alison: Frauen: German Women Recall the Third Reich. New Brunswick, NJ 1993. Dt.: Eine andere Erinnerung. Frauen erzählen von ihrem Leben im Dritten Reich, übers. von Kay Dohnke. Berlin 1999.

Ozment, Steven: A Mighty Fortress: A New History of the German People. New York 2005. Dt.: Eine feste Burg. Die Geschichte der Deutschen, übers. von Robert Grözinger. Waltrop 2006.

Pauler, Roland: Rörig, Fritz, in: New German Biography 21 (2003) 736–737. https://tinyurl.com/2hsvvpr6

Paulick, Jane: Remembering Martin Luther King's Visit to Berlin, in: Deutsche Welle, 11. November, 2014. https://tinyurl.com/y66qd77o.

Putnam, Robert: Bowling Alone: The Collapse and Revival of American Community. New York 2000.

Rabitz, Cornelia: Chronicle of Right-Wing Terrorism in Germany, in: Deutsche Welle, 23. November 2011. https://p.dw.com/p/13Ert.

Reinis, Austra: Reforming the Art of Dying: The Ars Moriendi in the German Reformation (1519–1528). London 2007.

Rhetoric of Encouragement: Kennedy's Speech at Freie Universität, an Interview with Political Linguist Josef Klein, Freie Universität Berlin. https://tinyurl.com/y42cevce.

Richie, Alexandra: Faust's Metropolis: A History of Berlin. New York 1998.

Rörig, Fritz: Die europäische Stadt im Mittelalter, Göttingen 1955.

Schlingensiepen, Ferdinand: Dietrich Bonhoeffer 1906–1945. Eine Biographie., München 2005.

Shelley, Bruce L.: Church History in Plain Language. Dallas 1982.

Sontheimer, Michael: Why Germans Can Never Escape Hitler's Shadow, in: Der Spiegel, March 10, 2005. https://tinyurl.com/x8j2vp8.

Tuchel, Johannes: Die Verfahren vor dem »Volksgerichtshof« nach dem 20. Juli 1944. In: Manuel Becker und Christoph Studt (Hg.) Der Umgang des Dritten Reiches mit den Feinden des Regimes. Berlin 2010, 131–146.

T4-Denkmal: https://www.t4-denkmal.de

Theile, Dorothee: Morning Star, O Cheering Sight ... : The Moravian Star and Its History. 3rd ed. Translated by Jacob Watson, Deborah Hübler, Peter Vogt, und Jill Vogt. Herrnhut o. J.

United States Holocaust Memorial Museum: Adolf Eichmann, in: Holocaust Encyclopedia, https://tinyurl.com/y4e9kcca.

-: The July 20, 1944, Plot to Assassinate Adolf Hitler, in: Holocaust Encyclopedia. https://tinyurl.com/y6aamg6j.

Wesley, John: John Wesley the Methodist: Chapter VII – The New Birth. Wesley Center Online, https://tinyurl.com/y3fz2r5j.

Williams, Reggie: Bonhoeffer's Black Jesus: Harlem Renaissance Theology and an Ethic of Resistance. Waco, TX 2014.

Wind, Renate: Dem Rad in die Speichen fallen. Die Lebensgeschichte des Dietrich Bonhoeffer, Gütersloh 2006.

Zeller, Frank: Germany's Post-War Justice Ministry Was Infested with Nazis Protecting Former Comrades, Study Reveals, in: Telegraph, October 10, 2016, https://tinyurl.com/y4zpv9w2.

Sollte diese Publikation Links auf Webseiten Dritter enthalten, so übernehmen wir für deren Inhalte keine Haftung, da wir uns diese nicht zu eigen machen, sondern lediglich auf deren Stand zum Zeitpunkt der Erstveröffentlichung verweisen.

MIX
Papier aus verantwortungsvollen Quellen
FSC® C014496

Klimaneutral*
Druckprodukt
ClimatePartner.com/14044-1912-1001

Penguin Random House Verlagsgruppe FSC® N001967

Titel der Originalausgabe:
Laura Fabrycky: Keys to Bonhoeffer's Haus. Exploring the World and Wisdom of Dietrich Bonhoeffer

1. Auflage

Umschlagmotiv: Dietrich Bonhoeffers Studienzimmer, Bonhoeffer-Haus, Berlin;
Foto: Axel Mauruszat – Wikimedia Commons
Druck und Bindung: GGP Media GmbH, Pößneck
Printed in Germany
ISBN 978-3-579-06213-6
www.gtvh.de